社会と経済

枠組みと原則

マーク・グラノヴェター 著
渡辺 深訳

ミネルヴァ書房

日本の読者へ

　私は、本書『社会と経済』が日本語に翻訳され出版されたことを大変嬉しく思っている。ここで、なぜ本書が日本語に訳されることが適切であるのかについて示唆したい。経済行為と制度が、研究対象である特定の社会の文化、社会構造、歴史によって異なる作用をするなら、経済社会学に関連する特別な事例を設定することが可能である。これが起こるかどうかは、「収斂（convergence）」――最適な制度が存在し、すべての社会が効率性を求めて、最終的にはその制度を採用するだろうという考え――、そして、「経路依存（path dependence）」――制度と行為は、社会の歴史において前に起こったことに非常に制約されるという考え――、そして、論議されている社会と他の社会との間の文化的差異によって非常に制約されるという考えの間の選択として、時折、おそらく余りにも単純に要約されている。

　日本は、「例外的（exceptional）」であり、他の産業国家とは異なるものとして、たびたび引き合いにだされる国と文化である。日本の「例外主義」というこのテーマは、一般的に見られるものであり、私はこれに関して本書で何度も論じている。日本の経済をよく知る人々には、おそらく当然のことながら、現実は、単純な収斂／経路依存の二分法が示唆するよりも複雑であり、本書では、私は、実用主義的な行為者たちが、どのようにして文化と歴史を道具、ならびに解釈のための枠組みとして用いて、彼らの経済的目標に向かって進むのかについて理解することの重要性を特に強調している。私は、行為者、文化、歴史、制度が共に作用し、大げさな論争が想像するような単純で、予測可能な結果ではなく、複雑な結果を生み出す入り組んだやり方に焦点を置いている。経済社会学は、特に、諸結果のそのような複雑な進化を理解することに関心があり、そして私は、日本の読者が、繊細さが文化的な特徴であるだけでなく、それ自体が芸術である日本社会において、これらの繊細なテーマについて特別な認識を持ってくれることを願うものである。

最後に、本書の日本語版を可能にして下さった方々に私の心からの感謝を表したい。本書の日本語訳を出版し、非常に高い評価を受けている出版社、ミネルヴァ書房の杉田啓三氏および、堀川健太郎氏、そして本書の素晴らしい翻訳者であり、私の長年の友人である上智大学の渡辺深教授に心から感謝したい。

アメリカ合衆国、カリフォルニア州、スタンフォードにて

スタンフォード大学人文科学部ジョアン・バトラー・フォード教授・社会学教授

マーク・グラノヴェター

謝辞

この本のように、著書の執筆が当惑させるほど先延ばしになってしまった時には、お世話になっているすべての人々を把握することが難しいので、私がここでうっかり忘れて、良い助言をもらいながら、それをなおざりにした可能性がある、すべての方々に前もって私のお詫びを申し上げる。まず、名誉退職した辛抱強い編集者、マイケル・アロンソン（Michael Aronson）に心から感謝する。彼は、長年に亘って、方向、形式、そして内容についての数多くの変更を通じて、私に忍耐強く付き合ってくれた。そして、彼は、ついに、私がすぐに終わらさなければ退職するぞと長年の間上手に私を脅したのである。こうした事情にもかかわらず、彼の長年のすべての良きアドバイスの成果を彼が認めてくれることを願っている。私の新しいハーバード出版の編集者、イアン・マルコム（Ian Malcolm）は、果敢に足を踏み入れ、残っている断片を拾って、私がそれらを出版までこぎつける手伝いをしてくれた。

私は、マイケル・バーンスタイン（Michael Bernstein）、ボブ・エックルス（Bob Eccles）、ピター・エバンス（Peter Evans）、ベン・ゴラブ（Ben Golub）、ニッティン・ノーリア（Nitin Nohria）、スティーブ・ヌニエス（Steve Nuñez）、パオロ・パリギ（Paolo Parigi）、ウディ・パウエル（Woody Powell）、ジェームズ・ルール（James Rule）、マイケル・シュワルツ（Michael Schwartz）、リチャード・スウェドバーグ（Richard Swedberg）、エツラ・ザッカーマン（Ezra Zuckerman）、そして、匿名の読者などの、私の考えと草稿にコメントを下さった現在そして以前の同僚に負うところが多い。私は、これらの題材の諸部分を含む発表を長年に亘って行ってきたが、そのような機会に自分の考えを提供してくださった方々に感謝する。経済社会学に関するラッセル・セイジ財団のセミナーでは、とりわけ、ハリソン・ホワイト（Harrison White）、ロン・バート（Ron Burt）、そして、チャック・セーブル（Chuck Sabel）から素晴らしい助言を頂戴した。ここで、私は、この著作のスタイルがハリソン・ホワイト先生の卓越した著作『アイデンティティとコントロール（Identity and Control）』とかなり異なるが、彼が私の博士課程の指導教員であった時から現在まで、私の著作へのハリソン先生の刷り込みは計り知れないものがあるといっておきたい。そして、彼は、真に学者の中の学者であり、私たちのほとんどが望んでも達成できない宇宙の次元で活動しているのである。

高等研究所（Institute for Advanced Institute）で私が行った講演、そして、私が客員であった年の会話において、アルバート・ハーシュマン（Albert Hirschman）とクリフォード・ギアツ（Clifford Geertz）が多くの領域についての彼らのそれぞれの深い知識から生まれる助言をして下さった。ベルリン科学研究センター（Wissenschaft Zenrum Berlin: WZB）では、ゲルノト・グラバー（Gernot Grabher）とエゴン・マッツェナー（Egon Matzner）のコメントが特に役に立った。ボブ・ギボンズ（Bob Gibbons）との多数の会話が私に経済学における類似する研究に気づかせてくれた。そうでなければ、研究分野とモデルの統合において、比較的短い説明で私が行うことができるより、もっと大変な作業が必要であったであろうということを理由にして、おそらく、私は、そのような研究に注意を向けることがなかったであろう。それでもなお、私の考えは、関連するモデルについて考えることによって情報が与えられているし、私の議論を公式的な方向で構築することを望む人々を歓迎したい。コロンビア大学で何年にも亘って行った講演では、ピーター・ベアーマン（Peter Bearman）、ハーブ・ガンズ（Herb Gans）、ディック・ネルソン（Dick Nelson）、デイビッド・スターク（David Stark）、そして、ダイアン・ヴォーン（Dian Vaughan）からの非常に有益なフィードバックを頂戴した。また、ジョッシュ・ウィットフォード（Josh Whitford）との一連の会話が特に役に立った。彼は、草稿の諸章に親切かつ鋭くコメントし、この著作を二つの著書に分割することを提案してくれた。理論と応用の両方を含む単一の巻を求めて待つよりも、最初の、より理論的な著作を時宜がかなって出版することができるだろうという彼の提案に関する最初の真剣な議論に私を関与させてくれた。また、ジョッシュに、人間の経済行為と制度の研究において、実用主義的な認識論（pragmatic epistemology）の価値を把握することが重要であるという彼の助言に感謝する。

本書に関する初期の頃の著作を支援してくれたラッセル・セイジ財団（Russell Sage Foundation）に、特に、その代表として在職期間中に奨励してくれたエリック・ワナー（Eric Wanner）に感謝する。

子供の頃に私を「無駄遣いをしない社会学者（economical sociologist）」と呼んだ私の娘サラには、私が本書でその捉えどころのない目標を達成するために無駄な言葉を十分に省けたことを願っている。そして、間違いなく、すべての人々の中で最も長年に亘って苦労をかけたのは、エレンである。私は、彼女がこの第一巻の出版を、あの有名な他の選択肢の「グラスに半分しか残っていない」と見るよりも、むしろ「グラスにまだ半分も残っている」というように楽観的に見て欲しいと切に望んでいる。

目次

第1章　経済社会学における説明の問題

1　本書の研究範囲

本書では、私は、純粋な経済的考察に加えて、社会的、文化的、および歴史的考察を重視する、経済行為と制度に関する議論を提示する。従って、これは、過去三〇年間に盛んに成長してきた下位領域である、「経済社会学」への貢献と考えられるかもしれない。しかしながら、より基本的には、学問分野の境界を越えた経済の理解に貢献したいと望んでいるので、役に立つ考えがどの知的源泉から来るものなのかについてはほとんど気に掛けていない。(1)

この第1章において、社会科学の性質に関する一般的議論から始める。それは、経済的行為、経済的結果、および制度について説明することの意味、そして、社会構造と経済の関係に関する議論である。続く章では、私の議論の重要な理論的要素を扱う。すなわち、経済における規範と他の精神的構成物の役割、信頼と協同、権力と服従、そして、制度と人間の目的的行為の間の相互作用について扱う。本書の続巻では、提案された枠組みで分析された一連の経験的事例について扱う予定である。

私は、説明される経済現象を三つのレベルに識別する。最初のレベルは、個人の経済的行為である。マックス・ウェーバー（Max Weber）は、そのような行為が以下のような時に生起すると定義する。それは、「行為者の判断において、必要なもの（a need）の満足がいくつかの相対的に希少な資源と限られた数の可能性のある行為に依存し、ならびに、もしこのような状態が特定の反応を引き起こすなら、そのような合理的行為にとって決定的なのは、もちろん、この希少性が主観的に推定され、行為がそれに志向されるという事実である」（Weber,〔1921〕1968：339）。ウェーバーは、これらの必要なもの（needs）は、「需要に関して、財とサービスの希少性が存在するならば、食物から宗教的啓発に及ぶ、考えられるものならどんなものでもよい」（Weber,〔1921〕1968：339）と続ける。これは、経済学者、ライオネル・ロビンズ（Lionel Robins）による経済学の古典的な定義と非常に似ている。彼の定義は、「目的と様々な用途を持つ希少な手段との間の関係としての人間行動を研究する科学」（Robins, 1932：15）として最新の基本的な教科書に繰り返されている。これらの定義は、ウェーバーが手段‐目的状況への行為者の主観的志向を重視する点においてのみ異なるものである。(2)

経済行為のこの広範な定義を採用すれば、私は、ゲーリー・ベッカー（Gary Becker）のような「経済帝国主義者」（Hirshleifer, 1985）の計画のように、結婚、離婚、犯罪、時間配分などを含む広範囲のテーマについて、論理的に考察することができるだろう。その代わりに、私は、財とサービスの生産、分配、そして、消費――いわゆる経済活動の「中核」――と関係する、通常の意味において「経済学的」である例に注目する。しかしながら、私の目標は、「社会学的帝国主義」に類似するものではなく、どんな源泉からでも、どんな手段や考えを用いても経済について理解するというものである。

二つ目のレベルの経済分析は、私が「経済的結果」と呼ぶ、個々の個人の領域を越える行為のパターンである。「結果」の例としては、商品の安定価格の形成、あるいは、特定の階級の労働者間の賃金差などである。従って、これらの「結果」は、規則的なパターンの個人の行為である。

三つ目のレベルは、経済「制度」について言及する。これは、二つの点で「結果」と異なる。すなわち、①それは、典型的には、行為のより大きな複合体であり、②諸個人がそれを物事がなされるべき方法であるとみなすようになる。

制度は、知識社会学においてはっきりと捉えられているように、堅牢性（solidity）という見せかけの印象を与え、それは、実際には社会的構成の産物（例えば、Berger and Luckmann, 1966）であるのに、それよりもむしろ、具象化（reified）され、外部に存在し、世界の客観的な対象として経験される。この社会構成主義者の視点は、経済制度に非常に関係している。例としては、資本主義、あるいは、より低いレベルでは、特定の組織、産業、あるいは職業が構成されている方法などのように、経済組織のシステム全体である。第5章と第6章で制度の性質について詳述される。

これらの三つのレベルは、ミクロ、メゾ、そしてマクロの分析レベルと通常呼ばれるものに密接に対応する。各レベルは、それ自体のレベルだけに適用される原則を必要とするが、これらすべてのレベルを共通の枠組みに至らせ、一つのレベルを他のレベルよりも因果的に優先することなしに、一つのレベルの影響が他のレベルにおける結果にどのように影響を与えるかについて明らかにする総合を試みることが重要である。大まかにいうと、第2章の諸個人のミクロレベルから始まり、メゾレベルの問題へと進み、最後に、よりマクロレベルあるいは制度的な関心で終わるのである。

2 「人間性」、帰無仮説、そして分析のレベル——還元主義を越えて

帰無仮説は、通常は語られないものであり、経済に関する大多数の社会科学の説明のすぐ下に潜んでいる。私は、人間がどのように行動し、社会がどのように組織化されているのかについての内在する基準となる想定——すなわち、一連の現象を理解しようとする学者にとっての概念的出発点——に言及する。これらの基準は、社会科学の多くの表現の根底にあり、誰がどの議論によって説得されるのかに対して強い心理的効果を持つのである（McCloskey, 1983）。

帰無仮説は、典型的には、「人間性」に関する想定を含んでおり、多数の二〇世紀の社会科学において、育ち（nurture）が生まれ（nature）より勝ったので、そのような想定を明確にするのは古くさく見えるが、それは、ほとんどさ

さやかれることがない時でも至る所に広がっているのである。経済学者と社会学者の帰無仮説は著しく異なる。多数の経済学者は、個人は、定量化できる誘引（incentives）に導かれて、自分の利害を追求すると想定することによって説明する。型にはまった合理的計算者、経済人（*homo economicus*）を公式に承認する人はほとんどいないが、個人の利害、そして、明示的、あるいは、暗黙の計算にもとづくモデルは、簡潔で美しいモデルに適さない「複雑な」社会的要因を想起させるモデルよりも優先される。エルスターが指摘するように、「応用合理的選択理論」の典型的なやり方は、「行為者の観察された行為が適切に定義された自分の利害を最大化し、行動と利害の間の適合性（fit）が行動を説明すると想定する、モデルを構築することである」。しかし、彼は、因果関係の明確な証拠がなければ、「行動と利害が同時に発生すること（coincidence）は、ただそれだけのこと――偶然（coincidence）――かもしれない」（Elster, 2000：693）と書き留めている。ここで作用している帰無仮説が非常に強いので、同時に発生することが自動的に因果性を反映すると想定されるのである。

社会学者は、人間性について自分の考えをさらに明確にしない傾向があるが、一世紀以上の社会理論によって、多くの人々は、自分は自分の環境によって構成されることを想定し、また、自分の印象については、重要な他者から、および、特定の環境への社会化によって提供される、自分が社会のどこに属しているのかに関する一般的な感覚から理解することなしには、自分が何であり、自分が誰であるのかを想像するのさえ不可能であると想定するようになった。従って、社会学者は、個人を自分自身の社会圏とそれを越える社会圏、社会規範、イデオロギー、社会階級、あるいは、宗教、経済、政治などにもとづく社会制度を含む社会的影響によって導かれると表現する。

すべての学者は説明における簡潔性（parsimony）を支持するが、何が簡潔性であるのかについての基準は客観的に与えられていない。その基準は、あなたがどの帰無仮説を好むのかによって生じる。その理由は、これがどのレベルの分析が重要であるとあなたが思うのかを決定し、社会科学において還元主義的（reductionist）プロジェクトが実行可能であるのか、無益であるのか、どちらをあなたが考えるのかを決定する。科学史において、学問分野をつなげる試みは、しばしば、そのようなプロジェクトは、どのように一つの概念枠組みがもう一つの枠組みよりも基本的であり、故に、前者が後者を包含することができるのかを示すことを目指すのである。多くの古典的な生物学を分子基礎にうまく還元することによって、多くの他のそのような試みが奨励されてきた。

大部分の社会学者は、社会がそれ自体特有の（*sui generis*）現実であるというエミール・デュルケーム（Emile Durkheim）の二〇世紀初めの主張に同意するが、社会学の議論や理論は、十分に拡散しているので、その学問領域は人気のある乗っ取りの標的になるのである。B・F・スキナー（B. F. Skinner）は、社会生活が強化の随伴性によって引き起こされる行動の斉一性（regularity）によって十分に説明することができると論じるおそらく最初の心理学者であったろう。しかしながら、この見解はほんの僅かな数の社会学の支持者（例えば、ホマンズ（Homans, 1971））を引きつけたに過ぎなかった。社会的行動の生物学への還元は、社会生物学者E・O・ウィルソン（E. O. Wilson）と彼の信奉者の主要なプロジェクトの一つであり（Wilson, 1975）、そのプロジェクトでは、社会関係を生み出すと想定されるメカニズムは、個人の遺伝子レベル、そして、それほど頻繁ではないが（そしてより論争を呼ぶ程に）集団の遺伝子レベルにおける自然淘汰である。前述のように、ある経済学者たちは自分たちの還元主義的なプロジェクトを「経済帝国主義」と呼んだ。その発端は、ゲーリー・ベッカー（Gary Becker, 1976）の愛、結婚、犯罪、そして、時間配分のような社会学的テーマへの侵入であり、「経済学は社会科学の普遍的文法を構成している」というジャック・ハーシュライファー（Jack Hirshleifer, 1985: 53）の主張のようなものに反映されている。

彼らの主張する簡潔性という理由によって、還元主義的プロジェクトは、その認識論的に正反対のものである全体論（wholism）のプロジェクトよりも多くの支持者を引きつけている。全体論とは、特定の学問領域における個々の単位は、それが存在するより大きな脈絡を理解することなしには、まったく説明できないと様々な状況で主張し、様々な種類のシステム論や機能理論を含むものである。(3)

コントプロス（Kontopoulos, 1993）は、多くの科学的分野において、還元主義と全体論がずっと複雑で繊細なプロジェクトに道を譲ってきたことを示している。そのようなプロジェクトは、研究対象となっている現象における様々なレベルの分析がどのように組み合わさるのかを理解し、そのどれもが説明において特権を与えられるわけでないと論じるものである。本書がそのようなプロジェクトであると読者は理解して欲しい。私の議論のあらゆる点において、私は、ミクロレベルとマクロレベルの分析がどのように相互に連結し、「メゾ」レベルと呼ばれる分析レベルがそのような関係の力学（dynamics）を把握する際にどのように重要な意味を持つのかを理解しようとする。「ソーシャルネットワーク」が時々私の議論において極めて重要な役割を占めるのは、もっぱらこの中間レベルの分析の重要性によるものである。それは、特権を与えられた因果的概念ではなく、それ自体は、多くの状況において控えめな説明的価値を有することを強調したい。(4)

3　機能主義、文化主義、そして歴史

個人のレベルへの還元主義は、その説明力において不満足であることが多いので、その提唱者は、通常は、それを他の議論で補完する。社会科学において、最も著名なものの二つは機能的および文化的説明である。これらは、いみじくも全体論の道具一式（toolkit）に属すると想像されているので、これは皮肉である。

「機能的」説明は、行動、手続き、あるいは、制度について、それが解決する「問題」を参照して説明する。従って、企業の世界における有限責任という制度は、自分自身の私的な資源が企業の失敗によって完全に失われる可能性があれば、起業活動を始める人はほとんどいないという事実によって説明されると提案するかもしれない。企業の資源から個人の資源を分離させることがこの問題を「解決」し、起業活動の可能性を高める。しかしながら、これが有限責任の起源を説明するといういかなる推論も、その実際の歴史、その結果についての入念な調査、およびそのような法的パターンを発達させた国々と発達させなかった国々の起業活動の比較なしに、支持することはできない。この

場合には、その物語にはさらに多くのことが存在し、この慣行は一般的に起業活動を高めるためではなく、特定の一連の利害にかなうための方法として、発達したと論じる人もいるだろう。(5) 第6章において、私は、中世のフィレンツェのパートナーシップ制度についてより複雑な例を示す。さらに一般的には、すべての経済制度がある問題に対する解決策として説明されると想定するのは危険である。従って、ショッターは、経済学者の課題として、「社会制度の経済理論」を発達させることを提案し、いかなる制度の理解にも、私たちは、「現在のような制度に発達してくるために、かつて存在していたにちがいない、進化における問題を推論する」(Schotter, 1981 : 2) 必要があると論じる。

この提案は、特定の種の特徴をその環境における何らかの問題を解決するために進化してきたものとして説明する社会生物学者の活動に似ている。ここでは、創造的な科学的活動は、その問題が何であったのであろうかと想像することである。ゴールドとレウォンティンは、彼らの広い範囲に亘る批判において、そのような説明を「適応物語 (adaptive stories)」と呼び、「一つの適応物語が棄却されると、異なる種類の説明が必要ではないかと疑うよりも、通常は、別の物語によって交代されることになる。私たちの心が想像力に富み、適応物語の範囲も広いので、新しい物語を常に仮定することができる。そして、物語がすぐに得られないときは、一時的に知らないと弁明することが可能であり、それが間もなく現れるだろうと信じている。……大抵は、進化論者は……もっともらしい話をでっちあげると、自分たちの仕事は終わったとみなす。しかしながら、もっともらしい話はいつでも語ることができる。歴史調査にとって重要なものは、現代の結果へのかなりの数のもっともらしい経路の中から適切な説明を見つける基準を考案することにある」(Gould and Lewontin, 1979 : 153-154) とコメントする。

ゴールドとレウォンティンが生物学について示唆するように、「適応物語」の一つの問題のある要素は、原則としては、歴史的説明に訴えているが、それらは、実際には、起こったに「ちがいない」ことについての推測的な考えに訴えることによって、歴史調査を省略することである。同様に、経済制度が対処するために進化してきたに「ちがいない」問題という観点から経済制度を説明する時には、時間とともに制度がどのように実際に創造されたのかという動態について研究するよりもむしろ均衡状態の比較静学の範囲内に留まることを暗黙のうちに選択するのである。今も進化している制度は、それがどんな問題を解決するために進化してきたのかを観察によって明らかにはできないので、そのシステムは、現在均衡状態にあるとその議論は、さらに、想定するのである。

説明のためのこの戦略は、通常、環境の問題を解決できなかった諸単位が途中で滅び、観察されたものだけが残るというように、淘汰メカニズムへの明示的あるいは黙示的な言及によって支持される。この議論の古典的な説明は、*Essays in Positive Economics* に所収の「実証的経済学の方法論（The Methodology of Positive Economics）」（Friedman, 1953: 16–22）というミルトン・フリードマン（Milton Friedman）の影響力のある一九五三年の論文である。経済学におけるその議論は、進化し、未解決の問題は利益の可能性を示しており、そのような機会は常に合理的な個人によって利用されるという考えになる。非効率はうまく利用されて儲けが得られる（arbitraged away）ものであり、近代経済学の一部のレトリックでは「ドル紙幣は路上にそのまま置かれていない[6]」と表現される。制度はそれがどのようにして効率（efficiency）を生み出すのかを示すことによって説明されるべきであるという想定が、特に、新制度経済学の経済学の語彙の中に入ってきた。そこでは、「効率分析（efficiency analysis）」がある制度に関する適応物語の話をすることを意味する。部分的には、これは、しばしば制度の起源に関する法的、社会学的、あるいは、歴史的説明[7]を与えた「旧制度経済学」に対する反動である。

ダーウィンの淘汰の遺伝的メカニズムが明らかである生物学においてさえも、ゴールドとレウォンティンは、「いかなる特定の適応物語も単なる憶測であり、実際に起こったことと矛盾するかもしれない」（Gould and Lewontin, 1979）と指摘する。彼らは、結果的に生じた誤りをうまく分類した。経済においては、淘汰メカニズムとしていかにも本当らしいのは、競争的な市場という規律だろう。しかし、すべての非能率が根絶され、すべての問題が解決されるほど厳しい競争を伴う市場はほとんどない[8]。その代わり、私は、ここで経済行為と制度は、通常、行為者の複雑なネットワークによって実施される様々な目標に起因し、歴史的な連鎖および関連する行為者のネットワークを理解することなしには、これらの結果が容易に誤解される可能性があると論じる。

ダーウィンのレトリックの尊大な実施は、行動パターンや制度に関する楽天的な見方に傾いてしまう。機能主義の説明の落とし穴は、何度も分類されてきたし（例えば、Merton, 1947 ; Nagel, 1961 ; Hempel, 1965 ; Stinchcombe, 1968 ; Elster, 1983）、被説明項（*explanandum*）[9]が解決すると主張される問題に言及することによって、それ（被説明項）が適切に説明されるために必要となる条件に関して厳格な記述がなされてきた。これらの記述を繰り返すよりも、むしろ私は、機能主義の説明が受け入れられる前に答えられねばならない四つの連続した実際的な質問をここではただ提案するだけにする。①「問題」は、どんな意味において本当に問題であったのか。特定のパターンが解決したといわれている問題が実際には問題でなかったならば、その説明は即座に失敗である。②「解決」は解決であったのか。たとえ問題が本物であると認められても、調査されている制度が本当に問題を解決しないとなると困ったことになる。そうでなければ、機能主義の説明が説得力に欠けるからである。③この解決が生じた過程について理解しているか。この質問を回避することは、生じた問題のすべてが自動的に解決されるということを想定することであり、それは、言明された時点でほとんど誰も承認しない命題であろう。

従って、機能的説明の一部分は、明記された問題がなぜ、どのようにして、実際に解決されたのかを説明することでなければならない。しかしながら、どのようにしてこの解決が生じることが可能であるのかをひとたび知ると、どんな状況の下でそれが不可能であることも理解することになる。実際には、これは、問題が生起するすべての場合に解決が生じるわけではなく、いくつかの場合だけに生じることを意味する。そのパターンの説明には、それが解決した問題だけでなく、さらに、この特定の解決が出現するのに必要な条件についても知る必要がある。そこで、これは、④なぜこの特定の解決なのか。この問題のために可能な解決の範囲はどれくらいで、どんな状況で他の解決が生じるのか。③への答えのように、この質問への回答は、大雑把な機能主義の説明から私たちを遠ざけ、静的な機能主義の説明と歴史的連鎖にもとづく説明の間の隙間を埋める。

経済制度はその経済環境にうまく適合しているように見えるので、機能主義の説明は大抵もっともらしく見える。しかし、これが生起するのは、制度が高い適合性を創造するようにその環境を変更させたからである。比較静学はそのような過程を明らかにせずに、代わりに、暗示にかかりやすい人々に環境的要件が制度を創造したと信じ込ませるかもしれない。確かに経済環境は制度的構造を特定の範囲内に収めるが、これらの範囲は、私たちが通常想像するよりも広く、安定的な多重平衡を包含するのである。システムの歴史的軌道がこれらのうちのどれが生起するのかを決めるので、動態の研究をなくてはならないものにする。

関係する議論が「経路依存（path dependence）」の表題のもとに、経済史の研究者によってテクノロジーについてなされてきた。例えば、ポール・ディヴィッド（Paul David）は、もっと効率的なデザインの存在にもかかわらず、いくつかの特定の初期条件のために、非常に非効率的なQWERTY型のタイプライターキーボードが一八九〇年代までに産業の標準になったと論じている。QWERTYは、技術的基準として確立され、既存の機械と使用者の大きな基盤によって「ロックイン（locked in）」された（David, 1986）。さらに一般的には、ブライアン・アーサー（Brian Arthur）は、その全体の効率性と無関係に、どのように過程の初期の段階における無作為な出来事が結果を決定するのかについての確率論的モデルを提案した。これらの「経路依存」の過程において、規模に対する収穫逓増が明らかである。それは、いくつかの競争するテクノロジーの一つが使用者の数において一時的に首位をいったん占めると、この首位によって、様々な行為者がそれを改良し、さらなる使用を促進する方法で環境を変更することが利益になるのである。これをまたさらに使用することによって、改良に拍車をかけて、競争的ではあるが、それほど採用されていないテクノロジーを改良することの利益を減少させる。最終的には、もともとそれほど効率的ではなかったテクノロジーがこの一連の出来事によって閉じ込め（locked in）られるだろう（Arthur, 1989）。

これがそうである限りにおいて、歴史分析のみが結果を説明できる。それに反して、もしテクノロジーの採用に対する利益の逓減を想定すれば、静態分析で十分であろう。それは、結果がただ一つだけであり、市場形成あるいは選択がなされる順序における小さな出来事に依存しないからである。「それとは対照的に逓増的収穫の下では、多くの結果が可能である。取るに足りない状況が正のフィードバックによって拡大され、システムを『傾けて（tip）』『選択された（selected）』実際の結果となるのである。歴史の小さな出来事が重要になる。一つのテクノロジー、あるいは一つの経済的結果がその競争者よりも優位にあることを観察する場合には、従って、勝者の『固有の』優越性が採用されるようになるための手段を探す行為に注意を払うべきである」（Arthur, 1989 : 127）。

これらの議論は、主に、テクノロジーに関係するものであるが、私は、後の章で、多くの他の経済的結果と経済的制度が、無作為の「小さな出来事」に限定される必要のない過程によっても「ロックイン」され、問題の解決としてよりも、むしろ利害関係を持つ行為者によって開始された行為の目的を有するネットワークから進化するものとして分析できると論じる。経済学の準拠枠から「無作為な」出来事に見えるものは、頻繁に社会学の説明によって体系的に扱うことができる。専門的概念の「ロックイン」は、実際には、社会学の観念の「制度化」に類似している。ちょうど物にならなかった技術的発達が忘れられる、あるいは、技術的に劣るものとして片付けられるように、生起しなかった制度上の選択肢は忘れられ、その環境を考えると、既存の形態がどのように不可避であるのかについての適応物語が語られる。経済制度の社会学にとって中心的な質問は、どのような状況の下でそのような物語が正しいのかというものである。続巻では、米国の電気産業に関する私の説明がこの記述にうまく合う。

一般的に方法論的個人主義を支持する学者は、それにもかかわらず、個人の行為に僅かにつながっているホメオスタシス・システムの特性に依存する機能主義の説明をたびたび支持するのは注目に値する。そうさせる魅力は、そうすることによって、行為と制度がそのように進化するのかについての詳細な歴史的説明の必要性を回避するということである。同様な理由で心に訴える、密接に関係する説明戦略は、結果と制度を説明するために文化的差異に依存することである。

「文化主義」の立場は、経済論理から生じるのではなく、むしろ、ある結果や制度を説明するのである。すなわち、ある結果や制度を生み出した集団は、特定の観察された行動をさせる文化的信念、価値、あるいは、特性を保有すると論じることによって説明するのである。最近の理論にもとづいて、そのような信念は、しばしば「社会関係資本（social capital）」として特徴付けられる。「プロテスタント倫理」によって特徴付けられた集団は、懸命に働き、成功する企業や他の結果を生み出す。個人が社会に従属する階層的な状況において協同に志向する文化を持つ人々は、（たびたび日本について主張されるような、例えば、オオウチ（Ouchi, 1981））円滑に機能する企業を発達させ、そして、文化が信頼を友人や親族の小さな範囲内に留める社会は、かなりの大きさの規模の営利企業を管理するのは難しいだろう（Fukuyama, 1995）[10]。下位社会レベルの分析では、異なる組織は、合併に抵抗する、あるいは、そのコストを上げるそれぞれ独特の文化を持つといわれている。

もし諸集団が実際にそれらの文化によって入念に決定される方法で行動するならば、制度の詳細な歴史的進化を支障なく無視できるだろう。その文化が安定したままである限り、まさにそのような進化はほとんど存在しないだろう。しかしながら、多くの機能主義の議論と同様に、文化的信念と観察されたパターンの間の因果的なつながりは、通常、明示されるよりは行動から推論されるので、この議論は循環論に不快なほどに近づいている。さらに、文化を個人の行動への影響としてこのように扱うことは、静的で機械的である。ひとたび十分に社会化された個人の社会的位置を知ると、行動における他のすべては自動的なものとなる。個人の行為者は、主体性を剝ぎ取られるので、それは、主体性が最も重要である方法論的個人主義者にとっては変則的なことである。文化は、外的な力であり、理神論者の神のように、物事を始動し、それ以上の影響がないものである。人がどのように影響されてきたのかについて私たちがひとたび知れば、目的的行為および進行する社会関係と社会構造は重要ではない。社会的影響はすべて個人の頭の中に包含されているので、実際の意思決定状況では、彼あるいは彼女は、経済人（*homo economicus*）と同じくらい原子化され得るが、意思決定には異なる規則を用いるのである。しかしながら、文化的影響に関する精緻な分析（例えば、Fine and Kleinman, 1979; Cole, 1979, ch. 1; Swidler, 1986; DiMaggio, 1997）は、「文化は今回限りの影響ではなく、進行する過程であり、相互作用の間に継続して構築され、再構築される」ことを明らかにする。文化がその成員たちを形作るだけでなく、部分的には彼ら自身の戦略的な理由で、文化は彼らによっても形作られるのである。従って、私は、人間に関わる事柄における力としての文化の重要性をここで過小評価するつもりはないし、ほとんど同語反復で残余の説明として誤用することに反対するだけである。これらの問題は、文化、規範、そして精神的構成物の経済行為への影響について第2章で、そしてまた、文化と制度との関係について第5章と第6章においてさらに掘り下げて考察する。

4　人間行為の過小および過剰社会化された観念

人間性に関する帰無仮説とそれらに関連した観念は、人間行為の性質について暗黙ではあるが、それに派生する考えにつながる。そのような観念は、極端に推し進めると、ゆがむのである。行為者を社会的状況に非常に敏感に反応するものとして描く社会学的観念は、よく知られているように、社会学者、デニス・ロング（Dennis Wrong）によって「現代社会学における過剰社会化（oversocialized）された観念」（Wrong, 1961）として批判され、この観念は、人々が他者の意見にひどく敏感であるので、合意を通じて発達した規範と価値のシステムの命令に従順であるというものであり、その社会化を通じて内面化されるので、服従が負担には感じられない。

ロングは、「様々な状況において、特に、一般に容認された理論あるいはイデオロギーが過度に他の諸動機を強調してきた状況において、人々が身近な仲間からの高い評判を望み、それを追い求める強さに注目するのは、多くの場合、社会学者の課題である。従って、社会学者は、工場労働者が純粋に経済的誘因よりも彼らの仲間の態度に敏感であることを示す。……もちろん、そのような研究の結果を批判するのは私の意図ではない。私が反対するのは、……社会学者が人間行動の一つの基本的動機を選び出す過去の努力を批判してきたが、他者から承認を得ることによって好意的な自己イメージを獲得したいと望むのは、多くの場合、社会学者自身の頭の中でそのような位置を占めることである」（Wrong, 1961 : 188-189）と指摘した。

そのような観念が一九六一年に有名である範囲内で、それは、部分的には、『社会行為の構造（*The Structure of Social Action*）』という画期的な著書において、一般的に抱かれた社会的価値を強調することによって、トーマス・ホッブズ（Thomas Hobbes）による秩序の問題を超えようとするタルコット・パーソンズ（Talcott Parsons）の試みに起因する。パーソンズは、彼が「功利主義的（utilitarian）」伝統と呼ぶものにホッブズ（Thomas Hobbes）を分類し、それを個人の行為を原子化され、他者の影響から、あるいは、広範な文化的・社会的な伝統から分離されているものとして扱うとして攻撃した。しかし、ヒューム（David Hume）、ベンサム（Jeremy Bentham）、そしてジョン・スチュアート・ミル（John Stuart Mill）のような功利主義者の著書をよく読んでみると、そのような描写を支持しない。むしろ彼らは、どのようにして社会制度、規範、そして相互作用が個人の行為を変更し形成するのかにかなりの関心を示している（Camic, 1979を参照）。

パーソンズが「功利主義的」そして「実証主義的（positivistic）」伝統の例であると主張するものの多くは、古典的および二〇世紀の新古典経済学[11]の記述である。正統的な理論的議論は、還元主義的であり、それは、「過小社会化された（undersocialized）」といえるものであり、仮説により、生産、分配、消費に対する社会構造あるいは社会関係のいかなるインパクトも許さない。競争的な市場では、どの生産者もどの消費者も集合的な需要や供給に、あるいは、故に、取引の価格や他の条件に著しく影響を与えることはない。アルバート・ハーシュマン（Albert Hisrchman）が指摘するように、「完全な情報を与えられた価格を受容する多数の匿名の買い手と売り手を含むような理念化された市場は、……当事者間の長期に亘る人的あるいは社会的接触なしに機能する。完全な競争の下では、駆け引き、交渉、抗議、あるいは、相互の調整の余地はまったく存在せず、そして、共に契約する様々な取引関係者は、結果として相互によく知るようになるような、繰り返され、あるいは継続される関係に入る必要がない」（Hisrchman, 1982：1473）。

古典的な経済学者は、主に社会関係を競争市場における摩擦として言及する。それ故に、アダム・スミス（Adam Smith）は、「同じ事業の人々は気晴らしや楽しみのためにさえ一緒に会うことはめったにない。会話は大衆に対する陰謀か、価格を上げる企みに終わる」と苦情をいった。彼の自由放任の政治によって、彼は反トラスト対策を推薦することができなかったが、実際に彼は、同じ事業の人々がすべて公的な登録簿に署名することを義務付ける規制を廃止するように提案した。それは、そのような情報が公的に存在することが、「そうでなければ決して相互に知り合うことがないかもしれない個人を結び付け、同じ事業のあらゆる人にその事業の他の人々がどこで見つかるのかに関する方向付けを与える」（Smith.〔1776〕1976：145）からである。この説得力に欠ける政策提案は、本当の完全競争が社会的原子化を必要とするというスミスの暗黙の前提ほどは、興味深いものではない。この立場は、二〇世紀のジョージ・スティグラー（George Stigler）の標準的な教科書の『価格の理論（*The Theory of Price*）』まで生き延び、それには、「経済関係は、それらが経済単位間の個人的関係を含むならば、決して完全に競争的なものではない」（Stigler. 1946：24）と記述されている。

ジョン・スチュアート・ミルのような古典的経済学者、そして、マルクスやドイツの歴史学派のように主流の外部にいる人々は、一般に、経済行為の社会的条件に関心があったが、デヴィッド・リカード（David Ricard）から始まる厳格で数量的な伝統は次第に焦点を狭くして非経済的な事柄を排除した[12]。この排除は、一九世紀末から二〇世紀初頭の方法論争（*Methodenstreit*）におけるドイツ歴史学派に対する新古典経済学の「限界効用学派」の勝利によって拡大された。限界効用学派のアプローチは、特にアルフレッド・マーシャル（Alfred Marshall）によって体系化され、価値を最大化の計算によって理解できる供給と需要による市場価格の決定に還元することによって、価値に関する古典的問題を「解決した」（例えば、Deane. 1978, ch. 7 を参照）。

しかしながら、過剰社会化の見解と古典的・新古典的経済学のいわゆる過小社会化の説明の間の一見明らかな対照は、大変重要な理論的な皮肉を隠している。両方とも原子化された行為者によって遂行される行為という観念を共有しているからである。過小社会化の説明では、原子化は自己利益の狭い追求に起因する。過剰社会化の説明では、原子化は、内面化されているので、進行する社会関係にはほとんど影響を受けない行動パターンに起因する。内面化されたパターンの社会的起源は、この議論を経済学のそれから区別するものではない。功利主義的な議論では、効用関数の源泉は決まっていないので、過剰社会化の観念のように、合意を通じて決定された規範と価値によってすべて導かれる余地が残っている。過小社会化と過剰社会化は、直接の社会的文脈から行為者を原子化することにおいて融合するのである。この皮肉な融合は、既にホッブズの『リヴァイアサン（*Leviathan*）』に見られる。(13) その中で、自然状態の不幸な市民は、彼らの原子化の結果起こる無秩序に圧倒され、いそいそと彼らのすべての権利を権威主義的な権力に引き渡し、従順に、立派に行動する。社会的契約の巧さによって、直接に、過小社会化から過剰社会化された状態へ急に傾くのである。

この過小社会化と過剰社会化の見解の収斂は、なぜ現代の経済学者がすぐに文化の原因としての影響力に関する過剰社会化された議論を受け入れるのかを説明する。その議論は、文化的な規定をいったん吸収すると、個人は自分の社会的位置、あるいは、相互作用のネットワークに注目しなくても分析できるという理由で、人間行為の還元主義的な見解と驚くほど一致している。社会関係を真摯に受け止めている経済学モデル（Becker, 1976）でさえも、関係の歴史、および、他の関係との位置を通常取り除いてしまうのである。それが記述する対人的紐帯は、定型化され、平均的で、「典型的」になり、特定の内容、歴史、あるいは、構造的位置を欠いたものになる。行為者は代表的な行為主体であり、彼の行動は、指名された役割位置と役割セットに起因する。従って、労働者と上司、夫と妻、犯罪者と法の執行人がどのようにお互いに相互作用するのかに関する議論はあるが、これらの関係では、指名された役割に固有の義務と利害によって与えられた内容を超える個人化された内容を持つことは想定されていない。この手続きは、まさに構造社会学がタルコット・パーソンズの社会学に対して批判したこと、すなわち、全体の概念図式における小さな役割に個々の関係の詳細を追いやってしまうことであり、それは、究極の価値志向から導かれる規範的な役割規定の永続的な構造と比較すれば二次的なものである。

経済行為を含むあらゆる人間の行為に関する有意義な分析は、過小社会化と過剰社会化という理論的に極端なものに潜在する原子化を回避しなければならない。行為者は、社会的文脈の外部に存在する原子として行動しない、あるいは、意思決定をしない、あるいは、彼がたまたま占めた特定の社会文化的カテゴリーの特定の交差によって書かれた台本（スクリプト）を奴隷のように忠実に守るわけではない。代わりに、彼の目的的行為の試みは、社会関係の具体的で、進行中のシステムに埋め込まれているのである。これらの諸関係のネットワークは、概念的には、個人の行為と社会的制度と文化の間に位置する決定的に重要なメゾレベルを構成し、どのようにこれらのミクロとマクロのレベルがこのメゾレベルを通じて連結するのかがここでの関心の中心である。

5　ソーシャルネットワークと「埋め込み」

ソーシャルネットワークの「メゾ」レベルが重要である。それは、過小社会化と過剰社会化の理論的に極端なものを回避する助けになるからである。より具体的には、社会的目的と経済的目的の両方を人々が追求することは、常に、既知の他者を重要な要素として含むので、ソーシャルネットワークが重要である。既知の他者のネットワークが重要であり、分析されねばならないという議論は、部分的には、この研究テーマに関する私の一九八五年の論文に続く研究の流れによって、「埋め込み（embeddedness）」の視点とみなされるようになった。この研究の多くは、「新しい経済社会学」と特定されるようになった（Granovetter, 1985 ; Granovetter and Swedberg, 2011）。しかしながら、多くの人々が「埋め込み」の考えを経済のソーシャルネットワーク分析と同一であるとみなしたもの、すなわち、「埋め込み」に関する私の一九八五年の論文が促進した身分証明（identification）であるが、私は、その用語をここでより広範な意味で使用し、社会の経済的および非経済的な側面が交差するところを意味し、ソーシャルネットワークとその結果だけでなく、文化的、政治的、そして広範な制度的な影響を含むものである。ソーシャルネットワークはミクロとマクロのレベルの間を仲介する中心的役割を果たしており、ここでの私の研究の一部は、ネットワークが、信頼、権力、規範、価値のような社会の分析、および、制度レベルの分析における大きなテーマと関係する方法のいくつかを開発することである。ソーシャルネットワークが重要な概念的役割を果たすのは、まさにそのような諸概念を説明する際に重要であるからである。

本書において、ソーシャルネットワークに関する専門的議論や詳細を説明するつもりはない。それは、数多くの優秀な手引書が説明してくれるからである(14)。一般的な背景としては、読者はソーシャルネットワークに関する考えについて初歩的なことを知っていると私は想定している。しかしながら、社会的ネットワークと他の社会的結果との相互作用に関するいくつかの議論あるいは原則について説明することが助けになる。ここでは三つを提案し、それらは、包括的であることは意図されていないが、私が以下において活用する役立つ考えである。

ネットワークと規範

第2章でさらに詳しく考察するように、規範――特定の状況において、通常の行動、または、適切な行動に関する共有された考え――は、ソーシャルネットワークの密度が高くなれば、より明確で、より固く信じられ、施行しやすくなる(15)。この命題の古典的な議論は、社会心理学（例えば、Festinger, Schachter, and Back, 1948を参照）からのものであり、考え、情報、そして、影響がノードの間を伝わる、密度の高いネットワークにおける多数のユニークな経路に依存している。これによって規範に繰り返し遭遇し、話題にのぼり、それによって逸脱を隠すことが難しくなり、従って、そうする気もなくなるのである。当然の帰結としては、他の条件が等しければ、大きな集団では、ネットワークの密度が低いので、規範を具体化し、施行させるのが難しいだろう。これは、人々が、自分たちが扱える社会的紐帯に対する認知的、情緒的、空間的、そして時間的な制約を持っているので、大きなネットワークは、クリークに細分化しなければならないからである（例えば、Nelson, 1966）。

弱い紐帯の強さ

新しい情報は、強い紐帯よりも弱い紐帯を通じて諸個人に到達する。私たちの親しい友人は、私たちと同じ社会圏を移動するので、ほとんど私たちが既に知っていることを知ることになる。弱い紐帯、あるいは、私たちが通常「知り合い」と呼ぶような人は、私たちが知らない人々を知っている傾向があり、従って、より新しい情報を受け取る場合が多い。これは、親しい友人は知り合いよりも私たちと似ているし、彼らは私たちとより長い時間を過ごすからである。知り合いは、私たち自身とは異なる社会圏を移動することによって、私たちの最も親しい友人が見せることができるよりも広い世界を知る窓である。従って、新しい仕事、まれなサービス、あるいは、投資やプロジェクトに不可欠な情報が必要な時には、私たちの最も親しい友人が私たちを助けたいという動機が大きいとしても、そのためには知り合いが有望な人であろう。社会構造が動機よりも重要である。これは、私が「弱い紐帯の強さ（the strength of weak ties）」（Granovetter, 1973, 1983）と呼んできたものである。

よりマクロレベルの分析では、各人の親しい友人同士が知り合いならば、彼らはクリークを形成し、クリーク同士が仮に相互に連結する場合には、強い紐帯よりもむしろ弱い紐帯を通じて連結することに留意されたい。従って、弱い紐帯の構造と社会的位置は、大きな社会構造においてどのように情報が伝播するのかを決定する中心的な要因である。例えば、これは、かなりの職業移動がある先端技術の地域が、自己の内部に完全に包含されるように垂直統合された企業よりも、最先端の技術情報を効率的に伝播させる理由の一つであろう（Saxenian, 1994 ; Castilla et al., 2000 ; Ferrary and Granovetter, 2009を参照）。

構造的空隙

相互に大きく分離した多数のネットワークに紐帯を持つ個人は、戦略的な優位に立つだろう。そのような個人が資源や情報がネットワークのある部分から別の部分に流れることができる唯一の経路である時、彼は、自分がまたがっている複数のネットワークにおける「構造的空隙（structural holes）」を利用する可能性を有するのである（Burt, 1992）。この状況における個人は、効果的なブローカーであり、それによってかなりの「社会関係資本」を享受する（Burt, 2005を参照）。私は、ブローカーの有利さについて、ソーシャルネットワークと権力の関係という大きな文脈の一部として扱う第4章においてさらに詳細に考察する。

これらと他のネットワーク原理は、「ネットワークの埋め込み」について話す時に役に立つ道具である。経済行為と経済的結果は、すべての社会行為と社会的結果のように、行為者と他者の社会関係によってだけでなく、それらの関係の全体のネットワークの構造によって影響されるのである。簡潔にいえば、これらをそれぞれネットワークの埋込みの「関係的」そして「構造的」側面と呼ぶ。

関係的埋め込みとは、個人が他の特定の個人と持つ関係の性質を意味する。この概念は、対（pair）、あるいは、社会学者が好む言い方は「二者一組（dyads）」についてのものである。関係的埋込みは、通常、個々の経済行為に直接の影響を与える。労働者と上司がどのように相互作用するのかは、技術的な分業におけるこれらのカテゴリーの意味によってだけでなく、相互作用の歴史によって主に規定される彼らの特定な個人的関係によっても決定される。これは、経済学者の相互依存する効用関数の使用によって部分的に捉えられ、他者の効用があなた自身の効用関数の独立変数になるのである。分かりやすい言葉でいえば、彼らの幸福（welfare）があなた自身の幸福の一部分になることである。しかしながら、これは、他者への私たちの行動が相互の期待の構造に依存し、それが関係の構成要素の一部分となり、強い紐帯では、行為者自身のアイデンティティの一部となるという事実をあまりうまく捉えていない。

特定の二者関係だけでなく、すべてのそのような関係の総計のインパクトもあなたの行動に影響を与える。他者への愛着という事実だけで経済行為を変更させるだろう。例えば、他で入手できる経済的有利さにもかかわらず、非常に多くの仲間の労働者に愛着を持っているので、特定の企業に留まりたいと思うかもしれない。そのような愛着の非経済的価値は、そうすることに純粋な経済的有利さがなくても、雇い主が被雇用者の知り合いを採用する傾向を部分的に説明する。

ハーヴェイ・ライベンシュタイン（Harvey Leibenstein, 1976）、あるいは、ゲーリー・ベッカー（Gary Becker, 1976）が一組の個人たちが夫と妻、あるいは労働者と上司のように演じる役割に必然的に伴う規範と利害を強調するように、関係的埋め込みの特定の要素を強調した経済学者がいる。この強調は、方法論的個人主義への経済学の焦点を弱めるように見える。しかし、そのような二者の行動では、彼らの特定の個人の歴史、そして、その歴史がどのように大きなネットワークに埋め込まれているのかということが取り除かれてしまうので、原子化は回避されずに、内面化され、規定された役割の影響より広範な影響は受けないものとして今までどおりみなされる、二者という少々高いレベルの分析に移されただけであると私は提案する。ここでも、実際には、行為の原子化と過剰社会化の見方を実行するために、もっぱら人々が役割規定に合わせて行動するという過剰社会化の観念の使用が見られる。

構造的埋め込みとは、諸個人が埋め込まれているネットワークの全体の構造のインパクトを意味する。関係的埋め込みと比べて、構造的埋め込みは、通常は、経済行為に対してより微妙でそれほど直接的ではない影響を与える。例えば、労働者は、他のほとんどの労働者たちともよい関係を持っている上司とよい関係を維持するのは容易である。もしその上司が他の労働者たちと仲が悪いなら、特に、他の労働者たち同士が仲が良いなら、上司と親しい特定の労働者にとって他の労働者は生活を難しいものにするだろう。その労働者への圧力は、この親密さから徐々に離れるほど強いものになるだろう。他の労働者が凝集性の高い集団を形成しなければ、そのような圧力をかけるのはやや難しいだろう。

このように私が論じる時、二者の相互のコンタクト同士が連結している場合には、その二者が何をしているのかについての情報がより効率的に拡散され、従って、その行動を形成することができるという原理を私は活用しているのである。結果として、ネットワーク密度の高い状況では、労働者は、上司との親密な関係を文字通り思いもよらないものにする規範を集団から取り入れるのである。

構造的埋め込みは、また、意思決定を行う時にどんな情報が入手できるのかに対するインパクトによって、個人の行動に影響を与える。例えば、あなたが離職するかどうかは、あなたの愛着だけでなく、選択肢としての機会に関する情報があなたに届くかどうかにも依存する。特定のブランドの石鹸を買うかどうかは、あなたのネットワークの構造とそれを通じてあなたに届く情報と影響によってある程度決定される（Katz and Lazarsfeld, 1955）。労働者が自分の賃金が公正であると信じるかどうかは、彼が自分の比較集団をどのように構成するかに依存し、それは、技術的な分業におけるだけでなく、親族あるいは居住の近接性のような非経済的に決定された、職場を横断するソーシャルネットワーク（Gartrell, 1982を参照）における彼の位置に依存する事柄である。これは、どのように経済的制度および非経済的制度が交差するのか、そして、両方にとってどんな結果をもたらすのかという良い例であり、これは、第6章のテーマである。

関係的埋め込みと構造的埋め込みとは異なる分析レベルであるが、非常に重要なものは、時間的埋め込み（temporal embeddedness）である。これは、関係や関係の構造をそれらが現在の状況を形成する歴史を持たないかのように扱う時間的還元主義（temporal reductionism）とは反対のものである。進行する関係では、人間は毎日を最初からやり直すわけではなく、以前の相互作用の手荷物を新しいものに引き継ぐのである。悲しいほどほとんど研究されていないが、人間の認知装置には、長期間の過去の関係の詳細や情緒的表現をファイルする卓越した能力が組み込まれている。それによって、特定の人に何年も取引関係がなくても、関係の再活性化はゼロから始めるのではなく、以前に達成された特定の一連の共通の理解と感情から始まるのである。これは、経路依存に関する以前の考察に再び言及し、その範囲をソーシャルネットワークの歴史に拡大するものである。

関係の構造は、通常、時間に伴う過程によって生じ、そうでなければあまり理解できないものである。ドイツの自動車工場のように、多数の地方からの「出稼ぎ労働者」の工場におけるストライキについて語る時に、セーブル（Sabel）は、「農民労働者のストライキは、……普通、工場生活のその他の部分から分離されたままの出来事であり、農民労働者自身をさらに他の労働者から分離するものである。それでも、……ストライキが数人の農業労働者を積極果敢な組合員、共感的なドイツ出身の労働者、あるいは、管理側の代表という外部社会と接触させる。……これらのコンタクトの数人がその関係を持続する場合に、彼らが後の紛争の成り行きを形成する」（Sable, 1982 : 136）と指摘する。そのような関係をたどることによって、セーブルは、一九七〇年代のイタリアにおける騒然とした産業関係を新しく解釈することができるのである（Sable, 1982, ch : 4）。良い横断的（cross- sectional）説明ならば、これらのコンタクトが二つの集団のリエゾンとして重要であることに気が付くかもしれないが、そのような構造が生まれる状況についての一般的な議論に貢献することはできないだろう。そのような説明がなければ、分析者は、文化的あるいは機能的説明に陥り、その両方は、通常、歴史的動態が無視された時に現れるのである。この特定の場合は、また、第3章で私が分析する信頼に関するいくつかの論争に光を当てる。それは、最近の経済学的な議論におけるように、家族、あるいは、文化によって教え込まれる固定化された特性よりもむしろ出来事の連鎖から生じるものとして信頼を表すからである。

6　個人の動機に関する用語

個人の利害に完全にもとづく説明と個人の利害が大きな社会的存在に常に従うと仮定する説明との間の実現可能な道を見つけるには、個人の動機についてさらに考察する必要がある。そのような動機に関する三つの重要な区別を私は提案する。行動が手段的に合理的であるか否か、それが自己に志向されるもの（ego-oriented）か否か、そして、それが経済的に志向するのか、社会的に志向するのかという区別である。

これらのうちの最初の区別は、行動が特定の目的を達成するための手段の使用として記述されるかどうかに関与する。この事柄は、時折、手段的（instrumental）対完了（consummatory）行動と表現される。後者は、何か他のことを達成するためにというよりもむしろそれ自体のために追求される行為である。そのような追求は、単純な快楽主義から価値へのコミットメントの最も純粋なものまで範囲があるが、行為の結果について明示的あるいは暗黙の計算を必然的に伴うことがないという点で特色がある。社会理論ではこの種の行為は、軽率であり、配慮に欠けるものとして、あっさりと片付けられている。一つの事例は、マックス・ウェーバー（Max Weber）が「価値合理的（value-rational）」行為と呼ぶものである。「例としては、……自分自身に起こり得る損失にもかかわらず、義務、名誉、美の追求、宗教的使命、個人的忠誠、あるいは、何に存在するにせよ『大義』の重要性によって必要とされる信念を実現するために行為する人の行為であろう。……価値合理的行為は、常に、行為者の意見では、彼を制約する『命令』あるいは『要求』を含んでいる」。そのような行為は、普通の手段的な意味において合理的ではない。それは、「行為者がそれ自体のためにこの価値、純粋な感情や美、絶対的な善、あるいは、義務への献身に無条件に身を捧げれば、彼の行為の結果の考慮によって彼はますます影響されなくなる」（Weber,〔1921〕1968 : 25-26）。ウェーバーは、また、このタイプと手段と目的に志向しない別のタイプの行為、すなわち、情緒によって決定される「感情的」行為を区別する。彼が提供するいくつかの例は、「復讐、性的満足感、献身、瞑想的至福、あるいは情緒的な緊張を解放する欲求を満たす行動」（Weber,〔1921〕1968 : 25）である。

経済思想史において、手段的行為と非手段的行為の区別は、時折、行動が行為の経済的側面に志向されるのか、あるいは他の側面に志向されるのか――非経済的目標への合理的行為と経済への非合理的アプローチは非常にありふれたものなので、これは調べれば奇妙な命題であるが――ということと混同されてきた。例えば、アルバート・ハーシュマン（Albert Hirschman, 1977）は、数世紀に亘って「情念（passions）」と「利益（interests）」の間の区別を辿った。非後者は、経済的動機付けに言及し、冷静で、合理的で、善意あると行動の領域であると想定されるようになった。非経済的な動機は、徐々に、「情念」というカテゴリーに、および、情念の追求は合理的な行為の問題ではなく、従って、経済分析には適切でないという付随する想定に包含された。アダム・スミス（Adam Smith）の時代までには、この区別は定着した。パレート（Vilfred Pareto）の著作においても、彼の経済学と彼の社会学は分離しているので、一方に注意を払わずに他方を読むことができるだろう。[16] パレートに影響されたポール・サミュエルソン（Paul Samuelson）は、彼の経済分析の基礎において、「多くの経済学者は、経済学と社会学を合理的あるいは非合理的行動にもとづいて、分離させる」（Samuelson, 1947 : 90）とコメントした。[17] 経済行為を合理的で紳士的な行動と等しくすることが経済的議論にもたらした一種の問題は、それが経済におけるごまかしと不正行為の分析から注意をそらすことである。

第二の分割線は、行為が利己的（「自己中心的（egocentric）」）か否かである。合理的選択理論のある考え方は、行為者が同意するか否かにかかわらず、どんな行為も行為者にとって個人的な目標を達成するものとして理論化できると主張することによって、利他的な行動の可能性を疑うものである。セン（Sen, 1977）は、この循環論を「定義による利己主義（definitional egoism）」と呼ぶ。社会理論、そして、特にセンの有名な論文が取り組む経済理論の争点は、利他主義を禁ずる循環性は役に立つか否かということである。センは、それが役に立たないと提案し、それは、自分を超えたある原理、価値、あるいは、ある社会的存在の幸せに対して自分が関わる「コミットメント（commitments）」を守るために人々が自分自身の利益に反して行動する多くの重要な例が存在するからである。定義によって行動を利己主義にすることは、これらの重要な事例を理解する可能性を除外することになる。しかしながら、自分の気分が悪くなるので、誰かが拷問されるのをやめさせる人の利己的な動機と、それが間違っていると考えて、そのような行為が危険であり、自分自身の効用を減少させるかもしれないとしても、拷問をやめさせる人の利己的な動機をセンが区別する時のように、彼の「コミットメント」の例は手段‐目的の枠組みの内部に存在したままである。しかし、両方の事例において、視野において目的（拷問をやめさせること）が存在し、そして、その行為者が純粋に完了（consummatory）行動を追求するとは描かれていない。

第三の区別は、人間の動機付けという観点からはそれほど基本的ではないが、本書の考察のためには大変重要であり、それは、行為が経済的目的だけを追求するのか、社会的（すなわち、非経済的）目的だけを追求するのか、あるいは、これらの混合を追求するのかというものである。本章の残りの部分では、この第三の区別とその結果に注目する。

第2章では、経済における行為がコミットメント——個人の利益の純粋な追求を超える、何が適切で、正しく、公正であるかについての共有された観念——によってどのように影響されるという第二の問題を評価する。行動が手段-目的枠組みにおいて最もよく理解できるか否かという第一の問題は、ある意味で、すべての中で、対処するのが最も難しいものであり、時々、特に実用主義の認識論の含意を詳細に説明する時に、特定の文脈において取り上げられる。

必要とされる財とサービスの探索を意味する経済的動機に加えて、すべての文化の人々は、多かれ少なかれ、社交性、是認、地位、そして権力という非経済的目的を達成しようとし、それらは、他者とのネットワークを通じた社会的文脈においてのみ入手することが可能である。これらの社会的動機の重要性を前提とすれば、経済生活が個人的な関係がなく（impersonal）、原子化されている場合のように、人々は、社会的目的を達成する機会からまったく切り離された領域において、彼らの経済的目的を求めることをほとんど期待されないだろう。従って、後の章で示されるように、人々が自分たちの経済的そして非経済的な側面が分離されないように積極的に阻止するように、中立的で、個人的な関係がない方法で開始された経済的関係が非経済的な内容を発達させるのは一般的なことである。このような進行は、既に、エミール・デュルケームには明らかなことであり、彼の社会分業論では中心的テーマであった。「社会が最も完全に分業に立脚している場合でさえ、社会はただ表面的な一時的な接触しか設定しえないような無数の並列的な原子の寄集まりとなってしまうことはない。構成員は、交換行為が遂行されている非常に短い瞬間を越えてずっと拡大する紐帯によって相互に結び付いている」（Durkheim,〔1893〕1984 : 173）。

私は、以後の章において、多くの純粋に経済的な目的でさえも、知り合いである他者との接触を通じて、非常に効率的に達成されると論じる。多くの人々が経済的目的を社交、是認、地位、そして権力と同時に達成しようとするので、彼らは、自分の経済活動を友人と知人のネットワークを通じて行うことを好む傾向があり、そこでは、すべての目的が同時に追求され得るのである。これらの目的を分離させることは、非効率的であるだけでなく、共感が得られないものでもある。特に、自分の人生の多くを経済的な追求に捧げる人々にとって、人間のアイデンティティをしっかりと形成する非経済的欲求から経済的な追求を彼らが分離するとはとても予想できない。反対に、知り合いである他者の社会的ネットワークにおいて非常に多くの経済活動が生起するという事実によって、諸個人が彼らの経済的目的を非経済的目的から分離することがもっと難しくなる。

人々が経済的目的と非経済的目的を同時に追求するということは、一方だけに焦点を置く経済的分析と他方だけに焦点を絞る社会学的分析にとって手ごわい挑戦を提示する。行為に関する現在の社会科学理論は、諸個人がどのようにこれらの目的を混合するのかについてほとんど示唆を与えない。諸個人がどのように非経済的結果を経済的結果に換算するのかについて計算する挑戦として特徴付けるのでは不十分である。これが適切である場合もあるかもしれないが、効率化（economizing）モデルがすべてのタイプの動機に適用できると想定するのは誤解を招くものである。それは、いくつかの目的は、他と同じ基準で計れないものとして経験され、そして、行為が常に手段的に志向されているわけではないからである。

これらの問題のいくつかを示す簡単な事例は、ソーシャルネットワークを通じての労働市場情報の流れのインパクトである。この事例に関して、自分のネットワークを経済的有利性のために最適に操作する方法について手段的な議論をすることによって分析する社会学者もいる（弱い紐帯対強い紐帯への投資についてBoorman, 1975、そして、「構造的空隙」についてBurt, 1992を参照）。しかしながら、そのような議論の価値にもかかわらず、この一見すると分かりやすい事例においてさえも、手段的合理性の単純な枠組みの内部に留まることは難しい。私の経験的研究（Granovetter, 1995）によれば、就業情報を常にコンタクトへの「投資」の結果であると想像するのは大いに誤解を与えるものである。これに対する一つの理由は、「社会的交換」の概念の限界について考察する際にピーター・ブラウ（Peter Blau）が論じるように、（あなたに多分「投資している」）他の人々からの肯定的反応は、それを受け取った人がそれを「報酬」として意図されているといと思わない時にだけ、満足を得るもの（rewarding）として経験される（Blau, 1964 : 62-63）ことである。人々は好かれたいし賞賛されたい。誠意のない是認は、（おべっか使いがよく知っているように）無いよりもましであるが、下心のない是認に比べれば、色あせるものである。他のところで論じたように、「『信用詐欺（confidence rackets）』の成功によって示されるように、社会関係への『投資家』が誠実さを装うことに熟達するかもしれないが、受け取る人たちが本当の是認を望み、そして、その大部分が警戒してその反対を探し出すことは、社会生活における計算された手段性の役割を厳しく抑制する」（Granovetter, 2002 : 37）。

社会理論の世界とは反対に、通例は、経済的および社会的な動機、あるいは手段的および完了活動の混合は毎日のように行われている。例えば、人々は楽しむことだけを考えてよくパーティに行くが、パーティ参加者の間で仕事に関する情報が実際に伝わるのである（Granovetter, 1995）。労働市場と週末の交流は、分離した制度であり、その交差は諸個人の行為にのみ依存しているわけではない。そのような交差の動態は第6章において考察される重要なテーマである。異なる制度がどのように相互に浸透するのかは、人々がいつ自分たちの社会的状況に混合され複合された動機を持ち込むのかに対して大きなインパクトを与える。

制度が相互に浸透しているというこのテーマが示唆するように、経済的および非経済的活動が一緒に生起し、切り離せないだろうということは興味深い。それは、個人の行動の説明を複雑にするだけでなく、個人のレベルを超える結果をもたらすからである。特に、非経済的活動はコストおよび経済活動のために入手できる技術に影響を与える。経済学者は、通常、この等式の負の側面だけを見てきた。例えば、汚職（corruption）が一般的である文化は、財とサービスの通常の生産に対して高い経済的コストを課すのである。そのような事例は、大抵、軽蔑的に「レントシーキング（rent-seeking）」（訳者注：超過利潤を得るための活動）として特徴付けられる（例えば、特に、Krueger, 1974を参照）。しかし、その話の反対の側面は、行為者たちがコストに対してほとんど、あるいは、まったく貢献しなかった非経済的な制度と慣行を通じて、彼らが経済的目的を追求する時には、しばしば経済的コストが削減されるということである。例えば、ソーシャルネットワークを通じて雇い主が採用する時は、彼らは、お互いに最も適切な仕事を見つけるように友人や親族を動機付ける信頼と義務を作り出すためにコストを支払う必要がない――そして、おそらく、やろうとしても支払うことができない――のである。この信頼と義務は、社会が親族関係や友人関係をどのように形成するのかということから生じ、生じたあらゆる経済的効率は、通常は、社交、是認、そして地位を求める諸個人によって追求される行為の意図せざる副産物である。ネットワークを通じて採用することによって、雇用主は、人々の経済的行為と社会的行為が結び付けられる状況を作り出すために自分たちの権力の優位な位置を使うのである。それ故に、そのような行為の混合が純粋に諸個人の分離した個人的な状況の結果であると想定するのは誤解を招くものである（Granovetter and Tilly, 1988を参照）。

私は、これらのテーマについて第2章、第5章、第6章、および続巻の「汚職」に関する考察において再考する。

以下の章では、私は、社会的背景における経済を理解することに関連する最も重要な概念的道具、問題、そして論争に関する一般的な原理と議論のいくつかを提示する。第2章では、規範、モラル・エコノミー（moral economy）、文化に関する議論を展開し、そして、経済におけるこれらの役割に関する活発な論争が分析的戦略について私たちに何を語るのかを明らかにする。第3章では、経済における信頼に関する膨大な先行研究の考察、レヴュー、そしてコメントを行う。第4章では、経済過程において権力がどんな役割を果たすのかについて考察し、第5章と第6章では、社会制度が経済行為に作用し、経済行為を形成する重要な事例のために、これらのすべての概念を動員する。これらの章は、次巻のさらに詳細な経験的な章のための準備を行うものであり、次巻では、ここで開発された考えの道具箱がどのように広い範囲の実際の事例を明らかにできるのかを示そうとする。

第2章　経済行為に対する精神的構成物のインパクト
——規範、価値、そして道徳経済

1　序　論

次の三つの章は、経済に対する、規範のような精神的構成物、信頼、そして、権力、それぞれの重要性に関係している。これらは、深く相互に依存し、それらが論じられるべき明確な順序は存在しない。これらすべてに関する二つの一般的な解釈は、それらが個人の側の合理的行為を反映している、あるいは、経済的効率に対して他よりも有利な結果を生み出した選択的な進化過程から起こるという大きく漠然とした意味において合理的であるというものである。これらの章を一貫して流れている一つの特徴は、そのような記述が規範、信頼、あるいは権力を十分に説明するのかという私の深い疑念、および、より微妙な差異を明らかにする（nuanced）議論への私の試みである。そして、経済に関するいかなる理解にもこれらの重要な社会的力と真剣に取り組まねばならないので、より十分な説明が非常に必要とされると私は強く思っている。

社会規範の考察を経済行為に関する通常の言説と区別する一つのものは、根本的な選好を最大化するように入手可能な行為の中から最善の行為を合理的に選択する人々という点から十分に社会規範を記述するのが難しいことである。その代わりに、規範を適切に考察するには、そうでなければ自己の利益だけから生起するような行為に取って代わる、あるいは、そのような行為を覆す、あるいは、少なくとも変更させる観念、すなわち、どのように物事があるか、あるべきか、あるいは、あらねばならないかに関する観念を持つだろうということを真剣に受け止める必要がある。激しい論争は、行動の原因として精神的状態が重要である程度、そして、それが重要であるならば、これらの精霊が再び合理的選択の瓶に押し込められるかどうかについて生じるのである。私は、後者の論争について述べるが、規範が経済行為と経済的結果においてどんな役割をするのかというもっと実質的な問題にはそれほど関心がない。また、「自己利害（self-interest）」という通常の概念が、諸個人の目的、あるいは、手段が明確に定義されているので、「合理的な（rational）」行為は目的を最も効率的に実現する手段を見つけるという想定を必然的に伴うことを私は指摘する。実用主義的（pragmatism）な認識論（そして、「構成主義的（constructivism）」なものから思想的に派生したもの）は、この単純な手段－目的図式に疑いを投げかけている。そこで、私は、「合理的行為（rational action）」の通常のパラダイムとは一貫しないやり方で（Dewey, 1939 ; Whitford, 2002を参照）、これらの視点が提案する一連の行為と問題解決における手段と目的の共進化（coevolution）の含意を探索する。

規範と価値が経済において本当に重要であり、純粋に行動主義的方法と想定を擁護するのが難しくなる場合には、それらは、経済的状況の意味と重要性についての個人の主観的理解に関与する典型的に精神的な概念である。たとえ規範が経済効率のために進化したことを私たちが認めても、人々が主観的にその重要性を信じて、従い、そして、違反に対して規範を施行したいと思わなければ、それらに大きな効果があるとは想像できないだろう。

私は、これらの概念について典型的で大ざっぱな区別を用いる。「規範」とは、人々が承認し、時折従い、適切であり、ふさわしく、あるいは、「道徳的」に行動するための方法に関する原理であり、これらは、社会的に共有され、他者によって非公式に施行される。「価値」は、何が幸せな生活そして良い社会を構成しているのかに関する広範な概念であり、それから、より特定であり、状況的に志向した規範が、原則として、推論される。「道徳経済（moral economy）」という用語は、歴史学者のE・P・トンプソン（Thompson, 1971）によって作られ、それ以来広く使われ、経済に特に関係する一連の規範，すなわち，何が道徳的に適切な経済行動であるのかに関する観念を意味するものである。「文化」という用語は，部分的に，規範と価値が諸個人間でランダムなものではなく，どのような視点から世界を見るのかについての広範な合意（consensus）の一部として，何が規範で価値なのかに関する合意（agreement）を集団が発達させることを示す。「文化」と通常呼ばれているものは，必ずしも，私が使ってきたような意味での「規範」についてのものではない。お箸で食事をするという選好は「文化的」であるが，行うべき「道徳的」なことではない。ある集団における典型的な活動を意味する「規範」の異なる使い方は，お箸の使用を含むだろうが，そのような活動は，「習慣」として記述する方がよいだろうし，それが行為者に問題がなく，明確に定義された目的に志向していないと感じさせる方法で日々の生活の多くを支配していると実用主義者が信じるものである（例えば，Dewey, 1939 : 33-39を参照）。

私は，ここで，経済における規範に関する問題について探索する。それらは何であるのか。なぜ人々はそれらに従うのか。それらは行動の他の原因とどのように相互作用するのか。それらはどこからやってきたのか。それらはどんな内容か，そして，それらは予測できるものか。規範は，通常，どれくらい経済的に効率的なのか。「道徳経済」という概念はどれくらい役に立つのか。第5章と第6章では，規範の集合から，文化，「スキーマ（schemata）」「制度論理（institutional logic）」「正当化の様式（mode of justification）」「資本主義の多様性（variety of capitalism）」などの行為の高次のレベルの概念までを探索する。

2　経済的規範とは何か，そしてそれらはなぜ経済行為に影響を与えるのか

人々が他の文脈と同様に経済的文脈においても何が適切な行動であるかについての考えを持っていることを疑う人はいない。問題なのは，経済行為と経済的結果を説明するためにそのような考えを発動する必要が存在する程度であり，二番目は，そのような発動が合理的選択と方法論的個人主義と一貫するものであるか否かである。

ある時、社会学において、そして、比較的規模は小さいが人類学において、価値と規範の区別が一般理論において一番目立つ場所に置かれていた。グレイバー（Graeber, 2001 : 4-5）は、一九四〇年代と一九五〇年代において、ハーバード大学の著名な人類学者、クライド・クラックホーン（Clyde Kluckhohn）が、人間の存在についての中心的問題に関して、社会間に見られる価値あるいは価値「志向」における多様性を人類学理論の中核にしようと努力したと指摘する。しかし、彼は、価値の定義、あるいは、次元についての合意を生み出すことができず、結果として、彼の後に続くものがほとんどいなかった。その一方で、社会学では、タルコット・パーソンズ（Talcott Parsons）の非常に大きな影響により、少なくとも米国において一九三〇年代から一九六〇年代まで、価値と規範は社会学理論において特権的な地位が与えられた。

経済学、政治学、そして社会学の間の明確な分業を確立しようとして、パーソンズは、政治学は社会における強制力の使用に関係し、経済学は目的への手段の合理的適応に関係し、社会学は社会を統合する究極の価値と規範の研究に関係すると論じた。パーソンズにとって、社会システムを理解する秘訣は、どのように社会の最も一般的な価値が「連続的に下位のレベルにおいて明確に述べられ、最も下位のレベルの特定の行為に影響を与える規範が明記されるのかということであった。さらに、すべての社会行為は、規範的パターンによって規制されている……」（Parsons, 1959 : 8）。

対照的に、経済学者は、歴史的に見て、原因となる力としての規範と価値に抵抗した。これは、過去二五年間の間に劇的に変化してきたが（例えば、信頼に関する第3章を参照）、多くの人々は、連邦裁判所判事で法と経済の学者、リチャード・ポスナー（Richard Posner）の立場をおそらくまだ取るだろう。彼は次のように論じる。「道徳的な根拠の柔軟性を用いて、まず、『正しいこと』を自分の利害に合わせる場合を除いて、多くの人々が物事を行うのは、それらが自分たちの行うべき正しいことだからという理由からであるということを疑う。私は、いかなる真面目な意味においても、何が道徳的に正しいかという知識が、一握りの聖人を除けば、誰かにとって動機付けになるとは思わない」（Posner, 1998 : 560）。

　経済生活において規範が重要である時、それはなぜそれに同調する人々に影響を与えるのか。簡潔な（spare）合理的選択の説明は、規範に同調するのは、そうすることの利益がコストを上回る時、および、その時にだけであるというものであろう。これほど単純な議論に反対する事例は、法規に関してジェラルド・リンチ（Gerald Lynch）によって次のように述べられている。「社会がその構成員から求めているのは、……その基本的な規範に従うことのコストと利益の知的な計算ではなく、事実上、それらへの遵守である。人々が刑法を破ることのコストと利益を特に比較する限りは、その戦いでは既に負けている。それは、多くの人々は、……特定の状況において、計算が法を破ることを支持するという結論を下さざるを得ないからである」（Lynch, 1997 : 46）。あるいは、ヤン・エルスター（Jon Elster）がもっと辛辣に指摘するように、多くの人々は、「自己の利益が社会を結び付けて固めるものであるという命題について、その含意を入念に熟考する時までは、同意するだろう。自己の利益に従って行為することは、本当のことを決していわない、あるいは、約束を守ることが利益にならなければ、決して約束は守らないことを意味する。また、何の罰もうけないで済むのなら、盗んで、だます……罰を単に犯罪のコストとして扱い、そして、他の人々をただ自分自身の満足のための手段として扱うことを意味する」（Elster, 1989a : 263）。

　しかしながら、もし人々がコストと利益を超えて規範に同調するならば、何がこれらの理由であるのか。最も接近したレベルでは、特にエルスター（Elster, 1989a, 1989b, 1990, 1999）によって、規範は、主に、感情への効果を通じて強制すると論じられてきた。規範は、「規範に違反することを予期して人が経験する、きまり悪さ、心配、罪悪感、そして、恥ずかしさという感情によって支持される。規範に従う人は、怒りや憤りのような正の（positive）感情によっても駆り立てられるだろう」（Elster, 1989b : 99-100）。エルスターは、以下のように続ける。社会規範は、「それが引き起こす強い感情によって心をつかむのである[1]」（100）。後の研究でエルスターは、重点を移し、一つの感情、恥は、他の感情よりも、同調を決定する要因としてさらに重要なものである。「恥という感情は、社会規範の支持の一つではなく、支持そのものである」(1999:145)。恥は、それが「人が行った何かに対する他者による軽蔑的あるいは嫌悪の非難によって引き起こされるので、非常に強力なものである」(149)。それは、「内的な、相互作用に基づいた感情である」(149)。

規範の施行に関する合理的選択の説明は、規範を支持する制裁を「執行者」によって合理的に適用されたものとみなすが、エルスターは、恥が制裁である場合には、この考え方には本質的に誤りがあると指摘する。恥を誘発することが意図されているように見える他者の行動は、自発的で無意識の反動よりもはるかに効果的ではない。恥は、特定の行為よりも特定の人への非難を反映するので、非常に痛烈なものである。罪の意識が特定の行為に結び付くのに対して、「恥においては、人は自分が悪いことをした人とただ単に考えるだけでなく、悪い人として考える」(151)。罪の意識への対応は、「自分がもたらした悪いことを修復する、元に戻すことである。加えて、できれば、自分が損害を与えた人に告白しようという強い衝動が存在する」(153)が、恥に対しては、隠れる、逃げる、見られることを回避する、そして、逃げることができなければ、「自殺が唯一の解決であろう」(153)。「恥の灼熱感は、罪の意識による痛みよりも激しくつらいものであることは一般的に認められ、……これ故に、私たちは、恥の感情を避けるためにたびたび何でもする……罪の意識とは対照的に、私たちは、自己を欺く策略によって恥を簡単に回避することはできない」(154)とエルスターは考える。これが、行動の規制において、罪の意識が恥ほど重要ではない理由である。

しかしながら、恥あるいは罪の意識が同調においてもっと重要かどうかは、確かに議論の余地があるが、罪の意識は恥よりも容易に和らげられるというエルスターの見解は、罪の意識を研究している宗教と文化の成員には共有されないだろうし、彼がその痛みを軽視することに対して世界中のカトリック教徒とユダヤ教徒が一致して眉をひそめることが想像できる。二〇世紀半ばに、人類学の「文化とパーソナリティ」学派は、ルース・ベネディクト(Ruth Benedict)による戦時中の日本に関する著書『菊と刀』(1946)において発達した、主に恥によって規制されている社会と罪の意識によって規制されている社会との間の区別によって強く影響された。彼女の全体の文化に関する大胆な特徴付けは、二一世紀の学者によってまれにしか支持されていないが（日本に関するベネディクトの研究がどのように受け取られたのかについてのヘンドリー（Hendry, 1996）による興味深い説明を参照）、まだ分析されていない方法において、そして、社会統制と人間の感情の関係において、文化が体系的に変わらないと想像するのは難しい。

私は、また、規範の支持としての感情の重要性に対するエルスターの焦点は、「道徳心理学」におけるさらに最近の研究に位置すると指摘する。道徳心理学は、部分的に（fMRI のような）脳の断層写真を用いて、道徳的な意思決定において、二つの分離した過程が活性化されるように見えることを記録している。一つは、自動的、無意識的、そして、感情にもとづくものであり、もう一つは、ゆっくりと、意識的で、代替の結果についての考慮にもとづくものである。これらは、道徳哲学者が、「帰結主義的（consequentialist）」行動（すなわち、期待された結果にもとづく道徳的決定）に対して、「義務論的（deontological）」（すなわち、絶対的で、無条件の）道徳的原理として表すものである（微妙に異なる説明には Cushman, Young, and Greene, 2010 がある。速く感情的な過程が圧倒的に支配的であると論じる、均衡が取れていない説明には Haidt and Kesebir, 2010 がある。Kahneman, 2011 は一般に普及した談話を提供している。Vaisey, 2009 は、これらの概念を社会学の用語と議論に翻訳しようとする。道徳哲学における義務論と帰結主義の見解の区別は Pettit, 2001 によって要約されている）。

恥あるいは罪の意識を回避するための規範の遵守は、負の動機付けである。エルスターは、上記のように、怒りや憤りのような「正の」感情によっても動機付けられるものもあると示唆している。しかしながら、私には、これらが感情の尺度の正の側にあるとしても、その尺度のそれほど遠くまで達しているという感じがしない。私が下記において「道徳経済」について考察するように、労働条件や所得の分配へのグローバリゼーションの効果とされているものに反対する大衆の抗議運動の期間において、そして、多くの他の歴史的状況において明らかになるような、さらに徹底し、情熱的に支持された原理へのさらなる正のコミットメントによって追求される規範もありそうに思われる。

規範の力を説明するのに感情が重要である一つの理由は、人々は、しばしば規範を外部からの命令ではなく、むしろ、コストや利益を計算することなしに、規範を「内面化」して、事実上、自動的にそれらに従っているというものである。この場合には、社会規範は、「非結果志向（non-outcome oriented）」（Elster, 1989b : 100）である。それらは、規範が義務論的であるように見える、道徳心理学の実験によって「速い」反応と指摘されるような、ある程度、分別せずに、従われる、まさに、特定の方法で行為させる命令である。

これが合理的選択理論の回路から規範を遠ざけるだろうと思うかもしれないが、クーター（Cooter, 2000）のような法学と経済学の理論家は、人々が将来他者と協力的に関わる機会を創造するために、自分たちを信頼できるようにするような特定の経済規範を内面化すると論じる。規範を内面化する意識的な努力は、用語における矛盾であるように思われるので、決定的に重要な問題は、どのようなメカニズムによってこれが達成されるのかというものでなければならない。クーターは、新しい規範に従うことに必要なやり方で自分自身を変えることとは、「困難な技術的問題であり、それを解決するための理論を提供するつもりはない。……代わりに、私は、選好の変化のための技術を説明することなく、その技術の存在を想定する。いいかえれば、私は、人々がコストを負担して、彼らの選好を変えることが出来ると想定する」（Cooter, 2000 : 1593）。あたかもこの提案の希望的観測の側面を強調するかのように、クーターは続けて、「機会が選好に依存することにより、人は自分の選好を変える動因を与えられる。例えば、もし不正直な青年が多くの雇用機会を欲するならば、彼は、正直になるかもしれない」（2000 : 1594）。感情によって駆り立てられる内面化された規範が合理的選択論に包含されたと考えることができるまでは、これよりも説得的な議論が必要であろうと私は提案する。

もし規範の理解における感情の重要性を受け入れるとしても、私たちは道の途中まで来ただけである。というのは、感情の心理学は個人のレベルの規範についての詳しい説明の重要な一部であるが、私たちは、よりマクロな方向に上昇移動して、特定の社会状況がなぜ強い感情的な反応を引き起こすのかをよく理解することが必要である。道徳心理学における実験は、意思決定における自動的あるいは意識的な過程を示す反応を引き出すように計画された道徳的ジレンマを被験者に課すものであるが、これらの実験には、社会的構成要素、あるいは、社会的背景が存在しない（例えば、Cushman Young and Green. 2010を参照）。しかしながら、多くの自然状況では、私たちにきまりの悪さ、悔しさ、恥、あるいは罪の意識を与えるのは、道徳的ジレンマの性質よりも私たちがやったことを観察する他者の反応である。これが重要であるには、それらの特定の人々が考えていることに関心を持つ必要がある。見知らぬ人の非難あるいは軽蔑は、時折、心配させ、動揺させるものであるが、私たちを個人的に知っていて、私たちが特定の社会的紐帯を持つ人々のそれよりはずっとインパクトが小さいだろう。

これは、規範の力を理解するためには、どんな人々がフィードバックを提供するのか、あるいは、人が影響を受ける諸事例について私たちは考察する必要があることを意味する。二〇世紀半ばの社会学では、この問題は、「準拠集団」論（特に、Merton. 1957 : ch. 8 and ch. 9を参照）という表題の下に分類され、その主要な結論の一つは、そのような集団をどんな人々が構成するのかは決して単純なものではなく、時折、多様で複雑な状況に依存するというものであった。ロバート・K・マートン（Robert K. Merton）による主要な結論の一つは、個人は、自分自身の第一次の、小さい、密接に結び付いた集団においてはっきりと表現される規範に対してだけでなく、自分がメンバーではないが、参加したいと望む集団における規範にも反応することであった。

これは、準拠集団を地域共同体の密接に結び付いた集団に還元することについて懐疑的であるいくつかの理由の一つである。例えば、クックとハーディンは、「規範は、小集団、あるいは、長く続いている関係で最も効果的である」（Cook and Hardin. 2001 : 327）と論じ、続けて、小さな共同体は「通常、共同体にとって準（quasi-）普遍的であり、潜在的な協調性のすべてと言ってもいいくらいの側面を対象とする規範を通じて機能する。都市社会は進行する関係のネットワークを通じて機能する。……故に、私たちは、各自多くのまったく異なるネットワークに関わっているのである」（334）と述べる。法学と経済学の学者のロバート・エリクソン（Robert Ellickson）は、同様に、「何よりも、増加する都市化が非公式の統制システム（これは、彼が規範の力を意味するものである）を弱め、法律の領域を拡大する」

（Ellickson, 1991 : 284）。

しかし、私が第1章（そしてGranovetter, 2005）でも論じるように、規範の施行は、ネットワークの凝集性が高い、あるいは、密接に結び付いたものであれば、それだけ効果的であると論じるのは妥当であるが、結果として、複雑な社会におけるそのようなネットワークが地域的に定義されねばならないということにはならない。人々の社会生活の空間的側面に関する研究は、指針と支援を提供する社会的ネットワークが、ますます空間的に分散しているということを久しく指摘してきた（例えば、Wellman, 1979を参照）。経済生活では、デュルケーム（Durkheim,〔1893〕1984）が指摘するように、空間的な近接性によってではなく、共通の活動によって定義される分業社会において、「実践共同体（community of practice）」と現在私たちが呼ぶようなものが存在する。彼が論じたのは、これらの中で、職業が最も重要であり、高度に分化した経済に固有の分離させる傾向にもかかわらず、それが社会の連帯性を確保する際に極めて重要な役割を果たすことである。最近の研究（例えば、Grusky and Sorensen, 1998）は、職業が共同体としての凝集性を持つという主張に対して現代の統計的検出力を提供する。

それに応じて、専門職に関する現代の研究は、専門職社会によって作り出される倫理規定の普遍性を指摘している（特にAbbott, 1983を参照）。これらは、社会規範よりも公式なものであるが、それらは法律による拘束力を持たない。しかしながら、それらは、専門職の共同体の内部でどんな行動基準が満たされるべきかに関する一般的な理解を実際に確立し、これらの基準は、罰せられずに、時折違反されることがあるだろうが、依然として、それらの明確な言明は日常の活動に影響を与えている（米国の「ビジネス倫理」の歴史に関する一般的な扱いについては、Abend, 2014を参照）。共通のアイデンティティと忠誠心を持つ企業幹部の地理的分散は、専門職と同様に、組織上の配置に仲介されているだろう。例えば、日本の系列において、三菱のようなグループの地理的に散らばった関連会社は、互酬性の規範に縛られるように感じる。その規範は、法的地位の欠如にもかかわらず、集団のアイデンティティを強化する、会社の社長の会合、様々な儀礼とシンボルによってエネルギーを与えられる（Gerlach, 1992; Lincoln and Gerlach, 2004を参照）。

一般的な議論は、規範の力を理解するためには、そのような力が作用している社会的連帯とネットワークの輪郭を示す必要があり、小さな、地域の設定に限られるものでなく、確かに全国調査の価値に関する質問に還元されるものではないような努力がしばしば必要となる。

もし規範が経済行動に影響を与えるならば、自然な問いは、それが自己の利益のような非規範的な力とどのように相互作用するのかというものである。おそらく中心的な問題は、規範とその力が何らかの形で行動の他の規定因に還元できるかどうか、あるいは、その代わりに、独立して作用するのかどうかということである。エルスターは、行為が「通常は合理性と規範の両方によって影響され、時折その結果は、規範が規定することと合理性が指示することの間の妥協である」（Elster, 1989b : 102）と提案する。あるいは、彼の幾何学的なたとえによれば、「しばしば、規範と合理性は、行動を合同で決定する力の平行四辺形において共存する」（Elster, 1990 : 866）。

規範と合理性が相互作用するメカニズムは、主要な理論的問題である。最も単純な解決は、規範に独立した力を与え、ウィリアムソン（Williamson, 1991）が呼ぶように、その力を「変換パラメーター（shift parameter）」に還元し、選択肢のコストを変えることである。類似する提案が規範に関して急増する法学と経済学の領域に現れている。従って、クーターは、規範に同調するためにどれくらい支払うかによって、内面化された規範の強さを測定することを提案し（Cooter, 2000 : 1586）、サンスティーンは、規範は「行為にとっての税金あるいは助成金である」（Sunstein, 1996 : 912）と提案する。これは、規範が因果の連鎖に線形で加算によって加わることを想定する。そのようなコストパラメーターの規定因を理解する複雑性は別にして、単純な加算モデルが規範の影響力を捉えるかどうかについて疑問に思ういくつかの理由が存在する。規範が感情のインパクトを反映する限りにおいて、その影響をコストと利益の分析に還元することは、心配なほど単純化しすぎているし、最近支配的な心理学における道徳行為の二重過程（dual-process）モデルとつじつまが合わないだろう。エルスターは、（彼の温厚な方法で）「感情を心理的なコストと利益としてモデル化するという考えは、子供じみた表面的なものである。感情がエージェントの利害を損ねるほど判断を鈍らせる可能性があるという事実は、この考えを反証するのに十分である」(Elster, 2000 : 692)。

結果にもとづくよりもむしろ義務論的である価値を支持する際の感情の役割は、最近の実験的そして神経道徳心理学における主要なテーマであり、これが「神聖な価値」に関与する紛争に関する学者のまさに論点でもある。従って、アトランとアクセルロッド(Atran and Axelrod, 2008)は、中近東の紛争に焦点を当て、そのような価値をコストと利益の交換取引として考える交渉者は、戦闘員を非常に誤解し、彼らの交渉において高い確率で成功しないということを強く主張する。彼らは、「神聖な価値」が「成功の可能性とは関係がないように思われる方法で行為を駆り立てる道徳的信念を組み込んでいるという点で、物質的あるいは手段的な価値と異なり」(2008 : 222)、「神聖な価値を諦めることと引き換えに物質的な利益を提供するという申し出は、人々がその申し出を妥協としてよりも、むしろ侮辱とみなすので、合意をより難しいものにする」(2008 : 223)ことを観察している。テキサス州ウェイコ(Waco)のブランチ・ダヴィディアン(Branch Davidian)の大惨事をＦＢＩ交渉者の側の同様な誤解によるものであるとみなすグラッドウェル(Gladwell, 2014)も参照のこと。

3　規範の起源、内容、そして効率性

もし規範が経済行為に影響を与えることに私たちが同意するならば、それがどこから来たのか、そして、それが「経済的効率性」を高めるかどうか知りたいだろう。経済的、あるいは、他の規範がどのように生じるのかは、常に問われてきた質問というわけではない。経済に関するほとんどの研究は、規範を文化的所与、および、さらなる分析のための出発点として扱っている。しかしながら、普遍的であるように思われる「近親相姦の禁忌(incest taboo)」のような特定の非経済的規範の起源に関する考察が長い期間に亘ってなされてきた(2)。その考察の多くは、経済規範の考察を予想するものであり、ある意味で、この規範が不在な場合よりも人間社会をより安定的、あるいは、成功させ

るので、この規範に対する機能的な説明が存在するかどうかに関心がある。補助的な質問は、もし機能的であるならば、この規範が生物学的、文化的、あるいは、変異、淘汰、保持から生じる通常の意味で社会的進化によって生じるかどうかというものである。

近親相姦の禁忌ほど普遍的な経済規範はほとんどないので、規範に関する長期的なマクロ社会的進化の考察はそれほど一般的なものではない。最近の例外は、一五の小規模な社会についての実験研究から生じる。その実験では、結果が産業化した設定において獲得されるものと異なるかどうかを決定するために、いくつかのゲームの手続きが施された[3]。すべての実験は、合理的な自己の利益——私が信頼に関する第3章において考察する典型的な実験結果——によって決定付けられる協同を超える協同の事例に関するものである。ヘンリック（Henrich, et al. 2005）の研究に沿って、「最後通牒ゲーム（ultimatum game）」つまりUGからの結果を主に考察する。この二者——ゲームでは、最初のプレーヤーAは、特定の寄付が与えられ、その一部分をプレーヤーBに提供するように指示され、Bは、その申し出を受け入れるか、拒否することができる。もし彼が受け入れれば、配分は終了するが、もし拒否すれば、どちらのプレーヤーも何も得られない。合理的なプレーヤーAは、非常に少ない量を提供すべきであり、合理的プレーヤーBは、何も無いよりはましなので、それを受け入れるべきである。しかし、実際には、ほとんどの実験の証拠は、Aたちの典型的な提供は、最小値よりもかなり多く、Bたちは五〇パーセント以下の申し出を頻繁に拒否することを示している。様々な産業化した国々における学生の母集団では、最頻値の提供は五〇パーセント前後を推移した（Henrich et al. 2005 : 799）。プレーヤーBたちは、適切な、あるいは、公正な分割について規範的な観念を保持し、その違反を許すよりはいかなる資源も諦め、Aたちも、この規範を共有しているか、あるいは、低い値を提供しないほうがよいことは少なくとも十分に分かっていると結論せざるをえないと私は思う[4]。

これらの結果は、UGが行われた産業化した社会を通じて非常に一貫したものであったが、著者たちは、彼らの一五の社会においてずっと多くの多様性があると考えている。「私たちが研究したどの社会でもある意味で利己的さの公理は確認されていない」（802）が、Aからの平均の提供は二六パーセントから五八パーセントの範囲である。この変異では、社会それ自体を分析単位とみなし、多変量解析を用いて、社会の特性を独立変数、提供と拒否の割合を従属変数とすることを意味する。結果における分散の約半分が市場交換の程度、共同体の規模、「社会政治的複雑性」（世帯を超えてどれくらい意思決定が行われるかの測度）、そして、（家族外の協同制度の存在によって測定される）社会の経済システムが協同に報酬を与える程度によって説明されることが分かった。著者たちは、この結果を「文化‐遺伝子共進化理論」によって解釈する。その理論は、「人間は、地域の一連の文化的に進化した社会的均衡（制度）に適用できるような動機付けと選好を、正確に、そして、効率的に獲得するようにデザインされた学習メカニズムを身に付けなければならないということを予測する」（812）。これは、実験の諸個人が「現実の世界で獲得した選好や信念を意思決定状況に持ち込み」（813）、これらの結果が社会における長年の経験から生じるということを想定している。例えば、広範な「市場の相互作用が個人に見知らぬ人を信頼することができる（すなわち、協同することが期待される）という考えに慣れさせるだろう。この考えは、UGにおける提供と市場の統合が私たちの諸集団を横断して強く相関することと一致する」（813）。

これらの主張を私たちはどのように評価すべきなのだろうか。確かに、経済組織のいくつかの独立変数とゲームの反応との間の印象的な相関は興味深い。しかし、そのまま受け取ると、これらの結果に関する著者たちの解釈は、社会は、常に、そして、必ず、社会が必要な経済規範と制度を手に入れることを意味している。市場の相互作用が個人に見知らぬ人と協同するように慣れさせるという考えは、過去の何世紀にも亘る対人的、そして、集団の紛争、そして、市場過程の導入から生じた混乱に関する論争を無邪気に一掃するものである。それは、市場はいつも変わらず啓蒙的な力であり、モンテスキュー（Montesquieu）によって「穏和な商業（doux commerce）」として表され、アルバート・ハーシュマン（Albert Hirschman）によって『情念の政治経済学（*The Passions and the Interests*）』（1977）において記録されている、一七世紀の考えを強く思い出させるものである。論理的に追求されれば、これは、失敗した、あるいは、失敗する経済は存在しなかった、あるいは、少なくとも、不適切な規範や制度が関与する経済はないという疑わしい主張に至る。この主張は、いったん述べられれば、ほとんど擁護できないものであるが、どこに問題があるのだろうか。

　まず、実験はすべて分配の規範と個人の協同的な傾向に関係している。そして、これらが社会の間で異なるという確かな証拠を得ることは興味深いことであるが（そのような多様性に関するエスノグラフィーの十分な証拠は既に存在していた。詳細は、Granovetter. 1992を参照）、私たちは、ほとんどの場合、実験における明白な規範を実際の経済活動につなげる明確な方法をほとんど持たないのである。批評家が指摘するように、「UGの直感的で実験的な単純さが、部分的には、実験経済学者の間でのその実験の人気の原因であるが、それが現実の世界の現象に関係付けるのを困難にするだろう」（Grace and Kemp. 2005 : 825）。行為者が現実の経済状況において必要な実際の指針は、UGのようなゲームにおいて作用する規範から推論されることよりもずっと複雑である。

　そして、おそらくさらに重要なのは、他の規範から分離される経済規範は一つもないことであり、それぞれは、大きな文化的で経済的な文脈において規範の複合体の一部として進化し、一緒にまとめられた時だけ、大きな影響を発揮すると考えられる。例えば、配分の公正さに関する規範は、多くの文脈で重要であるだろうが、現実の経済制度においてそれらの実際の役割がどのようなものかは、他の制度と規範が提供する文脈に依存している。従って、互酬性の規範は、私が続巻の腐敗行為の章（そして、Granovetter. 2007も参照）において考察するように、相手に対する公正な利益を明記するが、それは、一対の行為者がそう呼ぶ集団の外部では「汚職（corrupt）」として広く非難されている。一つの規範についての証拠は、どのように集団が定義され、交差するのかに関する準拠集団の詳細がない場合には、示唆的ではあるが、ほとんど決定的ではない。

　最後に、ここで提供される進化、あるいは、共進化の議論は、歴史的推論であり、示唆的で横断的な現代のデータから導かれたものである。そのようなものとして、非常に楽観的な理論化に対する厳しい批判においてゴールドとレウォンティン（Gould and Lewontin, 1979）によって確認されたすべての困難さを負っている。時折、進化論ゲーム理論も規範の出現を調べるための枠組みとして用いられてきた。一つの例は、ベンダーとスウィスタク（Bendor and Swistak, 2001：1497-1498）のモデルであり、それは、長期的に見ると、動態はより効率的な規範に向かう傾向があるが、非パレート効率性の規範が進化的に安定する場合もあると提案している。しかし、このモデルは、小集団、あるいは、二者関係に依存するものであり、それらが相互作用の分析の中心であるので、著者たちは、そのようなモデルは小さな共同体に最も効果的であると認めている。

法学と経済学における経験的そして理論的な研究は、より特定な文脈と規範に焦点を絞っている。規範についての最近の相次ぐ関心の多くは、一九九一年のエリクソン（Ellickson）の研究がきっかけになって起こった。その研究は、カリフォルニア州シャスタ郡における蓄牛経営者と住民の間の紛争がどのように解決されるのかについてのものであった。エリクソンがこの設定を選択したのは、部分的には、法学と経済学に対するロナルド・コース（Ronald Coase, 1960）による貢献がそのような紛争をその主要な例として用いたからである。コースの議論は、当事者間の法的責任における変化の含意に関するものであったが、どちらの場合も、訴訟を通じて紛争を解決するだろうと想定した。従って、エリクソンは、シャスタ郡の住民が「彼らの間に生じた問題の多くを解決するために、法的規則よりも、むしろ、非公式の規範を適用する」ことを発見し、驚いたのである（Ellickson, 1991：1）。この知見は、ビジネスの紛争に関する初期のマコーリーの研究とまさに似ているが（Macaulay, 1963）、エリクソンの考察は、マコーリーと異なり、法学の研究が新古典主義経済理論に根ざしている人々に適した解釈を提供するという理由で、より影響力が大きかった。

彼の中心的な仮説は、「密接に結び付いた集団の成員は、彼らが相互の日常の作業において獲得する幸福の総計を最大化することに役立つ内容の規範を発達させ、維持する」というものである（Ellickson, 1991：167）。さらに（しかし、おそらく十分ではないけれど）正確にいうと、これは、彼らが「死重の損失（deadweight losses）」（協同の失敗から生じるコスト）と取引コストの総計を最小化したいと思うことを意味する。「日常の作業」は、「基本原則が整えた準備の上で行われる通常の事柄」（176）と定義される。集団は、「非公式の権力が集団成員の間に広範に分布し、非公式の統制に関係する情報が彼らの間で容易に循環する」時に「密接に結び付いている」（177-178）[5]。実際には、エリクソンは、密接に結び付いた集団を繰り返しゲームの中心として扱い、そのような集団は、「相互に対する権力の適用について信頼でき互酬的な見込を持ち、過去と現在の内部の出来事に関する情報を十分に供給できる成員の社会的ネットワーク」（181）である。これらのどの条件も満たされない限り、これは、市場の不完全性と類似する「社会の不完全性（social imperfection）」である。

エリクソンは、規範が問題を解決するために現れるとみなしているので、規範の効率性をそれらの起源と結び付ける。しかしながら、この結論は、問題から始まり、どんな規範がそれを解決するために生じるのかを尋ねる選択の偏り（selection bias）から余りにも簡単に得られるものである。彼の主要な事例において、シャスタ郡における蓄牛に関する紛争は、解決されたことが知られているので、効率性の結論は強化される。もし彼が農地への蓄牛の侵入に関する互いに殺し合う戦いの事例から始めたら、異なる結論が出現したかもしれない。

さらに、エルスターは多数の規範を指摘し、そのうちのいくつかは、明らかに、パレート最適の弱い意味だけでなく、どの人も悪い状態にさせるという強い意味においても非効率な「日常の作業」に関するものである。例えば、礼儀作法に関する（物事を「正しく」行うために時間とエネルギーのかなりの消費を必要とする）規範、そして、経済領域においても、パレート改善を創造する状況での金銭の使用に反対する規範（バスを待つ列で良い場所を買う、あるいは、隣人の芝生を刈るために料金を請求する）がその例である（Elster, 1989b : 109-110）。いくつかの社会における、動物の不法侵入よりも若干重大な挑発に対して一般に発動される名誉のための行動規範や復讐の規範は、通常、紛争の友好的な解決よりもむしろ激化に至るのである（例えば、Elster, 1990 を参照）。

機能的な規範が密接につながった集団において一般的に出現するという考えに伴う困難さの中に、メカニズムの不在がある。シャスタ郡の研究に続く研究において、エリクソンは、この隙間を埋めようとして、「規範のための市場」の重要性を提案することによって、規範の出現を合理的で経済的な過程にとって内生的なものにする。その市場では、供給側は「規範起業家」、すなわち、「変化をもたらす主体（change agents）」であり、需要側は、新しい規範を必要とする社会集団、すなわち、「高い評価、あるいは、取引の機会を授与することによって新しい規範の価値ある供給者に報酬を与える「聴衆（audience）である」（Ellickson, 2001 : 37）。もしそのような起業家が存在するのなら、なぜ彼らは成功するのだろうか。提案されたメカニズムを完成させるには、なぜ人々が古い規範や新しい規範に従い、規範が何らかの力を持つために必要な社会的制裁を誰かが進んで強いるのかを私たちは理解する必要がある。法学と経済学の研究領域では、これらの問題に関して多数の答えが提供されてきた。マクアダムス（McAdams, 1997）の議論は、「評価」に対する人々の必要性に依存している。規範は、「人々が他の人々の評価――すなわち、彼らの良い評判あるいは敬意――を求め」（355）、それを受け取るために規範に同調するから生じるのである。マクアダムスは、なぜ誰かがわざわざ規範を施行するのかという問題に「評価の重要な特徴は、他者に異なるレベルの評価を与えることによって、諸個人がいつもコストを負担するわけでない」と想定することによって対処する。これは、評価による制裁は「必ずしも二次の集合行為の問題（すなわち、規範の説明を困難にする潜在的な規範施行者たちによるただ乗り）に依存するというわけではないことを意味する」（365）。

　しかしながら、他者に関する賛成、あるいは、不賛成を表明することはコストがかからないというのは信じ難いし、私は、「不賛成を表明するのは常にコストがかかる。……少なくとも、それは他の目的に使えるかもしれないエネルギーと注意を必要とする。自分にとって特定のコストやリスクを伴って、対象となる個人を遠ざけてしまう、あるいは、怒らせるかもしれない」（Elster, 1989a : 133）[6]というエルスターの反論に一見して自明である妥当性を見出す。何が規範に従う、あるいは、施行する人々に報酬を与えるのかという異なる視点がE・ポズナー（E. Posner, 2000）によって提案されている。彼は、人々がそうするのは、彼らの行為を観察するすべての人々に自分たちが「協同的な活動において望ましい相手である」というシグナルを送ること（signaling）に関心があるからであると提案する。彼は、続けて、「将来の利得に関心がある人々は、関係において不正を働く誘惑に抵抗するだけでなく、不正を働く誘惑に抵抗する自分の能力について、服装、会話、行動、そして区別のスタイルに同調することによって、シグナルを送るのである。結果として生じる行動の斉一性を、……私は『社会規範』として記述する」（Posner, 2000 : 5）と述べる。実際に、ポズナーは、社会規範の遵守と施行のすべてを将来の協同の相互作用を確保するために自分の評判の増進を望むことに還元する。規範とその力に関するこのどちらかというと簡素な（spartan）見解は、私たちが住んでいる現実の世界には飾り気のなさすぎるように思われるが、実際に、ポズナーは、規範的行動が、また、「本能、情熱、そして、深く染み込んだ文化的態度」のインパクトを必然的に伴うという、この理論に対する「繰り返される異議」を指摘するが、認知と情緒は無関係なものではないが、「それらは、社会規範の理論を支持するほど心理学者によって十分に理解されていないし、それらの重要性に関する繰り返されるが困惑した認識が、相殺のメリットを提供することなしに、説明を混乱させる」（Posner, 2000 : 46）と答える。

理論に関するこの実用主義的な観点は、私たちが些細な因果的要因を除外するならば、妥当なものかもしれないが、エルスター、そして、「道徳心理学」における最近の研究によって提案されるように、認知、感情、そして、他の社会的要因が規範の中心的な決定因である限り、それは、良くなることが非常に困難であるので、著しく不十分な説明に甘んじることが勧められている。これは、科学の進歩のための良い方法であるようには思われない。一つだけ例を挙げるなら、ポズナーは、いつ消費者は商人が「価格のつり上げ」をしていると判断するのかという重要な（しかし、なおざりにされた）話題にコメントしている。「時折、価格が社会規範への同調を実際に反映する。たとえハリケーンが灯油の不足をもたらすとしても、ハリケーンの後で取引相手が灯油の価格を抑えるかもしれない。その価格がその製品の質を示す時、高い価格から、顧客がその取引相手について日和見主義者（opportunist）や悪人であり、通常の状況下でさえも信頼できないという推論をすることを彼が恐れるからである（Posner, 2000 : 26）。

ところで、このシグナリングの議論（Spence, 1974を参照）は、この点までは妥当であるが、光と暖かさのために燃料を是が非でも必要とする、ハリケーンで動揺する人々の心理状態について非常に誤解を招く見方を示している。そのような個人は、固定供給量に直面して需要の大幅な増加から生じる新しい均衡に適合するための価格の上昇に反対するだろう。その理由は、これが商人のありそうな普段の行動と信憑性についてじっくり検討するという冷静な判断だけでなく、もっと重要なのは、彼らが経済行為者の道徳的な責任感について保持する原則によって火をつけられた怒りによっても価格の上昇に反対するのである。典型的なそのような原則は、自然災害時には、共同体は協力し、どの成員も他の人々の困窮から利益を得てはならないというものである。価格の現状を維持する商人は、消費者の怒りへの恐れによって動機付けられるかもしれないが、また、彼らは上記の規範に同意するだろう。私は、以下に「道徳経済」の問題という表題でこのことについてさらに論じ、そのテーマについていくつかの体系的で理論的な議論を提案する。

規範の遵守あるいは施行に導くメカニズムに関する議論の弱点は、また、規範が市場過程から生じるという事例を弱めることになる。エリクソンの議論におけるさらなる想定は、「規範の市場」の参加者が「効用主義の偏り」を持つ、すなわち、彼らは、規範の変更がパレート優位よりもさらに弱いカルドアーヒックス（Kaldor-Hicks）効率性の基準を満たすならば、彼らは規範の変更を支持するであろう（ある変化は、以下の条件の時に、カルドアーヒックス効率的である。その条件は、たとえある人々には被害をもたらすものであっても、利益を得る人々がそうでない人々に補償できるのに十分なほど利益を得て、すべての人々が利益を得るようになり、集団が全体として良くなることである。利益を得る人がそのような補償を提供する動因を何も感じないかもしれないという明白な反論によって、これは、好意的に解釈しても、厚生経済学において議論を引き起こす基準であった）。

エリクソンは、規範が効率的に出現するという提案に実際に多くの点で制限をつけている。彼は、既に内面化されている規範を取り換えるのはコストがかかる（Ellickson, 2001 : 56）、そして、高い取引コストはその過程を遅くする、あるいは、「非効率な」規範をもたらすと指摘する（Ellickson, 2001 : 54）。実際に、規範を研究するほとんどの分析者は、弊害をもたらす、あるいは、非効率な規範が可能であることを明記している。上記のように、エルスターは、様々なそのような規範を列挙している。ポズナー（Posner, 1996）は、非効率な規範が発達するたくさんの異なる理由を指摘する。その一つは、規範がしばしば強い感情価（emotional valence）を持つので、決闘の規範のように、それが効率的ではなくなった後でも長く続くだろう（Posner, 1996 : 1738）。

規範が他の人々からの評価への必要性によって支持されているという議論のマクアダムスは、これが、非効率な規範もあるだろうということを意味すると示唆する。これは、人々が評価を与えたり、受け取ったりする理由が必ずしも経済的効率性や集合的行為の問題の解決と関係しないからである。従って、誇示的消費（conspicuous consumption）に報酬を与える規範が生じるだろうし、これらは、人々が彼らの相対的地位を維持するために消費の無駄の多い拡大に至る（McAdams, 1997 : 413）（この議論は、そもそもソースティン・ヴェブレン（Thorstein Veblen, 1899,『有閑階級の理論（*The Theory of Leisure Class*）』）によってなされ、フランク（Frank, 1985）によって詳しく述べられている）。評価は、集団の少数派の成員にとってより希少なものであり、そのため、多数派が彼らに対して排他的な規範を強いる状況を引き起こすだろう。マクアダムスは、人種間のデートの例（McAdams, 1997 : 415）を用いるが、同じ論理が人種的に統合された職場、あるいは、サービス機関にも当てはまるだろう。

最後通牒ゲームの結果における社会間に見られる多様性の説明を考察する際に、私が行った観察と類似するものとして、Ｅ・ポズナーは、規範が非効率であるかどうかは、「個々を切り離して決定することはできない。規範は、関連する規範と結び付けて分析されねばならない」と指摘する。例えば、名誉に関する規範が存在すると仮定しよう。それは、一方で協力よりも自立を支持する規範、他方で政府の介入に反対する規範のような他の規範と多分関係するだろう。そのように、規範のネットワークが存在するので、「特定の（the）」非効率な規範、あるいは、そのような考察への最良の入口を見つけるのが難しいだろう（Posner, 1996 : 1727）。エガートソン（Eggertsson, 2001）は、興味深い例を提供し、アイスランドでは多数の世代に亘って農民が干し草を蓄えることをやめさせる、協同と共有の規範を強く保持し、その代わり、余剰は他の農民と共有し、収穫が乏しい年には家畜が餓死した。しかしながら、農民は、何世紀にも亘って、貯蔵を義務付けようとする政府の試みに抵抗したと指摘する（2001：89-92）。エガートソンは、干し草を共有するという規範が共有というもっと一般的な規範の一部であることを指摘することによって、この非効率性を説明する。「国の社会保障制度を支持し、人口のための食料と住居の共有を可能にするこの規範は、家畜飼料の共有を除外するために断ち切ることができないと彼は示唆する。干し草の共有は非効率であったかもしれないが、人間の心理が密接に関係する価値の分割をまったく許さないのである」（90）。

とにかく進化論的な論法が規範に適用される限り、この例は、長い期間に亘って進化してきた複合体から一つの要素を分離することの危険性を指摘するものである。進化生物学者は、多面発現性（*pleiotropy*）、すなわち、一つの遺伝子が有機体の表現型に様々な方法で影響する状況について語る。そのような場合には、遺伝子が選択された理由は、目に見える結果のいくつかから容易に推論できないかもしれないので、それが不正確な「適応物語」をもたらすだろう。ゴールドとレウォンティンは、「部分の形態が他に向けられた選択に相関する結果であれば」、私たちは、「独立し個別に最適化された諸部分に分解可能ではない、統合された全体としての有機体に直面することになる」（Gould and Lewontin, 1979：591、そして、関連するコメントは、Elster, 1989a：149を参照）とコメントする。

複雑な社会構造では、規範の「効率性」に関する最も重要な観察は、社会的ネットワークのどこで規範が生じ、それらは誰にとって利益をもたらすものであるのかと関係がある。規範に関する一般的なテーマは、規範が小さな凝集性の高いネットワークにおいて最も容易に作り出されるということである。エリクソンは、一般に、適応的であると信じ、「規範を作る過程は、集団の成員が密接につながっていない時に、うまくいかないかもしれない」と不安にさえ思うと指摘する（Ellickson, 1998：550）。しかし、彼と他の人々は、また、規範が凝集性の高いネットワークの内部で作られる時でさえ、あるいは、おそらく特にそのような時に、規範を作ることがうまくいかない場合がいくつか存在し、これらのうちで最も重要なのは、「外部性（externalities）」——すなわち、集団の外部の人々を犠牲にして、規範を生み出した集団に良い結果を生み出すこと――の場合であると指摘する。従って、例えば、エリクソンは、捕鯨員の規範について記述し、これらの規範の効率性について賛成の議論を行うが、次に、おそらくそれらが非常に効率的であったので、それらが魚の乱獲を促進した――それは、一般的な共同体、捕鯨にまだ活動的でない国々、そして、現在活動している場所の将来の捕鯨員にも損害を与えた――としぶしぶ認めるのである。割り当て方式制度があればこの問題を減少させたであろうが、彼は、これは、非公式の社会統制を通じて採用されそうもなく、中央集権化された権威を通じてのみ起こり得るものであろうと論じる（Ellickson, 1991 : 206）。ポズナーは、犯罪活動、貴族階級による排斥、そして、企業連合のような外部の集団に害を与える活動を支える多様な規範を指摘し、集団は、「負の外部性を生み出さずに、共同の幸福を最大化するだけの規範よりも、コストを外部化する規範を採用、あるいは、発達させる強い動因を持つ。ゆえに、集団規範は効率的であると想定することには慎重であるべきである」（Posner, 1996 : 1723）とコメントする。そして、私は、次巻において、多くの集団は、「汚職」と呼ばれる状況である、他の集団に損害を与える忠誠の内部規範を発達させることに言及する（Granovetter, 2007）。

しかしながら、私は、その反対も起こる――集団規範が正の外部性を持ち、その集団自体に害を与える――だろうと指摘する。一つの例は、『同意の形成（*Manufacturing Consent*）』におけるブラウォイ（Burawoy, 1979）の観察であり、それは、彼が調査を行った工場における工作機械労働者が機械に関する高い熟練という男性の美徳が主要な地位のために利用される文化を持ち、この技術の次元に沿って競争に至り、これは、究極的には、労働者自身よりもその会社にとって役立つものであり、彼の説明では、実際には、会社が労働者を搾取するために役立ったというものである。

従って、比較的に凝集性の高いネットワークが外部性を必然的に伴う規範を生み出す限りにおいて、他の集団へのこれらのネットワークの連結がどのようにそれらの外部性の性質と方向を決定するのかを知って、初めてこれらの規範の結果を理解するだろう。これは、関係的埋め込みだけでなく、構造的埋め込みの事柄である。専門職集団が参加を制限する規範を制定する時、外部性が彼らの顧客に影響を与える（例えば、Collins, 1980を参照）。捕鯨員の規範は、企業連合のそれと同様に、潜在的な競争者だけでなく、消費者の幸福にも影響を与える。規範がどのように全体の幸福に影響を与えるのかは、社会的ネットワークの輪郭と人口における利害の対立の分布に依存する。これは、経済的効率性の直接的な次元が規範の進化を統制するという想定とは大いに異なるものである。

4 どのようにして規範が重要であることを知るのか――「道徳経済」の問題

懐疑的な人々は、しばしば、規範が経済行為に著しい影響を与えることを私たちがどのようにして実際に知り、なぜ人々がそのような行為をしたのかに関する簡潔な説明として、自己の利益を追求する行動を提示するのかと尋ねる。規範の因果的重要性の支持者が、行為者が自己の利益も指示したような方法で行動する状況を証拠として提供する時に、この批判が妥当なものになる。彼らの帰無仮説が人間は社会的であるので社会規範に志向するというものであるので、これらの支持者はこの状況を彼らの議論を支持するものと考える。しかし、合理的行為が帰無仮説である人々は、それがもっと「簡潔であり（parsimonious）」、この同じ事例において支持されると考える。私たちがこれらの帰無仮説の両方から距離を置き、そして、また、私たちが見た行動を予測する価値と規範を個人が実際に受け入れたという独立した確証を得るのであれば、そのような事例は、実際には、どちらの議論にとっても説得的な証拠を提供しないのである。これにより、私たちは予測が異なる事例が必要である。

行き詰った時は実験的な方法が役立つだろう。フィアとガシェット（Fehr and Gaechter, 2000）の調査結果を考察しよう。被験者は、自分の利益だけが予測する行為よりも、友好的な互酬的行為には正の反応、非友好的な行為には負の反応を示した。これは、互酬性の規範の証拠に見えるし、実際に、フィアとガシェットは「互酬性の規範的な力」（2000：161）を引用し、一般的には、「人々の大多数の相互作用は、……明示的な契約によってではなく、非公式な社会規範によって規定されている」（166-167）と論じるが、彼らは、実際に、被験者に互酬性についてどのように考えているのか尋ねていないし、その代わりに、行動主義的な見解を取って、同種のものをやり取りする人々を「互酬タイプ」と呼んでいる。逆に、経済においてどんな行動が通常適切であるのかどうかに関して人々が保持する原則を引き出す興味深い調査（例えば、kahneman, Knetsch, and Thaler, 1986a, 1986b）は、これらの考えを持つ個人が実際にそれらを実行したかどうかまでは調べていない。

私たちは、これらの問題の重要性について、「道徳経済」という標題の下で経済史と政治学において現れた諸研究において理解することができる。「道徳経済」は、私が上記で指摘するように、一八世紀の貧しい村人の集合行為に関する一九七一年の著作において、英国の歴史学者、E・P・トンプソン（E. P. Thompson）によって作り出された言葉である。トンプソンの意味する道徳経済とは、非難されたり、時折力づくで反対されることを回避するために、経済行為が満たさなければならない最低の道徳基準は何かについての集合的で共有された理解である。私たちは、これを「民俗政治哲学（ethno-political-philosophy）」、すなわち、何が良い社会を構成し、何が市民の義務であるのかについて、政治哲学者が議論する原則の民俗版と呼ぶことができる。

経済学の教科書は、需要と供給が「公正な価格」というような中世の考えに取って代わったので、そのような判断は現代の経済において消失してしまったという印象を時折伝えるが、それとは反対の有り余るほどの証拠が存在する。行動経済学は、人々はどんな種類の価格変化を公正であると考えるのかに関する調査データを生み出してきた。カーネマンと共同研究者（Kahneman et al. 1986a）は、彼らのデータから、主要な概念は「準拠取引（reference transaction）」、すなわち、市場の参加者が典型的であると考えるようになった価格である。従って、調査の回答者は、現行の（*prevailing*）価格や賃金を変更することに対する公正さの理由で抵抗を示している。彼らは、労働市場における需要の停滞によって誰かの賃金を削減することは非公正であると考え、低い賃金で新しい人を雇うことは非公正とは考えない。人々は、企業がその「準拠利益」の権利を有するので、コストにおける増加を転嫁することができると考えるのである。しかし、彼らは、独占力の増加を利用する、あるいは、可能であれば、価格差別することを非公正であると考え、消費者は、そうすることが自分に有利であるかどうかにかかわらず、彼らが非公正であると考える企業に罰を与えるだろう。カーネマンと共同研究者は、「定評のある経済学理論において公正さと忠誠心の考察が不在であることは、この理論の集合と他の社会科学との間の最も著しい対照の一つである。……多くの領域の行為は、法的なものよりも拘束的である良識の基準に通常同調する」(Kahneman et al., 1986b : 285) と指摘する。彼らは、また、小売業者は、「もし、多数の顧客が非公正な企業とビジネスをするのを回避するためにさらに五分の運転をして他の店を探す用意ができていれば、公正に行動する相当な動因を持つだろう」(1986a : 736) と述べているが、それは、「公正さの規則への非強制的な遵守が日常的である」(1986a : 737) 場合でもある。

調査の回答者が「準拠取引」を重要視することは、経験的研究において何度も繰り返されている。例えば、雇用主は不況期に、なぜ、経済学理論が規定するように、賃金を切り下げようとはしないのか (そして、それは、通常、不況が引き起こす失業の増加を大いに緩和するだろう) に関するトゥルーマン・ベウリー (Truman Bewley) の研究では、雇用主は、自分たちが何もしない理由について、労働者の生活水準を下げることは不適切であろうと論じることによって、説明することが分かった。一人の雇用主は、誰もが「生活水準に慣れている。給料を五パーセント引き下げると、昨年働いたことが無駄であったと皆が感じるだろう」(Bewley, 1999 : 176) といった。彼らは、また、賃金の引き下げに対する憤りは、削減された努力という形で現れるだろうと強調する。すなわち、「もし士気が低いと、彼らは、自分たちのやりたいことが、抜け道を見つけることだけになる。この場合には、彼らをしっかりと監督する必要がある。人々は、彼らのサービスのための市場が停止していることに気がつかないだろう」(178)。別の雇用主がベウリーに、賃金カットは、「非公正であるとみなされ、長期間に亘って士気に影響を与えるだろう。被雇用者はそれを決して忘れないだろう」(180) と語った。自動車ディーラーは、可能性のある特別な状況を引用して、この憤りは、感情的でおそらく非合理的な反応に至るだろうと思った。「私が賃金を切り下げれば、たとえ他に行く所がなくても、怒りによって辞めるだろう。彼らは、自分たちはそうしなければならないと感じるだろう。……修理工場の労働者は必ず辞めるだろう。彼らはまともじゃない。彼らは非常に多くの塗料の臭いを嗅いでいるから」(179)。

「準拠取引」という考えは、売り手に価格を下げるように強制した一八世紀の群衆行為に関するＥ・Ｐ・トンプソン（E. P. Thompson）の分析と共鳴するものがある。彼は、「暴動は急騰する物価、販売業者たちのミス、あるいは、飢えによって引き起こされた。しかし、これらの抗議は、売買、製粉、パン焼き、その他において、何が正当な活動であり、何が正当な活動でないかに関する民衆の総意の範囲内で行われた」(1971 : 78) と指摘する。彼は、続けて、この合意は、「社会規範と義務の一貫した伝統的な見解にもとづいていた」(79) と述べ、そして、「正当化」という考えについて、「群衆の男性と女性は、自分たちが伝統的な権利と習慣を守っているという信念によって知識が与えられた」(78) ということによって説明している。彼らは、「温情主義者（paternalist）モデル」に目を向けて、そこでは、権威は、妥当な価格、供給されるパンの種類、そして、多くの他の市場の詳細を含む、何が公正であるのかに関する伝統的な概念を実践すると想定されていた (88)。

しかしながら、公正さと道徳経済の概念は、人々が習慣化した準拠取引だけにもとづく慣性的なものであるだけではない。そのような判断は、また、何が正しく、正しくないのかについての判断から生じる情緒的反応に満ちている。純粋な準拠取引モデルは、カーネマンと共同研究者（Kahneman, et al. 1986a : 734）によって表現され、猛吹雪の後で店が除雪用シャベルの値段を上げたことに対して、「そのような行為が準拠取引への顧客の権利を侵害する」(1986a : 734) という理由で、人々が反対することを提案する。しかし、これは、間違いなくこの事例について控えめにいっている。なぜなら怒りの一部は、経済行為者に、自然災害におけるような、自分には責任がまったくないのに、他者の苦痛に不当にも付け込むことを禁じる道徳的原則から生じるはずである（これは、ハリケーンの後の灯油の値上げに関するポズナーの分析に応えて、上記で私が論じたことと同様である）。すなわち、単に慣性だけではなく、経済では何が適切であるのかという観念において作用する一般的な道徳的原則が存在するのである。これらの原則が犯されると、人々は、必ずしも自分に利益をもたらす方法ではなく、感情的なやり方で反応する。

これに関連して、ベウリーは、労働者は、「雇用主に甘える機会が非常に多いので、動機付けとして、強制や金銭的な動因のみに依存するのはまずい。雇用主は、労働者に、自立的に作業し、自発的行動を示し、彼らの想像力を使い、経営陣によって必要とされる以上の仕事を引き受けて欲しいと思っている。恐れたり、あるいは、落胆したりしている労働者は、これらのことをしない」(Bewley, 1999 : 431) と指摘する。おそらく、驚くことに、「面接で頻繁に繰り返されるテーマは、経営者や労働組合の指導者が彼らの組織を一つにまとめるために彼らが依存する文明的な価値の防衛に熱心であること。……大多数は成功が良識と信頼を必要とすると信じていること、それは、経済学における人間の標準的なモデルとはまったく対照的である」(436) ことであった。ベウリーが示唆する、企業の新古典主義の理論に欠けているのは、

共同体としての企業に関する適切な理論である。……リーダーは、部下が自分の自由意思によって正しいことをするように、やる気を出させ、信頼を抱かせようと懸命に努力している。……多くの経営者は、道徳的コミットメントが彼らと無秩序の間に存在するすべてであると信じている。企業の内部の社会は、壊れやすく、絶えず、疑念によって脅されていて、その多くは、マネージャーの職権乱用によって生じる。この脆弱性は、雇用主が士気に敏感である一つの理由であり、賃金カットの主要な欠点は、雰囲気をそれが失望と破られた約束という印象で一杯に満たすことである。その雰囲気は、組織を一つにまとめている接着剤を溶解させるのである。

トンプソンも、適切な行動に関する一八世紀英国の「伝統的な」見解は、ただ慣性的であるだけでなく、道徳的な判断に非常に満ちている。製粉業者やパン職人は、「利益ではなく、公正な手当のために働く、共同体の奉仕者として考えられていた」(Thompson, 1971 : 83)。「食料不足の時には、価格は、規制されるべきであり、暴利を貪る人は、社会の外部にいてもらうという思いが込められた強い信念」が存在した (112)。供給需要曲線について何も知らずに、

村人は、それにもかかわらず、価格を市場の水準よりも低くすることから品不足が生じることをよく知っていた。しかし、トンプソンは、彼らには、「いかなる人も他の人々の困窮から利益を上げること」が、「不自然である」ように見えたし、「食糧不足の時に、『生活必需品』の価格は、たとえ周囲全体で少ないといえども、通常の水準に留まるべきであると想定されていた」(131-132) と指摘する。これらの道徳的教訓に対する違反に応じる怒りは、しばしば、群衆自身の利害に反する報復に至り、「餓死しそうな男性と女性は、それにもかかわらず、製粉工場と穀物倉を襲い、それは、食物を盗むためでなく、所有者を罰するためであり」、小麦粉あるいは穀物を川に投げ棄て、機械に損害を与えたのである (1971:114)。そして、この行動は、互酬性の規範の侵害した人々への罰が、合理的な行為者が課したことを超過した、フィアとガシェットの被験者を思い出させる。

しかし、道徳的原則が時折自己の利益に反して感情的な経済行為を活性化することを示すだけでは十分ではない。これが可能な理論的な洞察になるためには、これが起こる状況についての体系的で理論的な手掛かりが必要である。そのような洞察に向かうためには、東南アジアの農民における「道徳経済」の存在と重要性に関する二人の政治学者の間の一九七〇年代の論争を分析しコメントすることが役に立つと思う。

一九七六年の著書『モラル・エコノミー――東南アジアの農民叛乱と生存維持 (The Moral Economy of the Peasant: Rebellion and Subsistence in Southeast Asia)』において、ジェームズ・スコット (James Scott) は、前市場の農民社会では、生存のための倫理――すなわち、誰もが最低限の生活水準に対する権利を持つこと――の一形態として、道徳経済が存在したと論じた。

生存のための倫理が社会的に現れるのは、何をおいても、村の内部においてであり、日常の行為を構造化する社会統制と互酬性のパターンにおいてであった。多様な行動を統一するように見える原則はこれである。「村のすべての家族は、村人たちによって統制される資源がこれを可能にする限り、最低の生存の位置が保証されるだろう。」

……東南アジアの農村研究は、村の貧困者の最小限度の必要性のために提供するために行為する非公式な社会統制についてほぼ必ず述べるのである。裕福な人々の位置は、広範囲に定義された村人の福祉の必要性を満たす方法で彼らの資源が使われる限りにおいて、正当化されるように見える。ほとんどの研究は、富を再分配する、あるいは、その所有者に特定の義務を課す傾向がある、非公式な社会統制を繰り返し強調する（40-41）。

スコットの議論の重要な部分は、「道徳経済」を構成する規範が地域のエリートと貧しい村人を拘束し、彼らが危険を覚悟でこれらの規範を侵害したことである。「……暗殺や略奪の多くは、裕福な者と権力を持っている者は、食糧不足の時には、彼らの資源を貧しい人々と共有する義務を持つという信念によって直接動機付けられているように見えた。そして、その期待を裏切れば、貧しい者が自分たちが必要なものを何でも強奪する権利を持っていた」（1976：145）。従って、（一九三〇年代初期のベトナムにおける）非常に多くの暗殺は、地元の役職者や著名人が村生活の再配分の規範を尊重しないことに直接に帰することができるのである（1976：145）。結論は、「互酬性の道徳的原則は、農民の生活、そして、おそらく、社会生活一般に浸透している」（167）、そして、「互酬性と共に、必要最低限の生活の権利が村の小さな伝統における活発な道徳的原則であるという有力な証拠が存在する」（176）。

一九七九年の著書『合理的な農民（*The Rational Peasant*）』において、サミュエル・ポプキン（Samuel Popkin）は、合理的選択の視点から、この議論に反対し、農民は、「継続して、公的そして私的に長期および短期の投資を通して、彼らの生存水準を守るだけでなく、それを上げようとして努力している。彼らの投資論理は、市場交換だけでなく、非市場交換にも適用される」（4）と主張する。道徳経済の理論家によって強調される村の制度は、「大部分は、諸個人と集団の利害の間の紛争によって、彼らが主張するほどうまく働かない。そして、……農民層における個人的な利益への動機付けに対してずっと多くの注意が払われねばならない」（17）と主張する。ポプキンは、規範の存在を否定しないが、彼は、「どのように、なぜ、個人の諸集団がある規範は採用し、他の規範は拒否するという決定をする

（本書の著者によって強調が加えられた）のかについて考察するために」「個人の選択と意思決定の概念」（18）を用いて、後の法律と経済学研究者の形を前もって示すのである。彼は、規範は、独立した力ではなく、「諸個人の間の権力と戦略的相互作用に関する考慮に合わせて、影響されやすく、再交渉され、変化するものである」（22）と提案する。

彼は、投資の論理を至るところに存在するものとみなしている。「（他のすべてに加えて）子供が投資であることは明らかである。……家族企業として、……小規模農業の夫婦は子供と財産の間の交換取引を行い、それは、長期に亘る焦点となる。……低年齢では、ヨーロッパの農業夫婦が財産を売るよりもむしろ幼児殺害を行うことはまれではなかった。それは、子供は、牛、道具、あるいは、土地よりも容易に取り換えられるからであった」（Popkin, 1979 : 19-20）。「村への貢献、保険と福祉政策への参加、後援者とクライアント（patron and client）の間の交換は、すべて、投資の論理によって導かれている」。その結果として、困難な時期には、村はうまく機能するよりもむしろ悪く機能するということになる。それは、「個人が保険と福祉政策に貢献することに対して用心深くなり、……自分のためにお金を使うからである。……農民は、彼らの長期に亘る安全のために私的な家族の投資に依存し、村に対する短期間の利益に関心を持つだろうと私は予測する」（23）。フリーライダー問題は、共同体の村制度を脆弱なものにするので、「集合財を生み出すために協調的行為が存在する時は何時でも、個人は、自分が貢献しなければもっと良い状態になると計算する」（24）。従って、ポプキンは、「農民に共通の資金にお金を貢献することを義務付ける保険政策はほとんど見つからないし――それは、常にそのお金を持ち逃げする者がいるからである――、皆で火事の後で被害者が立て直すのを助ける企画のように、厳密な互酬性にもとづき、（そう簡単に盗めない）労働を必要とする政策が多く見られる」（47）と期待する。

タルコット・パーソンズが一九三七年にトーマス・ホッブズに関する考察において観察したように、「純粋に功利主義の社会は無秩序であり、不安定である」（Parsons, 1937 : 93-94）、そして、それは、強力な中央集権だけがこの無秩序を克服することができるとホッブズに提案させた。村の生活に関するポプキンの観念は、新ホッブズ主義であるので、彼が諸個人の自己中心的な動機の行き過ぎを統制する彼らの能力による強力なリーダーたちの発生を説明することは驚くにはあたらない。よって、「前資本主義社会においてさえも、村を再組織化した政治的そして宗教的運動の成功がある。これらの運動は、農民の生活を向上させ、より良い地域のリーダーシップ、およびそれ故にリスクの低い、より有利な集合財を提供することによって、リーダーたちに利益をもたらすことができた」(Popkin, 1979 : 27)。この点において、政治的リーダーシップの起源に関するポプキンの見解、そして、無秩序な市場関係に対する権威的ハイアラキーの優位性のための条件に関するオリバー・ウィリアムソン(Oliver Williamson)の見解(これは私の続巻において考察される)は、類似の視点からの類似した提案である。

私は、スコットとポプキンの最も簡潔な言明を強調しているが、より詳細なテキスト分析は、どちらも実際にはそのような見解に厳密にこだわるわけではないことを示している。スコットは、自分が記述するつもりの道徳経済によって主に決定される行動のための自己本位の動機について繰り返し指摘し、ポプキンは、規範的コミットメントの点から行動を説明する状態になっている。これらの非一貫性は、どちらかの極端な立場を維持するのがいかに難しいかを示すことほどには、それ自体興味深いものではない。

私たちが必要とすることは、道徳経済の規範が、実際に、農民と地主によって感じられ、実践される状況に関するもっと繊細で詳細な説明である。スコットとポプキンは、それらが常に存在する、あるいは、まったく存在しないかを示すことに終始するので、彼らは、自分たちの説明の両方にそのような多様性に関する議論の始まりが存在することに気がつかないのである。そのような議論はメゾレベルに存在する。

例えば、スコットは、道徳経済倫理の強さは、「村によって、地域によって異なった」と指摘する。「それは、……伝統的な村の形態が十分に発達し、植民地主義によって壊されなかった地域――トンキン、アナム、ジャワ、上ビルマ――で最も強く、下ビルマとコーチシナのような最近定住化した開拓者の地域において最も弱い」(Scott, 1976 : 40-41)。しかしながら、この多様性は教訓的なものがある。というのは、まさにそれらの地域において、村が非常に自律的で凝集性が高く、道徳経済の一部である、必要最低限の生活の保証が最も強いのである。凝集性と自律性に、スコットは、社会的距離の問題を加える。「人は、近親者と親密な隣人ほどには、仲間の村人からの援助を当てにすることはできない。後援者とクライアントの紐帯は、東南アジアの農民の間における社会保険では、どこにでもある形態であり、特に後援者が村人ではない場合には、社会的、そして、しばしば、道徳的距離におけるさらにもう一つの大きなステップを示す」(27)。そして、小作人は、「地主と耕作者が親族関係によって連結している、あるいは、同じ村に住んでいる……場合には、そのような保護をより当てにすることができた」(48)。これに、ポプキンは、多くの前資本主義の村には、いかに凝集性が高くても、完全な市民権のない居住者の階層が存在し、部外者は「内部者の権利と利益には含まれなかった」(1979 : 43) と加える。

明らかになった状況は、地域のサポートに依存し、地域の威信に志向する後援者とエリート成員に貧困な成員が個人的な知り合いとして結び付いているほとんど部外者のいない凝集性の高い村が道徳的行動の共有された基準、特に、地主と小作人の間の道徳的義務感を最も示す可能性が高い設定である。すべての凝集性の高い集団と同様に、凝集性の高い農村は、明確な一連の規範を生み出し、施行することが可能である。従って、ポプキンは、トンキンの昔からある小作制度について、「地主と小作人は生産費とリスクを共有した。不運な年は、地主は、彼の通常の五〇パーセントよりも少ない作物を得るだろう。……小作制度は、地主と小作人の間の信頼と長期に亘る関係が必要であった。それは、親戚、友人、あるいは、地主が個人的に義務があるように感じる人々だけのためのものであった」(1979 : 156) とコメントする。

しかしながら、経済的、そして、人口学的状況が地主との個人的な紐帯を持つ個人の割合を減少させると、道徳経済は剝がれ落ちた。故に、トンキン（ベトナム）では、二〇世紀の初期までに人口が増加し、フランス人による移住の封鎖、そして、地主による土地所有の統合は、所有者と小作人の間に仲介業者を導入し、それが多くの伝統的な家父長的な慣行を終わらせた。「これらの業者は、ベトナムのあらゆる所で、今日まで、憎しみを持って記憶に残り、小作人にとってのさらなる困難の源となった。それは、業者が自分の立場を利用して、小作人と地主の両者を犠牲にして利益を得たからである」(Popkin, 1979 : 157)。コーチシナにおいても同様な展開が起こった。それは、大規模地主がサイゴン、あるいは、地方都市に移動し始め、仲介業者を通じて行動したからである(Scott, 1976 : 80)。これらの業者が誰であるのかについてより多くの情報が必要であるが、両方の説明から、彼らは、以前に社会階層を横断して明確な道徳的義務感を支えていた社会的ネットワークの外部に存在し、自分の利益のためにとことん自分の立場を利用することに対して道徳的な罪の意識がまったく無かった。

地理におけるこの劇的変化と究極的には社会階層を横断した道徳的基準の普及は、マクロ政治的、そして、マクロ経済的力から生じる一連の経済的、そして、人口学的変化の副産物であった。これらのマクロな力は、「規範のための市場」によって、あるいは、人がどのように行動すべきかについての人々の気持ちを変えようとする試みによって、主に、あるいは、偶然に、動機付けられたのではない。これらのマクロレベルの力は、地域の行動に対する社会構造的なインパクトという仲介メカニズムを通じて、規範に作用した。もし大規模な変化がグローバルな政治経済へのある種の進化の適応であるならば、私たちは、ゴールドとレウォンティン(先述の考察を参照)がするように、多面発現性を提示するだろうし、そして、そのようなマクロレベルの変化は多くの結果をもたらし、そのうちのいくつかは、淘汰領域の一部ではないと指摘する。しかし、たとえ私たちが大きなパターンが適応から生じることについて懐疑的であり、それらが政治的、および、経済的支配のための紛争にもっと関係すると疑っても、同じ点が依然として残るのである。しかしながら、道徳経済を破壊する諸力は、たとえそれらが農民社会の規範的枠組みを変化させる意図から程遠いものであっても、合意の不履行によって不利になる人々の側に道徳的怒りを生み出すことによって、それでも政治的不安定さに重大なやり方で本当に貢献するのである。そのような怒りは、農民の叛乱と革命に対する必要条件でしかないし、それには、それらが発火する前に作用する他の原因が必要である。これは、それらの原因を少しも重要でないものにするわけではない。私たちは、燃えやすい物(火口《ほくち》)に関与しない森林火災の理論ならばそれを信用できないと考えるだろう。

5　文化と制度の研究の序文

私がここまで論じた二つの重要な点は、以下の点が誤解を招くというものである。①一つの規範を分離してその起源、あるいは、機能について分析すること。それは、私が第5章と第6章において詳細に検討するように、規範は、通常、他の規範と密接に関係しているからである。そして、②規範が小さな特定の地域に限定されたソーシャルネットワークにおいてのみ効果的に作用すると仮定すること。これらの点は、私たちにより大きな社会的枠組みにおいて生起する大きな概念的な構成物における要素として規範を分析するように誘導する。これらの構成物がマクロ経済における行動パターンに影響するやり方をどのように理解するかは、私たちが直面する非常に難しい分析的問題であろう。そして、本章、および信頼と権力に関する第3章と第4章において、仲介メカニズムを注意深く分析することをしないで、小さな規模の斉一性から大きな規模のパターンを単純に外挿する（推定する）ことの危険性について指摘する。

議論の純粋に論理的な流れならば、私を直ちに規範が集まってより大きな概念的で精神的な構造になることを考察するように導くだろう。その構造は、通称、文化、制度的論理、そして、制度と呼ばれ、その特別な事例では「資本主義の多様性」も含んでいる。そして、それは、規範の単純な収集以上のものを必然的に伴い、独特な考え方や知覚の方法、異なる美的な基準と観念、組織化する活動の特異な方法、世界における人間の位置に関する異なる観念を含むだろう。しかしながら、これらのメゾあるいはマクロレベルの現象について妥当な説明を提供する前に、私が考察したい二つの問題がある。これらの問題は、経済、あるいは、他の社会領域においてどんな種類の制度的現象が現れるのかに対して重大なインパクトを与える。一つは、個人間、あるいは、より大きな、集合的な社会的存在の間の信頼の源泉と輪郭であり、もう一つは、経済において個人と集合体が相互に行使する権力の意味、源泉、そして、結果である。これらは、次の二つの章のテーマであり、その後で、私は、本書の議論を締めくくるためにもう一度諸制度について再び取り上げる。

第3章　経済における信頼

1　序　論――信頼という概念

信頼という概念は、規範に関する前章で簡潔に述べたが、それ自体を別に扱う価値があるほど重要なものである。信頼と信頼できる行動は、いかなる経済にとっても重要な資産である。それは、主に、それらが、自分の利益の純粋な論理が予測するよりも、協力する、あるいは、相互に優しい態度で行為するように人々を導くからである。これが、信頼についての純粋に自己の利益にもとづく説明を私が屈折していると考える一つの理由である。信頼は重要である。それは、経済学者がしばしば指摘してきたように、結果として生じる協力がそれが不在であれば費やされた予防措置や監視の大きなコストを節減するからである。ケネス・アロー（Kennth Arrow）は、「信頼は、社会システムの重要な潤滑油である。それは極めて効率的である。他の人々がいうことにかなり依存するので、多くの面倒が省ける」（1974 : 23）ことに注目し、アーサー・オーカン（Arthur Okun）は、「自分でやる（ドゥ・イット・ユアセルフ）レジと共用の芝刈り機を可能にする完全に正直で開放的な世界ならば、莫大な資源コストが節約できるだろう」（1980 : 86）と示唆した。

しかしながら、歴史的には、経済学者は、信頼にほとんど注意を払わなかった。それは、おそらく、アルバート・

ハーシュマン（Albert Hirschman）が彼の卓説した著書『情念の政治経済学（*The Passion and The Interests*）』（1977）において指摘したように、一七世紀以降、哲学者は、「経済行為は、穏和で、合理的で、そして、善意ある行動の種類であり、故に、経済の利害は紳士的な手段によってのみ追求されると論じたからである」（Hirschman, 1977）（そして、フルカードとヒーリー（Fourcade and Healy, 2007を参照）と指摘した。この想定は（社会主義者と異端の信念を持つ人々には受け入れられなかったが、Hirschman（1982）を参照）古典的および新古典的経済学者によって広く受け入れられるようになった。そして、社会は力と不正の危険をどのように抑えたのかという――信頼の問題を強調する――ホッブズ的な問題は、従って、経済生活の分析から徐々に姿を消したのである。

二つの関連する二〇世紀半ばの発展が信頼に関する経済学者の関心の復活を促進した。一つは、非対称の情報が引き起こす困難さを指摘した情報の経済学の出現であった。これは、そもそも保険市場について特別な関心を持つものであり、それは、二つから構成される問題に直面している。一つは、「モラル・ハザード（moral hazard）」（保険が保険を掛けてある危険を回避するという動機付けを減少させるが、保険業者は、大きな探索費用なしには、どの請求がそのような過失から生じるものか分からない）と「逆選択（adverse selection）」（リスクの高い人々が保険を購入する傾向があるが、このリスクを保険業者に十分に開示しない）である。

非対称な情報と不確実性についての関心は、人間の合理性の制限に対する高まる注目に伴って起こり、それと適合していた。この注目の現れは、回収できないコスト（sunk cost）と「特殊な人的資本（specific human capital）」投資を持つ少数の取引者が存在する不完全な競争市場に関するミクロレベルの詳細に関する綿密な分析である。オリバー・ウィリアムソン（Oliver Williamson）は、一九七五年の彼の著書、『市場と企業組織（*Markets and Hierarchies*）』において、発生したことに各当事者の義務が依存することを明記する、複雑な状況依存的（contingent）契約は、どれも、関連する発生に関する知識において当事者たちが異なる時には、困難に直面すると指摘した（1975 : 31-37）。これがウィリアムソンに行為者が「狡く（guile）」自分の利益を追求する傾向を軽減する組織的な手段を探索させ、一般に、彼と他の「新制度」経済学者は、組織的、そして、制度的な解決法を強調し、経済的な意義が小さい「非計算的な」状況における家族や親密な個人的関係に主に限られるものとして「信頼」の重要性を軽視してきた（特にWilliamson, 1993を参照）。ここでは、ウィリアムソンは、暗黙のうちに、組織と制度によって拘束されなければ、通常は、人は他者が自分を欺き裏切ると期待するというホッブズ的な想定を行い、従って、ほとんどの経済的取引ではありそうもない親密な関係においてのみ正当化されると彼が考える信頼が、そのような拘束がない場合には起こらないという信念を意味するものとして「信頼」を解釈するのである。

しかし、多くの社会科学者は、社会生活、そして、経済生活における信頼の役割に非常に焦点を絞ってきた。その大きな理由は、純粋に手段的な合理性が予測するよりも、個人がすぐに、そして、より大きな範囲で本当に協同するという非常に多くの実際の状況が存在するからである。現実世界の証拠では納得しない人々でさえも、「意思決定ジレンマ（decision dilemma）」[1]に関する実験結果が信頼の概念を回避しようとすると理解に苦しむ結果に常に至るということを印象付けられてきた。エリノア・オストロム（Elinor Ostrom）が指摘するように、これらの結果に関する時折技術的な考察は、広範囲に検討すると、実際には、ホッブズ的な問題を提起している。すなわち、「もし各当事者が集団と個人のより高い利益に至る行為を選択すれば、すべての当事者がもっと良い状態になる時に、諸個人のコミュニティは、どのようにして、短期的で快楽主義的な行為を選択するという個人の衝動に対抗する合意を支持するのか。いいかえれば、どのようにして諸個人の集団が信頼を得るのか」（Ostorom, 2003 : 19）。社会的ジレンマに関する多くの実験研究における問題は、パレート最適の結果[2]にとって、プレーヤーは、「下位ゲーム‐完全均衡解（subgame-perfect equilibrium solution）によって規定された戦略以外の戦略」を選択することによって、協同しなければならないことである（23）。大部分の関連する実験研究では、協同のレベルを予測された値のゼロをずっと上回っていた。そして、実験が繰り返されると、これらのレベルが時々減少するが、対面的なコミュニケーションは、動因（incentives）における変化がなくても、再びこれらのレベルを大幅に増加させる。オストロムは、これを信頼の構築に結び付ける（34）。私は、この実験研究のいくつかについて、互酬性の規範に関する第2章においてレビューした。

それでは、「信頼」とは何を意味するものなのだろうか。信頼に関する膨大な研究において、多くの明示的および暗黙の意見の相違が存在するが、このテーマの研究者たちの大部分は、「信頼は、あなたが相互作用する相手が、あなたに害を及ぼす立場にあるとしても、あなたには害を及ぼさないという信念である」におおむね賛成する。「信頼する人（trustor）」の側のそのような信念は、「信頼する行動」――「信頼される人（trustee）」（この用語は、信頼される人を指し、以下ではその意味で使用する）が「信頼できる」方法で行為するだろうという想定にもとづいて――に至る。従って、信頼する人は、相手を信頼するという信念と行為のために、自分自身を危険にさらすことになる。そして、そのような危険の存在がほとんどすべての定義において中心的な要素であり（Gambetta, 1988 を参照）、そのうち、次の三つが典型的なものである。①組織における信頼に関する研究では、広く引用される定義は、「相手の意図、あるいは、行動についての正の期待にもとづく脆弱性（vulnerability）を受け入れる意図から成る心理的状態」（Rousseau et al., 1998 : 395）である。②フォディと山岸（Foddy and Yamagishi, 2009 : 17）は、信頼は、「不確実な、あるいは、危険な状況において、他者から良い結果をもたらす互酬性の期待」であると提案する。そして、③ウォーカーとオストロム（Walker and Ostrom, 2003 : 382）は、同様に信頼を「他の人々が返礼するという期待にもとづいて彼らに関係するリスクを進んで負うこと」と定義する。定義における収斂にかかわらず、測定についてはほとんど合意が存在しない（例えば、McEvily and Tortoriello, 2011 を参照）[3]。

測定に関する合意の欠如の一つの理由は、広範な定義が、人が相手を信頼する多くの異なる理由と両立することであるが、ほとんどの学者はただ一つのそのような理由のみに焦点を絞り、その理由に対応するただ一つの測度に至るのである。従って、主要なそのような複数の理由、各理由の含意、そして、それらが相互にどのように関係するのかについて語るために、経済における信頼に関する体系的な説明を設定することが役に立つ。本章の主要なテーマは、自分の好きな理由によって引き起こされる信頼だけがいやしくも「信頼」と呼ばれるべきであるという多くの学者の議論に対する私の抵抗である。

2　信頼の源泉

知識、あるいは、相手の利益の計算にもとづく信頼（合理的選択の説明）

おそらく、信頼と信頼できる行動について可能な限り最も単純な議論は、潜在的な信頼する人は、信頼される人の利益がその人を信頼できるように導くかどうか評価し、信頼される人の可能な行為が自分にもたらす利益とリスクを考慮し、もしそれが自分にとってそうする利益をもたらす場合に限り、信頼する行為を行うというものである。従って、ジェームズ・コールマン（James Coleman）は、期待効用最大化モデルを提示し、合理的な行為者は、「もし（信頼行動から得られる）コストの確率に対する利益の確率の比が潜在的コスト量の潜在的利益量に対する比よりも大きければ、他の人を信頼する行動をする」（1990 : 99）と論じた。ここで留意すべきは、これは、信頼される人が信頼できるように行動する場合に信頼する人が得る期待利益は、信頼される人が裏切った場合の期待コストよりも大きいことを想定することと等しい点である。

もし私たちが事後のみに信頼を観察するならば、そのように想定することには明らかに循環論の危険性が存在する。これを回避するために、私たちは、個人がこの種の計算をすることができる――これは、認知的能力と情報の獲得という問題に関与する――と想定し、また、相手の可能な行動からの利益、あるいは、コストは、明確に数量化できると想定する必要がある。すべての条件はたびたび満たされないかもしれないが、たとえそれらが満たされても、コストと利益、そして、裏切りの確率に関する信頼する人の評価は、相手の行動が合理的選択にもとづいていると想定する必要はない。例えば、もし、自分の友人が集団のメンバーシップ、規範的なコミットメント、情緒的な愛着、あるいは、他の非合理的な原因のために裏切らないことを知っていれば、この信頼意思決定に関与する二人の行為者のうちの一人だけが実際には合理的行為者であり、これは、これが信頼の合理的選択理論であるというかなる主張にとっても厄介なことである。

あなたへの愛着のために相手を信頼するということが合理的選択を乗り越えるように見えるが、信頼に関するラッセル・ハーディン（Russell Hardin）の説明は、そのような議論を合理的選択の枠組みに直接位置付ける（例えば、Hardin, 2001, 2002）。そうするために、ハーディンは、信頼という概念は主にあなたの知っている人々に限定されるべきであり、それは、彼らがあなたとの関係を継続することに関心があることをあなたが知っている時かつその時に限り、あなたは彼らを信頼することができるからであると論じる。これを彼は、「カプセル化された利害（encapsulated interest）」と呼び、相手の利害があなた自身のそれを含む（あるいは、「カプセルに包む（encapsulate）」）ことを意味する。彼は、この議論を以下のように指摘して正当化する。

もし実際に信頼が常に信頼される人のありそうな利害にもとづく合理的な期待より以上を必要とするならば、……私たちは、信頼を説明する、あるいは、多くの文脈においてそれを特徴付けるあらゆる理論の発達において、非常に早期の段階にある。しかしながら、利害による説明が私たちの信頼する関係の大きく重要な部分にとって概して正確であるならば、私たちは、単に注意深く明確な表現と適用を必要とする信頼の理論の諸要素を既に持っている。……信頼が、信頼される人の自己利益へ依存すること以上を本質的に必要とするという観念は、特殊な種類の相互作用に依存し、それは、興味深く、重要でさえもあるが――それらのいくつかは、子供が親に対して持つ信頼のように、重要ではあるが――、社会理論、あるいは、社会生活において常に非常に重要であるというわけではない（Hardin, 2002 : 6-7 ; Williamson, 1993 を参照）。

この説明は、簡潔性（parsimony）の主張に依存するが、また、希望的観測の要素を示してもいる。詳しく調べると、主張された簡潔性を混乱させる複雑性が示唆される。特に、もし信頼が私たちの関係を継続することへの相手の想定された関心にもとづくならば、経験豊かな行為者ならば、その関心の性質についてもっと知る必要があるだろう。これは、ハーディンが「豊かさ（richness）」と呼ぶが定義せずに使用している次元に沿って変化するものである。

> 少なくとも、あなたは、あなたにとって経済的に利益をもたらすので、私たちの関係を継続したいと思っている。……より豊かな場合には、あなたは私たちの関係を継続し、私の信頼を果たすことをあなたが失敗することによってその関係を損ないたくないと思っている。それは、あなたがその関係を非物質的な理由を含む多くの理由によって大切なものに思うからである。例えば、あなたは私と様々なことを楽しむかもしれない、あるいは、あなたは私の友情、あるいは、私の愛を大切に思うかもしれないし、私の友情あるいは愛を持ち続けたいというあなたの望みは、私の信頼を大事にするようにあなたに動機付けるのである（2002：4）。

私は、第1章で考察したように、この次元を、手段的（instrumental）から完了（consummatory）まで変動するものとして記述し、目的（ここでは、関係を維持すること）が別の目的を達成するための手段として、あるいは、それ自体のためだけに望まれるのかどうかに言及している。信頼について語る時、どちらの場合であるかは、大きな違いを生むのである。これは、相手を信頼するかどうか決める時に、（純粋に完了の場合のように）相手が無条件に信頼できるのか、あるいは、（純粋に手段的な場合のように）相手に置かれた信頼を裏切るたくみで気づかれない方法をおそらく探しているかどうかを知りたいだろう。もし後者の場合であれば、人間の心と複雑な経済制度が不正な人々に数多くの機会を提供するので、信頼は実際には非常に保護されねばならない。

問題は、純粋に完了の場合においてのみ、相手の利害があなたの利害を真にカプセルに包むことである。ここでは、信頼される人は、気づかれずに信頼する人の利害に害を与える場合でも、ハーディンが「カプセル化（encapsulation)」と定義する方法に従えば、相手は自分自身の利害をも害することになるので、誰も裏切らない。しかし、信頼される人が関係から生じる――金銭、威信、地位、評判、資源、あるいは、コネのような――利益のためにその関係の継続を望むというハーディンが考察する多くの場合では、本当のカプセル化はまったく存在しないし、実際には、合理的な相手は、信頼する人への害にかかわらず、その関係から最大の利益を取り出すことを望むだろう。ただし、これは、相手が害を与えていることが発見されず、利益を取り出すことによって、相手に利益を与えるという信頼する人の能力が減少しなければという条件の下で該当するものである。

相手を信頼するかどうか決定する時に、相手が関係の継続をそれ自体のために求めるのか――愛あるいは親密な関係におけるように――、あるいは、関係の外側で得られる何かのために求めるのかについて評価しなければならない。後者の場合には、手段性が利害の真のカプセル化を阻止するので、人は、それに然るべく警戒しなければならない。合理的選択の説明は、日常生活では、これらの理念型を識別するのが難しく、通常は、動機の混合が存在するので、分かりにくい。どのくらい信頼するのかという決定は、これらの動機のバランス、そして、これがどのように相手の行動に影響するかについて分かるほど関係を理解することに依存しなければならない。

利害の真のカプセル化は、愛あるいは深い友情から生じるので、最終的には、人類に関することで最も理解されていない微妙な感情と情熱にもとづく合理的選択モデルを承認するために、このモデルを構築する時に特定の皮肉が存在する。私たちがこの状況を「利害（interests）」に言及することによって本当に理解したいかどうかは、部分的には、それが何を意味するかに依存するのである。「利害」という十分に広範な概念には、私たちはもっと心地よく感じるかもしれない。例えば、リチャード・スウェドバーグ（Richard Swedberg）は、「利害」を「基本的なレベルにおいて諸個人の行為を引き出すものならば何でも『利害』」と定義している（Swedberg, 2003 : 293-295）。この観念では、「利害」は「動機付け」に相当し、もし「合理的選択」がそのように定義された「利害」に合わせて行為することを意味するならば、すべての動機付けされた行動は、定義により、合理的選択である。一方、ハーディンは、「利害」をもっと狭義に解釈するが、利害は「人の動機付けの全体」ではなく、「金銭のような資源をもっと所有することに関心があり、それらが、私に様々なものを消費させ、あるいは、経験させることができるからである。……全体の物語は、資源の使用を通じての幸福の一つである。利害は、この全体の物語の代わりである」（Hardin, 2002 : 23）。しかし、この提喩（synecdoche）は誤解を招くものである。それは、「利害」を超える物語のその一部は、異なる理論的な議論を必要とするからである。

個人的関係にもとづく信頼

ハーディンの「カプセル化された利害」の議論は、二者間の個人的関係にもとづく信頼の特別な例であり、それは、そのような信頼を利害と合理的選択に関する問題に取り込むことを試みるものである。信頼と個人的関係に関する異なる議論がリン・ザッカー（Lynne Zucker, 1986）によってなされ、彼女は、産業社会は徐々に信頼の根拠をより個人的なものからより制度化されたものへと変化してきたと提案する。ザッカーにとっては、（彼女が米国では、一九世紀末期以前に起こったと特定する）初期の段階において、彼女が「過程にもとづく（process-based）」ものと呼ぶ個人的源泉があり、それは、信頼が「評判、あるいは、贈与交換のような過去、あるいは、期待される交換に関係することを意味する」（1986 : 60）。従って、この種の信頼は、満足な交換を行うために、潜在的な信頼される人と以前に交換したこと、あるいは、その人、あるいは、会社の評判を少なくとも知っていることに依存する。ここでは、バザーのような実物市場が時折特定な買い手と売り手の間の安定した関係を生み出すやり方について考えるだろう。これは、人類学者、クリフォード・ギアツ（Clifford Geertz）が「常連化（clientelization）」（1978）と呼ぶ種類の市場であり、そこでは、財の性質について購入前に評価するのが大変困難な状況において、交換のパートナーが相互に信頼を築いてきたのである。人類学者と社会的交換の理論家がしばしば指摘してきたように、潜在的な交換のパートナーは、通常、小さな交換からより大きな交換へと、適切な互酬に関する相手の信頼性を試しながら、進んでいくのである（例えば、

Blau, 1964 : 94ff を参照)。

この交換にもとづく信頼と「カプセル化された利害」にもとづく交換は、合理的選択理論と両立するものであるが、その議論は、信頼が個人的関係に依存すると想定するための必要条件でもなければ、十分条件でもない。手段的あるいは完了的動機にもとづくものであろうが、信頼できる行動が関係の日常的な部分であるということは、関係的埋め込み(第1章を参照)の一般的な直接的効果の一つであることを反映し、多くの経済行為者が同じ人々と繰り返し取引するという幅広い選好を説明するのである。そのようなパートナーに関する私たちの情報は、安価であり、十分に詳細であり、通常は正確である。しかし、相手の手段的動機と完了的動機のバランスを評価するのは常に容易なわけではないし、個人的関係によって生じる信頼は、まさにその存在によって、不正行為の機会が増進されるので、単純化した機能主義を回避することが指摘されねばならない。個人的関係では、昔なじみの歌が「あなたはあなたの愛する人を常に傷つける[4](you always hurt the one you love)」ということを私たちに思い出させるが、あなたを愛する誰かは、他人よりもずっと傷つきやすいので、それは起こり得ることである。囚人のディレンマにおいては、自分の共謀者が(例えば、自分を愛しているので)犯罪を犯したことを否定することが確実であるという知識は、自供することによって利益を得るいっそうの合理的な動機を提示し、このディレンマを否定する個人的関係は、だまされた相手が想像するほど強いものでも対称的なものでもないだろう。社会生活の基本的事実は、時には長期に亘る親密な個人的関係を装う「信用」詐欺にとって必須のものである。信頼が大きければ大きいほど、不正行為からより多くの利益が得られるのである。これがほとんど起こらないことは、単純な合理的選択を超越する個人的関係とそれらの能力への賛辞であるが、裏切りが実際に起こることがこの能力の限界を示している。

それに対応して、シャピロ(Shapiro)は、一九四八年から一九七二年までの期間に亘る証券取引委員会からのファイルの彼女の無作為サンプルにおいて、以下のことを発見した。「過去の被害者‐加害者関係の親密度に驚いた。サンプルにおいて、少なくとも被害者と加害者が少なくとも知り合いであった場合は、実に、彼らが他人であった場合よりも……多いのである。これは、……対人的距離の隔たり、具体性のない相互作用、隠蔽の技術、仲介者、記録、書類、文書、そしてコンピュータ化は、被害者と加害者を永久に分離すると考えられているホワイトカラーの犯罪のステレオタイプと矛盾する」（1984：35）。従って、諸個人は、関係の背後にある動機のバランスを決定するために継続的に関係を詳しく調べるだけの理由がある。これが難しい理由は、巧みなごまかしの事例は別として、明らかに手段的目的で開始された関係でさえも、私が完了的と呼ぶ種類の社会的な内容を重ねるように発達するかもしれないし、その場合には、その関係を維持する理由の一部は、相互作用自体の価値になるのである。(5)

個人的関係が信頼と信頼できる行動に実際に至る時は、この結果を最も良く説明できるのはどんな種類の議論なのかと問うかもしれない。手段的な場合には、信頼される人は、信頼される方法で行為することによって実際に自分の利害を守っていると想定することが妥当であるように思われるが、上記において私が指摘したように、この場合は、信頼する人の側において用心深さを要求するのである。それは、仮説によって、信頼される人がだます動因が存在するからである。また、私が指摘したように、完了的な場合は、関係それ自体に価値が置かれ、通常の合理的選択のパラダイムにとって違和感のある組み合わせである。しかしながら、それでは、それを推進させるのは何であるのか。一つの議論は、この場合には、信頼できる行動は、相手への愛、あるいは、他の多様な愛着に至る感情によって駆り立てられている。感情によって引き起こされる行動は、マックス・ウェーバーの四つの基本的タイプの社会行為の一つである（Weber,〔1921〕1968：24-25；Elster, 1999を参照）。

どのように信頼と個人的コネクションが関係するのかについて考える異なる方法は、自分が誰であり、どんな人になりたいと思うのか、そして、他の諸個人や集団に対してどんな義務を持つのかという観念のために人々が特定の方法で行為するという考えについて考察することである。そのような議論は、通常、「アイデンティティ」という表題の下に分類される。アイデンティティと自己の構成に関する哲学的、そして、社会学的議論は、これらは私たちが他の人々との相互作用から現れることである。二〇世紀初期においてチャールズ・クーリー（Charles Cooley）とジョージ・ハーバート・ミード（George Herbert Mead）のような著名な人物によって論じられるように、私たちは、他の人々が私たちをどのように判断するのか、私たちをどのようにみなすのかを知らなければ、自分がどのようなものであり、私たちの特徴がどのようなものなのかを判断するすべがない（Blumer, 1969を参照）。この考えの自然の延長は、他の人々との特定な関係とその内容が私たちのアイデンティティ、あるいは、自己の観念の構成要素であると論じることである。他の人々との親密な関係にある諸個人は、その関係が真剣であり、長期に亘り、そして、自己観念の一部である限りにおいて、各人において、相互に向けての自分の行動に関して明確な期待に達する。従って、例えば、私があなたと公平に取引するのは、それが私の利益のためだけでなく、あるいは、私があなたの利害を私自身の利害に同化させたからだけでなく、私たちが長年に亘って親密にしてきたので、こうすることを相互に期待し、たとえあなたが気付かなくても、私があなたをだましたならば、私は悔しく思い悩むであろう。それは、私が自分自身についてどのように考えているかということと矛盾するからである。これは、死によって自分の愛する人を失う、そして、おそらく、最悪なのは、思いもよらない裏切りによって関係が終わる時に、大切な繋がりを部分的に失い、自分の自己の一部を失う耐え難い感覚を説明するだろう。

このような考え方は、私があなたの利害を私自身の利害のカプセルに包むという理由から、それも同様に真実かもしれないが、私は信頼できる人であるということとは異なる。しかしながら、あなたの個人的なアイデンティティと一致するやり方で行為することは、あなたの利害と相手の利害の間の関係についてというよりもむしろ、あなた自身についての何かによって引き起こされる行為である。そして、また、それは、道徳的規範もまた関与しているかもしれないが、道徳的規範に従って行為することとも異なる。それは、あなたがそのようにある、あるいは、そうでありたいと決めた人物、あるいは、人物のタイプを反映する方法で行為することについての事柄である。

集団とネットワークにおけるメンバーシップにもとづく信頼

信頼と信頼できることが個人的関係によってどのように影響されるのかに関する考察は、むしろミクロレベルにおけるものであり、私が提案したように、関係的埋め込みの概念に依存する。しかしながら、二者間の関係は、社会関係のより複雑な構造に入れ子になり、それは、私が「構造的埋め込み」と呼んだもの（第1章）に相当する。二者を超えた社会構造と関係する最も単純な議論は、集団性（groupness）をどのように定義するにしても、信頼が自分たちを同じ集団のメンバーと考える人々の間で起こる可能性が高いというものである。

クック、リーヴァイ、そして、ハーディンは、ラッセル・セイジ財団によって助成され、彼らが統合した信頼に関する調査における主要な強調は、「エスニックの、人種の、あるいは、他の標識が特定の種類の信頼関係を促進し、他の種類の信頼関係を禁止する状況、そして、それらがそうしない場合である」（Cook, Levi, and Hardin, 2009 : 2）とコメントする。フォディと山岸は、共有された集団メンバーシップが以前には知らなかった人々がどのようにお互いを信頼するのかを理解する際に、特に重要であると提案する。彼らは、仲間の集団メンバーを信頼する二つの可能な理由を提案する。①ステレオタイプにもとづく信頼（stereotype-based trust）であり、あなた自身の集団はより寛大であり、信頼できる、そして、公正であるとあなたが考える場合である。そして、②「集団経験則にもとづく仮説（group heuristic hypothesis）」であり、私たちが内集団のメンバーから相互に向けての利他的行動を期待する場合である（Foddy and Yamagishi, 2009 : 19）。彼らの実験は、二番目のメカニズムが決定的に重要なものであることを示唆する。他の実験研究は、人種と国籍が同じの見知らぬ人々がお互いに相手を信頼できると思うことを支持する（例えば、Glaeser et al. 2000 : 814）。しかし、この経験的結果は、なぜこれがそうなのかについての議論を提供していない。ハビャリマナと共同研究者の独裁者実験（dictator experiment）（Cook et al. 2009）は、その内集団効果は、互酬性の集団規範から生じることを示唆している。ウォーカーとオストロムは、「諸個人が他の集団メンバーを犠牲にする利己的な活動に従事する人々を制裁する」（Walker and Ostrom, 2003 : 105）、さらに、「公正さと互酬性の規範が純粋に戦略的な反応を越えた集団メンバーの期待を形成するように見える」（2009 : 107）豊富な証拠を指摘する。

ここで、私は、信頼する行動と信頼できる行動のための特定の原因について別個に書いたが、誰かが相手を信頼するかどうか決めねばならないもっと現実的な状況は、これらの原因の二つ以上を必然的に伴うので、原因を分離することは人為的であることを指摘する。この特定な場合では、信頼に対する共通の集団メンバーシップのインパクトの一部は、集団メンバーが相互に何を負うのかについての一般に抱かれた規範から生じる。信頼に関する最も著しく誤解を招く議論は、研究者が信頼の説明を彼ら自身が好む単一の要因に限定しようとする試みから生じ、それは、通常、単純化した、再生不可能な結論に至るのである。

ザッカー（Zucker, 1986）が「特徴にもとづく信頼（characteristic based trust）」と呼ぶものは、家族やエスニシティのような特徴に依存する信頼であり（60）、属性的であり、投資できない、あるいは、購入できないものである。彼女は、米国では、労働力が文化的に異質なものになり、見知らぬ人と相互作用しなければならなくなり、エスニック居住地におけるように、自分自身と類似する特徴を持つ人々は満足な結果を提供するだろうと少なくとも想定できるので、経済発展にとってより重要になったと提案する。なぜこの研究が規範にもとづくものではなく、共通の集団メンバーの文化的親しみやすさにもとづくのかに関するザッカーの見解は、「多くの背景的な理解が共通のものであるので、交換の条件に関する交渉を円滑にする、あるいは、除外し、交換の結果が両方の側にとって満足なものにする傾向がある」（61）と論じる。おおまかにいって、これは、一般に抱かれた「文化」についての議論である。

合理的選択、規範、あるいは、文化と異なるが、どのように共通の集団メンバーシップが信頼に至るのかに関する別の議論が「社会的アイデンティティ（social identity）」理論によって提供されている。タイラー（Tyler, 2001）は、社会的交換理論が「人々は他の人々から資源を欲しいと思い、資源を交換するために組織化された生活に従事し」、そして、彼らは、「資源の獲得を最大化し、彼らの損失を最小化したいという望みによって動機付けられる。……そうするためには、彼ら自身の行動に応えて、他の人々が何をするのかについて予測する必要がある」（287）という想定にもとづくと指摘する。これは、明らかに、時折当てはまるが、タイラーは、それが「信頼の心理学に関する完全なモデルではない」と論じる。「なぜなら、人々は、また、集団への義務感を持つかもしれないからである。それらは、他の人々の行為による予想される個人的な利益、あるいは、コストに関する計算と異なるものである」(288)。彼は、「自分が所属する集団への同一視が共同の貯蓄から資源を移動させる非協同的な行動に従事する自分の傾向を減少させ」、そして、これは、たとえ将来の互酬性の期待、あるいは、現在の報酬、あるいは、罰、あるいは、評判の結果が無くても、該当するという実験的証拠を引用している。その代わり、人々は、集団と集団価値への同一視を発達させる集団への義務感を感じている。その同一視は、彼らの行動を形成し、他の人々の行動についての期待にもとづくものとは異なる協同へ導くのである」(288)。これをタイラーは、「社会的信頼」と呼び、そして、彼は、人々が社会的つながりを持っている集団において、彼らの信頼の判断は、「アイデンティティに関連することに強く結び付き、資源交換には強く結び付いていない」(289) と提案する。

これらの様々な説明は、主に、共通の集団メンバーシップが信頼と信頼できる行動を生み出すことを示している。制度経済学者は、同様に肯定的な議論を行ってきた。従って、例えば、ベン＝ポラス (Ben-Porath) は、価値ある商品の交換における信頼の重要性について論じ、「関係の継続は、抜け目がなく、利己主義な、あるいは、不誠実な個人の側に、そうでなければ、愚かな、あるいは、純粋に利他的であると解釈される行動を生み出すことができるだろう。ダイヤモンド取引において、価値あるダイヤモンドの持ち主が変わり、取引は、握手によって契約が結ばれる」(Ben-Porath, 1980 : 6) と指摘した。彼の強調は、主に、取引者間の個人的関係に対して置かれるが、また、そのような取引は、彼らが他の取引から原子化されず、密接につながったダイヤモンド商人のコミュニティに埋め込まれているからであることが明らかに見える。そのようなコミュニティでは、ダイヤモンド商人が、相互の行動を注意深く監視し、不正行為の場合に関する情報が素早く広がることによって容易に規制される明確に定義された行動基準を生み出すのである。しかしながら、このレベルの信頼による誘惑はかなりのものであり、別の凝集性の高い集団の出現は、信頼、アイデンティティ、そして道徳的行為の範囲に境界を示す(6)。

正当なビジネス事業だけでなく詐欺行為も、広範囲の普及を期待して、非個人的なチャンネルを通して試みることが難しい場合には、既存のメンバーシップ・ネットワークに近づくことを試みる。証券取引委員会に関するシャピロの研究では、私が前に報告したように、彼女は、被害者と加害者は通常知り合いであることを彼女は発見した。しかしながら、詐欺は、ただ二者間の問題ではなく、構造的にも埋め込まれていた。「犯罪は、同僚の集団、あるいは、様々な社会的ネットワークの一部を含む被害者の母集団に及んでいる。そのサンプルは、被害者の集まりに伴う事例を含んでいる。その被害者たちは、特定の教会の信徒のメンバー、あるいは、エスニック協会、いくつかの軍事基地、政治、あるいは、社交クラブのメンバー、あるいは、余暇協会、プロの運動競技チームのメンバー、教科書編集者と社会科学教授のネットワーク、投資クラブのメンバー、そして、政治的保守派のネットワークから構成されている」(Shapiro, 1984 : 36)。そのようなネットワークのいくつかは、「勧誘員(bird dog)」――詐欺を知りながら、他の人々に投資するように説得する熱心な投資家――によって詐欺に持ち込まれる。通常は、その計画の詐欺行為を行う性質を知らない有名人、あるいは、地域社会の指導者が他の人々が参加する動因としてよく使われる(1984 : 36-37)。そして、実際に、二〇〇八年に発見されたバーナード・マドフ(Barnard Madoff)の巨額のポンジ・スキーム(Ponzi scheme)は、信頼のネットワーク、特に、ユダヤ人コミュニティの富裕なメンバー間のネットワークを通じて、投資家の募集にほぼ完全に依存していた。

信頼の制度的源泉

信頼に関する研究における一般的なテーマは、ごまかし、あるいは、裏切りを起こりにくくさせる制度的取り決めによって相手を信頼するという事例が存在する。そのような状況で人々が危険にさらされる主要な理由の一つは、彼らが取引する相手が彼らにとって他人、あるいは、少なくとも、よく知らない人であることである。確かに、「信頼」

という用語をお互いによく知っている人々だけに確保しておく理論家も存在する。例えば、ハーディンは、信頼を「カプセル化された利害」に依存すると考える。私は、後節で、「信頼」という概念のための最も妥当な範囲を考察する。私は、この「カプセル化された利害」の議論だけでなく、その用語の狭い適用のための他の議論も認めない。

信頼の制度的源泉の重要性についての議論は、時々、信頼は、最初は個人的で、小規模なものであるが、社会の成長、複雑性、そして分化の増加によって、経済におけるすべての信頼がそのように生成されるのは不可能になり、社会が経済的に成功する限りにおいて、ずっと小規模な社会状況においてほど自分がよく知らない人々に関して、リスクを冒すことができるような制度的支援を社会が発達させるという進化的な想定を行う。例えば、クック、リーヴァイ、そして、ハーディンは、マディソンとヒュームまで遡って、政府のような制度が協同と信頼を可能にするために重要であると論じられたことを示唆する。国家が信頼できて、中立であれば、「諸個人が比較的小さいリスクで関係を始めさせることを可能にし、相互について学習することによって、そして、失敗した信頼に備えた保険を提供することによって」(Cook, Levi, and Hardin, 2009 : 4)、国家が信頼性を促進すると示唆する。

ザッカーは、社会が経済的に進歩するにつれて、個人的関係と交換の歴史、あるいは、集団メンバーシップにもとづく信頼は不十分になり、第三者預託口座（escrow accounts）と信用格付けのような制度が不足を補うと示唆する（Zucker, 1986 : 64-65 ; 米国における信用格付けの歴史についてカラザース（Carruthers, 2013）を参照。しかし、二〇〇八年の金融危機の歴史が信頼の源泉としての信用格付けの厳しい制約を示している。Lewis, 2010 を参照）。ザッカーは、一八四〇年と一九二〇年の間に制度にもとづいた信頼が米国において優位を占めるようになった（Zucker, 1986 : 99）と論じるが、この主張を裏付けるために異なる種類の信頼をどのように測定できるのかについて実際には示唆していない。紛争においてある程度の公平さを持って判決を下す十分に発達した法制度は、そうでなければ、交換の相手が条件についての合意を見るに至らない状況におけるリスク負担に適しているというのが一般的な議論である。公式的な制度を用いなくとも、双方が合意に達する状況でさえも、これらの存在は、そうでなければ、これを実行不可能にするかもしれない不信を克服する背景を提供するだろう。例としては、よく引き合いに出されるムヌーキンとコーンハウザー（Mnookin and Kornhouser, 1979）による研究であり、離婚の条件に関する私的な交渉は、結局、「法律の保護の下での駆け引き」になる。その理由は、なされた約束の法的な保証がなければ、「法的強制力のある約束をすることができないことが、紛争処理を阻止するかもしれないからである」（957）。

信頼の非常に多数の制度的源泉が日常生活でおなじみなので、その主張をするためにそれらの多くを列挙する必要はない。しかしながら、それらの意義を認めることは、そのような源泉がどのようにして早期の段階、あるいは、あまり進歩していない社会における信頼を確実にしたメカニズムに「取って代わる」のかに関する進化的な議論を受け入れなければならないというわけではない。私は、後で、これらの主張についてより詳細に考察する。

規範にもとづく信頼

相手が信頼できる行動を規定する規範を忠実に守るので、相手を信頼できると考えるのは、かなり分かりやすい。そのような信頼のための範囲は、規範の性質に依存している。もしそれが互酬性の規範であれば、あなたに借りがある相手を信じなさい。もし規範が集団メンバーシップにもとづく互酬性を規定するなら、あなた自身の集団の他の人々を信頼しなさい。もしそれが人は一般に信頼できるような方法で行為すべきであるという規範ならば、単に互酬的な状況を越えて信頼を拡大するのは正当であろう。規範の重要性に関する議論が社会学的なものに思われると仮定すると、信頼のためにこの議論を行っている研究者のほとんどが経済学者であるというのは興味深いことである。これらの議論は、二つの広範な流れに分類される。一つは、（第1章で記述したように）文化主義者であり、「規範」が個人ではなく、むしろ集合体に関連し、集合体が規範を定式化し、施行し、統一するものと考える。ほとんどの文化主義者と同様に、この考えは、経済学の通常の方法論的個人主義と居心地悪く組み合わせられる。この見解を取る経済学者は、普通、世界価値観調査（http://www.worldvaluessurvey.org/ を参照；World Values Survey：以下 WVS と称す）

において尋ねられている一つの質問によって提供されるデータを引用する。「一般的にいって，大抵の人は信頼できますか，あるいは，人と付き合う時は非常に慎重に行動する必要がありますか」。そして，回答者は，「大抵の人は信頼できる」，あるいは，「他の人々と付き合う時は，どんなに慎重に行動しても慎重過ぎるということはない」という二つの選択肢のうち，どちらかを選ぶように依頼される。国によって信頼のレベルは著しく異なり，スカンジナビアにおいて最高値，ラテンアメリカにおいて，最低値が記録されている（例えば，以下を参照，http://www.jdsurvey.net/jds/jdsurveyMaps.jsp?Idioma=I&SeccionTexto=0404&NOID=104）。

標準的な経済学は，どこから選好が来るのかには興味がなく――例えば，効用関数を調査すべき従属変数よりはむしろ所与として扱う――，信頼を研究する経済学者は，時折，信頼の存在が国家，地域，あるいは，エスニシティ，あるいは，他の社会集団の規範と「文化」の要素であり，文化主義へのこの進出が差異を説明するといわれていると提案する。彼ら（例えば，LaPorta et al. 1997；Guiso, Sapienza and Zingales, 2006）は，（信頼を「社会関係資本」から生じるものとして位置付け，例えば，グライザーと共同研究者（Glaeser et al., 2000）のような経済学者に信頼を社会関係資本の測度と考えるようになる）フクヤマ（Fukuyama, 1995）とパットナム（Putnam, 1993）のように，この見解を精緻化する非経済学者の研究を賛同して引用している。しかしながら，この見解もまた，他の人々が信頼できるという信念がどのようにして生じるのか，そして，それが信頼できる行動を生み出す他の規範とどのように関係するのかという問題は未解決のままである（私たちは，何時，そして，なぜ人々が信頼できるのかについてよりも信頼する行動について多くを知っている。それは，部分的には，価値観の調査は信頼について尋ねるが，回答者に他の人々をだます，あるいは，欺くことが適切であると思うかどうか，そして，何時そのように思うかを尋ねることはめったにないからである。その明らかな理由は，これが適切であると考えたことがあると認める人がほとんどいないからである）。

経済学者は，どのように人々が信頼できるようになるのかという問題に関して，信頼できる，そして，協同的な，あるいは，信頼できない行動を子供たちに伝えることを家族あるいは集団が行う意思決定として位置付ける一連の関係する議論によって対処し、故に、どのようにしてそのような規範が生じるのかという問題に取り組んでいる。すべてのそのような議論は、内面化された規範は有利な立場を得るために合理的に選択されると論じる時、第2章で指摘された困難さに直面する。従って、例えば、アギオンと共同研究者は、信頼を「市民性（civicness）について家族においてなされる意思決定から生じる信念」（Aghion et al. 2010 : 1015）と定義する。この説明では、家族には二つの選択肢がある。彼らは、自分たちの子供に「市民の」ように――「寛容、相互尊重、そして、独立心を学ぶ」――、あるいは、「家族の外部では非市民的に行動する」方法を教えることができる（1023）。成長して起業家になった非市民的な子供は、汚染し、質の劣る危険な財を提供し、他の人々をだますことが期待される。誰もが市民的であるという均衡を得た社会は、当然のことながら、「高い信頼」の社会になり、そうでなければ、低い信頼の社会になる（1027-1028）。ギソーと共同研究者は、「親たちが自分の子供に協同的価値を教えるために費やす資源の量」である「市民資本（civic capital）への投資」であり、「市民資本」は、「社会的に価値ある活動を追求するために、集団がフリーライダー問題に打ち勝つのを支援する価値と信念」（Guiso et al. 2011 : 423、強調は原著）である。従って、「社会の他のメンバーを信頼し、自律的な交換に参加するか否かに関する各個人の意思決定に影響を与える世代間で伝播された事前確率（prior）」（424）が存在する。もしこの信頼が十分な根拠にもとづくものでなければ、主要な損失を被るだろう。故に、「子供たちを犠牲の大きい過ちから守るために、親たちは彼らに保守的な事前確率を伝播し」、それが「不信の均衡」（425）に至るのである。しかしながら、人々は、「自分たちが住んでいるコミュニティの社会的圧力に応じて自分たちの規範と信念を変化させる」（426）が、その規範がどれくらい強く支持されているかによって分化して変化させるのである。「もし市民性の価値が選好に完全に埋め込まれているのならば、それらは、社会化によって変更されないだろう。しかしながら、「もし市民性の価値が少なくとも部分的に他の人々に同調したいという望みによって支持されれば、社会化は変化をもたらすことが可能である」（426）。

3　さらなる信頼の定義とその概念の範囲条件

信頼の原因と動態についての考察をつづける前に、原因の考察と密接に関係する「信頼」という概念の使用のための範囲条件に関するいくつかの問題を検討することが役に立つ。信頼の研究者は、しばしば、その用語をいくつかの特定の状況に限定することを論じている。ここで、私は、そのような制限には反論し、その代わりに、信頼という考えを非常に広範に構築し、信頼が存在する、そして／あるいは、関連する、状況における差異、それらの異なる状況に付随する信頼の異なる原因、そして、信頼できる行動に関する区別を構成することを論じる。これは、特定の状況が「本当に」信頼に関与するかどうかに関する、私が無意味な論争と考えるものから、どのような状況で経済行為者が実際に相互に信頼するのか――すなわち、他の人々が自分、あるいは、自分の利害に損害を与える機会を利用しないと想定して、これらの他の人々に対して自分を傷つきやすい状態に置くように行為すること――についてどのようにして理解するのかという、より興味深く、複雑で、重要な問題に議論を転換させるものである。

一つの一般的な議論は、誰かを信頼することは、信頼する人が潜在的な信頼される人の信頼性（信頼できること：trustworthiness）に関するリスクを負うことを必要とするので、私たちは、そのようなリスクが存在しない状況に「信頼」という用語を適用するべきではないというものである。この議論は、様々な形式を取る。簡潔性に訴えて、ラッセル・ハーディン（Russell Hardin）は、私たちの利害に損害を与えることを回避することが相手の利害ならば、相手が私たちの利害に損害を与えることはしないだろうという信念は、「信頼」と呼ばれるべきではないと論じる。なぜなら、信頼を「動因の両立性（compatibility）、あるいは、信頼される人の行動に関する合理的期待でしかない」と定義することは、その用語を「無価値なものにする。……その理由は、それが両立できる利害のやや単純な想定に何も加えないからである」（2002:5）。同様に、フォディと山岸も、「他の人々の利害が私たち自身の利害と完全に結びついている時には、信頼は必要ない」と論じる。そして、彼らは、そのような状況を「保証の領域（domain of assurance）」と呼ぶ。すなわち、私たちは、私たちの利害が結び付いていない時だけ、つまり、彼らが私たちの犠牲の上で利益を得る時だけ、私たちは他の人々を信頼する必要がある。彼らは加えて、信頼は、「不確実な、確実ではない関係」（Foddy and Yamagishi, 2009：25）において非常に重要であると指摘する。タクシー運転手に関する優秀な研究において、ガンベッタとハミルは、「もしそうすることが彼らの自己利益になるから、人々が信頼できるように行動すると……予測するのでは十分でない。これは、信頼の問題をまったく削除してしまう」（Gambetta and Hamil, 2005：4）と提案する。さらに広範なものは、「行為者には他の人々が協同するのが確実であるという十分な理由がある時は、これらの期待は、信頼としてよりも自信（confidence）として記述されたほうがよい」（Farrell, 2009：25）というファレルの主張である。これは、相手があらかじめ定められ、十分に予測された状況で、正直に行動するということを私が知っている時」（26）、予測されていない行動のいかなる現実的なリスクも存在しないからである。

　私が異議を唱えたいと思うこれらすべての言明における極めて重要な主張は、私たちが信用性を評価する相手の行動が、まったく不確実性のない、完全に予測可能である状況が存在するということである。これは、行為者には行為主体性（agency）がまったくない状況が存在するということと等しいが、その主張をそのようにいいかえるとそれはより問題のあるように思われる。上記の最初の二つの引用では、この確実性は、行為者の利害を知ることから得られる。しかしながら、これは、私たちは、私たちにとって関心がある行動をする他の人々が彼らの利害に従って行為するということを初期設定で（by default）期待するという、私が第1章で考察したような暗黙の帰無仮説を想定している。これが同語反復でない限り、すなわち、セン（Sen, 1977）が提案するように、主体が反選好的に（counter-preferentially）に――彼ら自身の利害に反して――行為することができるならば、私たちは、不確実性を持つだろうし、従って、利害が結び付いていない場合でさえも信頼の可能性を持つだろう。センは、誰かが拷問を防ぐ、あるいは、やめさせるために行為するという例を分析する。この例を考察してみよう。私の監督下にある囚人を私が拷問することに私の同僚が加担することが彼の最良の利害であるだろう。従って、利害の議論によれば、彼がそうすることについての私の期待は、「信頼」と呼ばれるべきではない。それは、彼の行動が自動的で、まったく予測可能であるからである。

しかしながら、利害が完全に行動を予測する場合に限り、これが該当する。しかし、センの議論は、道徳的原則に対するコミットメントが介入し、彼の沈黙という疑う余地のない期待を見当違いなものにすることを示唆する。私たちが反選好的な行動を真剣に受け取れば、これは、単に、動因の均衡がどのように展開するかという問題ではなく、単純な動因にもとづく（incentive-based）説明に還元できるものではない。彼の加担した沈黙に関する私の期待は、もし彼が最も重要な規範的原則を追求し、たとえ彼自身にとっておそらく高いコストであっても、私の拷問を報告する機会があれば、実際には、信頼の問題であるだろう。報告が起こる可能性について十分に考察するためには、第2章で私が取り組んだような規範の役割について取り扱う必要がある。大事な点は、相手の行動についての期待が「信頼」として記述されるかどうかは、相手の利害に依存するだけでなく、その相手が私の利害を支持する、あるいは、損害を与えるようにさせる他のいかなる要因にも依存するのである。従って、行動が利害だけによって決定されるという想定は、私が第2章の「神聖な価値」についての考察において指摘したように、大抵は、妥当であるかもしれないが、肝心な時は、著しく判断を誤らせる可能性があるという暗黙の帰無仮説である。

「内部告発者」の多くが不正行為の暴露から重大な損失を経験するという再三にわたる説明は、自己の利益を圧倒する規範、あるいは、アイデンティティの力の実例を示す。これが重要な問題であるためには、それが一般的、あるいは、典型的な事例である必要はなく、エンロン詐欺のような有名な事例のような重大な結果につながる単なる可能性で十分である。私は、内部告発した人々にとっての結果のバランスに関する体系的な研究の存在について何も知らないが、政府機関が不正行為について警告する人々にかなりの報酬を提供するという事実から、そのような報酬がなければ、警告する人々にとって起こり得る結果は結局マイナスであるという推測が存在するのはもっともであると思う。

もっと一般的には、相手を信頼する、あるいは信頼しないための原因は、彼らの利害の他にも非常に多数存在するという事実は、相手の行動が容易に、そして、完全に予測可能である状況が存在するという、いかなる議論にも疑問を投げかける。これは、信頼の判断がランダムである、あるいは相手が信頼できる可能性に関する、私たちが入手可能な情報にもとづいていない、あるいは、その可能性について新しい情報が私たちに多少の自信を十分に与えない結果になるというわけではない。実際には、信頼に関する最も重要な研究課題は、どのように人々がそのような判断をするのか、そして、どの程度その判断が正確であるのかについてさらによく理解することである。ここで、私は、ただ人間行為に関する過剰社会化の見解に対する慎重な姿勢を提案するつもりである。その見解では、他の人々は、私たちが間違いなく理解する要因によって完全に決定されるように行為すると表現されるので、これは、必要とされる、実際の信頼する行動についての詳細で繊細な調査を阻止するのである。

いつ「信頼」について語るのが適切なのかに関する別の側面は、社会構造のレベルに関係し、それは、その用語が、他の人々の可能性のある将来の行動について私たちがどのように評価するのかを記述する場所である。私たちが、人々がお互いをよく知っている場合においてのみ、信頼について適切に話すことが出来るという理論家もいるし、そのまったく反対——どのように私たちが見知らぬ人と取引するのかに関して、概念がほぼ完全に役に立つこと——を提案する理論家もいる。私は、両方の命題に反論し、また、「信頼」という考えをそのような方法で制限することに反論する。

上記で指摘したように、ラッセル・ハーディンは、私たちが、主に、他の人たちの利害が私たちの利害をカプセル化する時に、その人たちを信頼することができる、それは、彼らが私たちの関係を継続することから利益を得るからであると提案した。この議論では、信頼が基本的に小規模な対人的現象であり、大きな産業社会におけるマクロレベルの構造においてはあまり重要であるはずがない。この立場は、クック、ハーディン、そして、リーヴァイ（Cook.

Hardin, and Levi, 2005）（以下 CHL と称す）によって精緻化されている。彼らは、社会がより複雑になると、「信頼関係の実際の役割は相対的に減少し、信頼は、「もはや社会秩序の中心的な柱ではなくなり、そして、私たちの協同的な交換のほとんどにおいて、あまり重要でさえなくなるだろう。協同的な交換は、対人的な信頼がなくても、私たちは非常に効果的に成し遂げることができる」（1）と主張する。彼らは、複雑な社会がうまく機能するためには、義務の第三者実施（third-party enforcement）のような制度が必要であり、それらは、対人的信頼が不在でも交換や他の種類の協同を可能にするのである（2）と議論する。その議論は、ハーディンの「カプセル化された利害」の意味において信頼を解釈し、そして、この定義によって、「見知らぬ人、そして私たちの知り合いの多くさえも信頼することは……不可能である。そして、……制度、政府、あるいは、他の大きな集合体を信頼するのは……ほとんど不可能である」（4-5）。こういう状況であるので、「信頼は、社会秩序を作り出し、維持する際に、大規模な状況においては、信頼は相対的に小さな役割を果たす。私たちは、通常、相互に依存し、協同している。それは、私たちが相互に信頼するようになったからではなく、私たちのために協同を安全で生産的にする、所定の位置にある動因（incentives）によるからである」（14-15）。信頼の届く距離は、「私たちが自分たちの相互作用において信頼できる人々を信頼することだけが利益をもたらすからであり、これらの人々が社会のすべてを構成する状態から程遠いので」（68）、あまり遠くまで伸びない。

この議論は、ザッカー（Zucker, 1986）の議論に類似しているが、彼女は、そのような場合を制度的な源泉にもとづく信頼の例と呼んでいる。私もこの立場を取る。それは、ここでの基本的な従属変数は、小規模な対人的関係であろうと、あるいは、人々が他の人々の行為への制度のインパクトを考える大規模なものであろうと、依然として、人々が、あたかも自分たちに害を与える立場にいる人々が実際にそうするように行動するか否かであり、広範な問題は、どんな独立変数がいずれかの評価を引き起こすかに関するものである。

私は、どこで信頼が関係するのかについての見解は、規範のインパクトと比較して、信頼に対する利害のインパクトを学者がどのように考えるのかに依存する。ハーディンのカプセル化された対人的利害にもとづくような信頼の概念に倣うCHLは、規範が他の人々に及ぼす力にもとづいてあなたが彼らの行動に対して持つ自信から信頼を切り離したいと思うのである。従って、彼らは、小さな規模のコミュニティでは、「信頼は一般的に問題（すなわち、関連する概念）ではない」。それは、小さく、密度の高いネットワークでは、「信頼性（reliability）は、コミュニティが適用する制裁によって支えられる規範によって執行される」（2005 : 92）からである。従って、小さな町では、援助行動は、私たちが思うように、対人的な互酬性によってではなく、むしろ、「援助、あるいは、コミュニティの規範」によって引き起こされ、都市部での一見したところ類似する行動とは異なる。コミュニティの規範が不在であることが想定される都市部では、それは、実際に、「互酬性に関する問題」（92）である。この議論は、デュルケーム（Durkheim, 1893）の「機械的連帯」の概念から借用し、小さな町の人々は個別性（individuality）、あるいは、「コミュニティ精神（community ethos）」によって完全に包含されない強い二者関係を欠いていると想定する。私は、この考えは、暗黙のうちに、人間行動の「過剰社会化された」観念を反映し、「コミュニティの」設定では、行為者から行為主体性（agency）をはぎ取るものであると示唆する。CHLは、デュルケームの進化的説明を拡大し、私たちが、「社会進化の時間」に亘って、信頼を「社会規範による統制に取って代わるために生じ、現代的な社会制度による規制によって取って代わられて消えていくものである」（195）と考えるだろうと提案する。従って、「単なる（原文のまま）信頼がそのようにできなかった時に、生活のほとんどが大規模に制度化されることによって現代社会が可能になる」（197）と論じる。

この議論、そして、信頼という概念から規範の影響を分離することは、規範を個人にではなく、むしろ、規範を公式化し、執行し、統合する、集合体に関連するものと考えることに依存する。そのような概念は、デュルケームと他の人々によって奨励される社会学的例外主義（sociological exceptionalism）に外見が類似し、それは、精神的概念は個人の特性ではなく、社会は、分離した個人の単なる集合ではなく、独特の（sui generis）実体であると論じる。もし規範が全体の集団にこの効果を及ぼすならば、相手が信頼できるように行為すると期待できるのは、相手のいかなる特性のためでなく、あなたと相手との関係のためでなく、あなたと相手の集団における共通のメンバーシップのためであり、その集団の規範が、その行動を保証し、状況からすべてのリスクを取り除くからである。ここでは、信頼という概念を適用しない基準は、状況について想像された確実性、および、信頼するように行為するかどうかは、（集団メンバーとしてよりもむしろ）個人としての相手について、あるいは、「信頼」が通常意味することの中心的部分であるあなたと相手との関係について、何かを評価するといういかなるつながりも剝ぎ取られるという事実の混合である。

しかしながら、方法論的個人主義の帰無仮説が意味するように、規範が集団ではなく、個人によって所有されるものであると考えれば、規範と信頼の関係は、CHLの提案とはまったく異なり、さらに正反対なものになる可能性がある。この記述は、経済学者と彼らの支持者が過去二〇年間信頼について語ってきたことと上手く適合する。彼らは、規範が実際には信頼の主要な源泉であり、さらに、信頼は、お互いによく知っている人々のあいだよりもむしろ、自分と見知らぬ人との関係に主に関連すると結論付ける。

例えば、ラポルタ、ロペス-デ-シラネ、シュレイファ、そしてヴィシュニィ（Laporta, Lopez-de-Silane, Shleifer, and Vishny, 1977, 以下LISVと称す）は、信頼は、「頻繁にそして繰り返して相互作用する人々の間の協同を支持するためというよりも、むしろ、見知らぬ人同士、あるいは、お互いにまれに会う人々の間の協同を確かなものにする」と提案する。これを主張するために、これらの経済学者は、小さなコミュニティの集団の内部において協同がどのように生じるのかについて、共有された規範は、間違いなしに信頼性のある（reliable）行動を作り出すというCHLの考えとは大変異なる考えを持っているにちがいないし、実際に、彼らは、家族、あるいは、パートナーシップにおけるように、そのように小さく密接につながった社会的集団では、信頼のレベルが低い（333）――いいかえれば、協同が信頼から生じる――としても、自動的で変わらない協同が、ごまかし、あるいは、不正行為無しに、評判および違反が罰せられる可能性によって支持されると論じる。CHLとLISVの両者とも、まったく異なる理由ではあるが、そのような小さな状況における協同に関する疑いのない性質について合意していることは、私の以前の研究（Granovetter, 1985）で私が過剰社会化と過小社会化の説明の収斂として注意したこと、この場合には、小さなコミュニティの状況における個人は、行為主体性を欠いているので信頼が無関係なものになるという合意に相当するのである。しかしながら、それらの見解は分岐し、経済学者は、大きな組織においては、あなたが余りよく知らない人々と多くの相互作用を行い、そこでは信頼が最も必要とされるので、評判の力と逸脱への罰の可能性が減らされると結論付ける。

私が前節で記述したように、経済学者が世界価値観調査によって提供されるような経験的データを利用して、信頼できる行動を推進する際にしばしば規範の力に訴えるのは、これらの状況においてである。彼らは、大抵、そのような規範や価値を典型的には国家という地理的単位の「文化」の一部分として符号化する。そのように論じる時、彼らは、国民文化が信頼の分布を決定し、特に、人々が自分の内輪の人たちを越えて他の人々を信頼できる程度において社会が異なり、そして、社会は、人々が主に家族メンバーを信頼する「低い信頼」、そして、家族外部の人々を信頼するのが一般的である「高い信頼」によって特徴付けられる社会におおまかに二分できると信じているフクヤマ（Fukuyama, 1995）のような学者を引用する。これが重要である理由として、彼は、「低い信頼」社会では、家族の絆が他の社会的忠誠の上にそびえ立ち、その結果、相互の信頼にもとづく経済行為者の集合は小さいにちがいないと論じる。家族経営の事業が優勢であり、そのような社会では、大規模で専門的に管理される企業が発達できない。これは、効率的で、現代的な、経営慣行を採用することの難しさと、「大規模を必要とするグローバル経済の特定のセクターに参入することができないことを意味する」（110）。大規模な企業は、そのような社会に存在するならば、私企業ではなく、国によって所有され、経営されるものだけが可能であるので、非常に大規模な国有の企業と家族経営企業が存在し、その中間はあまり多く存在しないだろう。一方、高い信頼社会では、その文化が家族外部の信頼を許し、奨励するので、大企業を形成するのがずっと容易になるのである。合資会社のような法的形式によって信頼のない、関係のない人々が協力することを許すが、それにもかかわらず、「彼らがどれくらい容易にそうするかは、非親族と取引する時の彼らの協調性次第である」(150)。非親族とのつながりのよく発達したパターンがある国は、しばしば「社会関係資本」と呼ばれる、コミュニティとコミュニティ主義の制度を強調し、これが家族経営から専門的管理への移行を容易にするのである。

LISV (1997) は、この議論に賛成して引用する。その理由は、それが、見知らぬ人への信頼が大規模の組織と経済活動が繁栄するのには非常に重要であるという彼らの主張と両立するからであり、彼らは、調査データにおいて、家族への信頼のレベルの測度が経済における大きな企業の意義と負の相関が見られると指摘する (336)。

もし国家間、あるいは、他の地理的単位間に見られる信頼における差異が文化的な差異に主に依存するならば、そのような議論と方法論的個人主義理論をつなげる何らかの方法が必要である。前節で、アギオンと共同研究者 (Aghion et al. 2010) およびギソーと共同研究者 (Guiso et al. 2011) のような経済学者が信頼できる行動は自分の子供に「市民的 (civic)」であるように教える家族の意思決定から生じると提案すると私は報告した。この議論と文化とのつながりは、文化が、信頼できるという傾向を自分の子供たちに伝える家族の意思決定を条件付け、影響を与え、この伝播がマクロレベルまでに集められると、経済行為に主要なインパクトを与えるという想定にある。例えば、アギオンと共同研究者のモデルでは、「市民的」(信頼できると解釈する) になる個人の割合が経済規制の程度に関する主要な決定因であり、高い信頼の社会は、「政府による低いレベルの規制を示し、低い信頼の社会は高いレベルの規制を示す」(Aghion et al. 2010) のである。それは、「不信が規制への需要を推進するからである。低い信頼の社会では、諸個人は、ビジネスが不正直であるので、正確に、ビジネスを信頼しない」。政府の腐敗は、この不正直ほど悪くないのである (1028)。これは、「信念と規制が一緒に相互に影響する」が、その行動、あるいは、個人の信念と大規模な経済パターンを媒介する出来事の連続に関する研究は、事実上、存在しないことに留意すべきである。別の言い方としては、信念から制度へ至るメカニズムにはほとんど関心がないのである (社会理論におけるメカニズムについては、Hedstrom, 2005 と Hedstrom and Swedberg, 1998 の論文を参照)。

同様な議論は、文化、信頼、そして、経済的結果に関する一連の論文において、ギソーと共同研究者によって提示されている。従って、彼らは、信頼の信念が、誰かが起業家になる確率に影響を与える（ここでの測度は自営業である）（Guiso, Sapienza, and Zingales, 2006 : 36）、そして、オランダにおいて、WVS の信頼の測度を用いて、「諸個人を信頼することは、株式やリスクのある資産を買う可能性が有意に高い……」（2008 : 2558）と指摘する。彼らは、これが、「信頼の低いレベルによって特徴付けられる社会において、会社が株を発行するのは難しいだろう」（2559）と結論付けている。彼らの二〇一一年の説明では、彼らは、信頼に関する議論を「市民資本（civic capital）」についての考えに拡大して、彼らはそれを「経済発展の持続を説明する際に何か欠けている要素」と特徴付け、結果として、「歴史的偶然によって、市民資本が豊富なコミュニティ／社会は長期間の比較優位を享受する」（2011 : 420）と論じる。

この説明において、市民資本は、投資の結果である。それは、「親たちが自分の子供たちに協同的価値を教えるために費やす資源の量であり」（423）、人々が犯罪、人種差別主義、あるいは、他の社会的に望ましくない活動において協同することを学習するという「社会関係資本」の通常の批判の犠牲にならないように、彼らは、市民資本の定義は、「ギャングのような社会的に逸脱した活動における協同を支持する価値を意図的に除くことによって、これを定義する」（423）のである（著者たちは、何が「社会的に逸脱した」ことなのかに関する普遍的な合意について確信しているように思われる。しかし、それは、タルコット・パーソンズの二〇世紀半ばの社会的合意への焦点について違和感を持って思い出させ、その用語は社会学者たちがその後長い間顧みてこなかったのである）。従って、その議論は、親たちが「どれくらい信頼を自分の子供たちに伝えるのかという決定をして」、この「世代間で伝播された事前確率（prior）が社会の他のメンバーを信頼し、匿名な交換に参加するかどうかに関する各個人の意思決定に影響を与える」（424）という議論として進められる。理論的な見地からは、私たちは、家族、隣人、あるいは、より一般化された信頼について語ることができると彼らは指摘するが、彼らは、「制度と市場がうまく機能するために、人々が見知らぬ人を信頼する必要がある」（442）ので、後者が適切な測度であると議論する。アギオンと共同研究者の研究のように、信念と大規模な結果の間を媒介する行動と出来事が言い繕われるか、あるいは、「歴史的偶然」のせいにされる。

信頼という概念にとって適切な範囲は何かに関する私の議論を要約すると、私は、それを個人がお互いをよく知っている小規模な状況に限定する、あるいは、それは、人々が主に知り合いか見知らぬ人と相互作用する大規模な状況のみに適用するべきであると議論するのは非生産的であると考える。私には、小規模と大規模の両方のレベルにおいて、どんな状況において人々は自分の利害に損害を与える立場にある他の人々がそうしないと想定するのかについて理論化することがより有意義である。しかし、このようにいうことは、信頼の問題をより一般的な議論に広げることになるが、それが、小規模レベルの信頼と経済のマクロ的形態を定義する大規模で複雑な組織における信頼との間に、もしあれば、どんな関係が存在するのかについてはまだ明らかにしていない。もし私たちが信頼を両方のレベルの問題であると考えるならば、この関係は理論化するために特に重要になり、この集合化（aggregation）がどのように生起するのかに関する詳細な、あるいは、妥当な分析なしに、個人の意思決定と大規模な結果を結び付ける議論を行うことに高いレベルの警戒を示唆する。

4　対人的レベルからマクロレベルへの信頼の集合化

私がレビューし批判した信頼に関する議論は、信頼の非常に小規模の信頼の例、あるいは、大規模な社会的、制度的な規模における信頼の説明に焦点を置いていた。後者の場合は、歴史的、政治的な発展からそのような信頼を導き出すか、あるいは、そのような発展を説明するために、理論的に詳細な、あるいは、首尾一貫した議論や行動のメカニズムを提供せずに、個人の信念からの想定された集合化から信頼を導き出すかのどちらかの場合であった。信頼に関するより十分な取り扱いは、この集合化を徹底的に調査することであり、この考察の一部分は、高いレベルにおける信頼を説明する際に、政治的、歴史的、マクロ経済的、そして、他の制度的文脈がどのように決定的に重要であるのかに関係するだろう。ここで、私は、いくつかの社会的ネットワークの考えを設定するという限定された目的を自分に定め、その考えは、何時、信頼がミクロレベルからマクロレベルに集合化するのか、しないのかに関するいくつかの謎を提供するだろう。

まず、第1章で提案したように、関係的埋め込みは信頼に非常に関係する。私が友好的な友人関係を持つ仕事仲間を騙すかどうか考えてみよう。そうするかどうかは、部分的には、その相手と私の関係の性質に依存する。それは、動因の配置と私がその状況に適用する道徳的原則にも依存し、これらの両方は、次に、この関係によって影響される。しかし、動因と道徳原則は、構造的埋め込み——内部に私の友人と私の関係が置かれている紐帯の構造[7]——によっても決定される。長年の友人を騙すことに対する私の苦しみは、たとえそれが発見されなくても、かなりのものであろう。その友人がそれに気づけばその苦しみは増すだろう。しかしながら、私たちの共通の友人たちが騙したことを発見し、お互いにそれを話せば、私の苦しみはさらに耐え難いものになるだろう。彼らがそうするかどうかは、関係のネットワークの構造——大まかにいえば、当該の二者の相互の友人たちがお互いに連結している程度——に依存する。これらの連結が多ければ——「ネットワーク密度が高い」状況では——、その情報はすぐに広がるだろう。彼らが相互に分離していれば、私が第1章で論じたように、それほどすぐには広がらない。従って、そのような不成功に対する大きな圧力は、密度の高いネットワークにおいて大きいことが期待される。そのような圧力は、動因の重要な部分であり、悪い評判を立てるという経済的および社会的なコストと直接関係するのである。

しかしながら、不正行為に対する圧力は、集団メンバーが私に適用する直接的な制裁、あるいは、評判によって生じるだけでなく——両方とも利害と合理的選択の事柄であるが——、凝集性の高い集団は、まばらな関係によって構成されるネットワークよりも、私たちの行動に影響を与える規範的で、シンボリックな、あるいは、文化的な構造を生み出すのに効率的であるからという理由によっても生じるのである。従って、そのような集団では、私が私の友人を騙すなどとは夢にも思わない。それは、少なくとも集団の状況では、文字通り、私は、騙すことを想像もできないものにする一連の基準をその集団から取り入れたからである。故に、比較的小規模でコミュニティのレベルでは、利害および規範の両方が信頼に関係する。しかし、集団間関係の研究から、明確に定義された集団内部において最も注意を払って忠実に守られる規範がその境界を越える人々と取引する時には無関係であると考えられるのは普通のことである。情報の拡散と制裁、あるいは、規範、そのどちらの議論とも密接に関係しているが、重要な点ではっきり異なるのは、タイラー（Tyler, 2001）によって考察された「社会的アイデンティティ」理論である。これは、私が上記においてどのように集団メンバーが対人的な信頼に影響を及ぼすのかについての考察において指摘したものである。行動に対する規範的影響の状況的側面は、社会的行為の構造的埋め込み、そして、集団アイデンティティによって仲介される規範への構造的埋め込みのインパクトである。私が指摘したように、これらのアイデンティティの力は、また、アイデンティティ集団の内部における信頼を利用する不正行為、あるいは、そのような集団が分断される時の紛争に至る不正行為のためにも用いられる。

ここまでの考察は、信頼が既存の関係的、そして、構造的埋め込み、そして、集団アイデンティティに依存することを想定しているが、これらがどのように生じるのかについては尋ねていない。埋め込みの状況が固定され不変なものと想定することは、可能な信頼の形態は構造にもっぱら依存し、行為者の意識的行為によって影響されないということを意味する。この宿命論的な見解は、「社会関係資本」における地域的差異が統制の困難なもの（intractable）なので、数世紀の市民の非関与、「道徳心がない家族主義」（Banfield, 1958）、あるいは、信頼やその不在に密接に関係する他の苦痛から生じることを示すために、時折利用される。しかし、ソーシャルネットワークは、それ自体が経済的そして政治的制度の文脈に埋め込まれ、その文脈は、誰が誰と接触するようになり、そしてどんな結果をもたらすのかについて重要なインパクトを与えるのである。

例えば、セーブル（Sabel, 1993）は、信頼と不信の間の境界が実際には不鮮明であり、信頼の不在は、それが存在する、あるいは、それを創造するかもしれない条件の考察を除外するものではないと提案する。セーブル（Sabel,

1993）とロック（Locke, 2001）は、両者とも、民間の集団によって援助されて、様々なレベルの政府によって実施される産業政策は、自分たちが信頼を不可能にする対立した利害も持つ人々であると以前は考えていた行為者たちを一緒に作業させるという結果をもたらすかもしれないと示唆する。セーブルのペンシルバニアの事例では、彼は、実際には、彼が研究した異なる集団は自分たちの状況をお互いに相互作用しなければならない結果として再定義したと指摘している。ロックの事例は、しばしば信頼する経済関係を形成するのが文化的にできないとして片付けられている地域——南イタリアと北東ブラジル——からもたらされる。ここでは、広範なメンバーシップを持つ民間団体は、信頼の生成のための中心であったが、公共政策が非常に重要であった。その理由として、団体のメンバーシップにおける包括性のためのその支援とその奨励がなければ、そのような団体に極めて重要な行為者たちがそもそも集まらなかっただろうし、典型的な社会的ジレンマの準最適な結果——この場合には、広い地域の評判にただ乗りするために、チーズ、あるいは、メロンの生産者が粗悪あるいは質の悪い製品を生産する——が支配し、地域の経済的発展を弱めただろう（Locke, 2001）。

関係的紐帯と構造的ネットワークは、現代の制度だけでなく、時間と空間の特定の瞬間に埋め込まれている。信頼がこれらと共にどのように変化するかは、多くの注目を集めてきたし、続巻の経験的な章では、私は、これについていくつかの特定の議論を展開する。ここでは、私は、主張されてきた主要な立場に関してレビューしコメントしたい。

信頼に関する同時代の論文の多くは、そのテーマをあたかも文化的、制度的、あるいは、歴史的な多様性と無関係であるかのように扱っているが、このつながりを探求する説明が存在する。例えば、アラン・シルバー（Allan Silver）は、一八世紀スコットランドの倫理学者たち、特に有名なアダム・スミス（Adam Smith）とディビッド・ヒューム（David Hume）は、個人的関係が市場の支配の増加によってかなり変化させられたと考えた。親密な個人的関係に対する市場の有害な効果を嘆く社会主義者からバーク（Burk）派の保守主義者までの左派と右派の両方のその後の批評家とは異なり、彼らは、活気ある市場が社会的交換の計算によって邪魔されない友情のために社会における新しく重要な場所を実際に作り上げたと提案した（Silver, 1990）。実際に、彼らは、「商業的社会の到来によって可能にされた友情の道具的な関心からの解放を称賛し」（1480）、代わりに、そのような友情は利害の計算とは無関係な情緒的つながりである「共感」にもとづくものであると論じる。

市場の前に、敵を撃退する、あるいは、必要とされる資源を獲得するために、個人的関係が必要であったと彼らは提案した。戦争、経済、あるいは、政治におけるこの必要性は、個人的関係に計算の要素を導入し、これらの関係を「損害を与える裏切りの影響を受けやすくした」（1487）。市場の支配、そして、財とサービスを提供し、紛争を解決するための方法として、それに伴う契約の法制度が、「友情と利害を明らかに区別し、友情を共感と愛情に基礎付けることによって」（1487）、個人的関係を「浄化する」効果を持った。従って、これは、製品とサービスの非個人的（impersonal）市場だけに伴って、個人関係の並行（parallel）システムが実際に出現し、そのシステムの倫理は、交換と効用を排除し」（1494）、「道徳化された（moralized）市民社会」を作り出す際に重要な役割を果たすという意味で、新しいものであった。この議論から生じる友情の現代的で理念的な観念は、個人的信頼が「道徳的評価を達成し、契約的、あるいは、第三者によって行使される他の委任契約を欠いている」（Silver, 1989 : 276）。そのような信頼は、明示的に非計算的であり、その理由は、「他の人々の利害の理解にもとづく」コミットメントは、「現代の友情の道徳的な理想の外部に位置する」（277）からである。従って、友人間の信頼に関するこの観念は、実際には、「カプセル化された利害」としての信頼の正反対である。

後の章で、この観念がどこまで行けるのかについて、私は評価する。シルバーがスコットランドの倫理学者たちから起因すると考える、市場関係と友情の非市場関係の間の明確な区別は、経験的な証拠が示すように、維持するのが困難である。従って、私たちは、この問題全体を考え直す必要がある。しかしながら、スコットランドの倫理学者たちの議論は優れた準拠点を提供する。しかし、制度と文化が変化するに従って信頼関係の性質が変化するという考えは、前市場社会－商業的社会の区別の範囲を越えるものである。この考えが追求されてきた一つの方法は、どれくらい、そして、どのように、メンバー間の信頼を促進するのかが社会や文化によって異なると論じることである。上記のように、大規模における信頼の存在と重要性は、それが小規模においてどのように展開するのかということから生じるというフクヤマ（Fukuyama, 1995）の議論を考えてみよう。フクヤマは、人々が自分たちの家族圏の外部の人々を信頼することができるかどうかを決定するのは、社会の特定の文化であると信じているので、その決定的重要性について論じる。人々が信頼できない「低い信頼」の社会では、相互の信頼にもとづく経済行為者の集まりは小さいにちがいないし、家族経営の事業が支配し、大規模で、専門的に管理された企業を発達させることが困難であるが、「高い信頼」の国々では、大規模な企業が容易に形成されるのである。

この議論の最も明らかな批判は、フクヤマが社会を「低い信頼」、あるいは、「家族主義的」カテゴリー（中国、フランス、そして、イタリアが彼の主要な事例）、そして、「高い信頼」カテゴリー（日本、ドイツ、そして、アメリカ）に特定の分類をすることに関係する。各グループ分けにおける国々が、そのような議論において、その記述にきちんと適合しているか、あるいは、共に所属するのかどうかは別にして、主要な仮説と矛盾する特性を持つ国々が存在する。例えば、韓国は、大規模で専門的に管理され、高度に成功し、しかし、典型的には家族にもとづく、サムスン、LG、そして、ヒュンダイ（Hyundai）などのビジネス集団によって支配された経済において、厳重な儒教的な家族制度を持っている。

しかしながら、ここでより重大な問題は、小規模の信頼の性質がどのように大規模な経済組織を構造化する能力にどのようにして変わるのか、特に、家族を重視する社会が、従って、大規模で、民間の、専門的に管理される企業を構築することができなくなるということが本当であるのかどうかという問いが省略されることであると私は考える。問題は、小規模の対面的な集団における信頼の詳細がよりマクロの社会レベルにおける信頼の重要性や程度を理解するための基礎を提供するかどうか、そして、それがどのようになされるのかである。この問題は、マクロレベルの信頼を「市民的」行動について子供たちに教え込むかどうかについての文化的に影響された家族の意思決定によるものと見なす経済学者の研究においても生じるのである。そのような観念がミクロレベルの分析を過度に重視し、私たちは、小規模レベルでの信頼がどのように集まって大規模レベルの分析になるのかについてより詳細に説明する必要があると私は提案する。すなわち、私たちは、個人間の信頼関係と小さなコミュニティ、そして、相互作用の大規模なネットワークにおける信頼関係の間の関係について理解する必要がある。この問いはほとんど注目されてこなかった。

関連する議論において、私は、二〇世紀半ばのボストンの都市「再開発」の脅威に対するコミュニティの動員（community mobilization）にコメントし、大規模において人々が信頼するリーダーが出現するかどうかについて地域のソーシャルネットワークの構造が大きな違いを生む可能性があることを提案した。この文脈における「信頼」とは、自己のために努力するのではなく、むしろコミュニティの福祉を追求すると想定される人々によって運営される組織に喜んで自分の時間と資源をささげることを意味する。これは、損害を与えることが可能である状況において、相手があなたの利害に損害を与えないという前提にもとづいて行為することを信頼と考えることと一致するように思われる。特に、主に強い紐帯を持つコミュニティは、閉鎖されたクリーク（clique：全体のネットワークの中で、高い密度と強い紐帯で連結し、他の部分と分離する部分、訳者注）に分裂したネットワークを生み出す傾向があり、コミュニティ組織にとって結果として生じる問題は、

人が特定のリーダーを信頼するかどうかは、その人にそのリーダーが信頼できることを請け合い、必要ならば、その人のために、そのリーダー、あるいは、その副官たちに仲を取り持つことができる仲介役の個人的コンタクトが存在するかどうかに大きく依存する。リーダーたちへの信頼は、彼らの行動を予測し影響を与える能力と全体に関係している。リーダーたちは、彼らの側としては、自分たちと直接的、あるいは、間接的関係がない人々に対して、反応する、あるいは、信頼できるように行動する動機付けはほとんどない。従って、ネットワークの分断は、リーダーから彼の潜在的な追随者への経路の数を大幅に減少させることによって、そのようなリーダーへの信頼を抑制するだろう（Granovetter, 1973：1374）。

自分たちが個人的に知らないリーダーたちを私たちが信頼できるかどうかというこの考察は、もし自分が個人的にとてもよく知っている人だけを信頼できるという「カプセル化された利害」として信頼を定義するならば、まったく実施することはできないだろう。しかし、組織のリーダーたちへの信頼に関する私の考察は、自分が個人的に知らない諸個人でさえも信頼するかどうかについて語ることは有意義であると提案する。それは、そのような諸個人が、あなたを知っていようといまいと、あなたの利害に害を与えることができるからである。従って、ここでの私の議論は、その潜在的リーダーにつながる一つの連結（link）、あるいは、個人的な連結の短い連鎖が存在し、その人が信頼できるように行動するだろうという自信をあなたに提供するのに十分な情報をその連結が伝えるならば、あなたがその人を信頼するだろう。例えば、その潜在的なリーダーは、本当にコミュニティのためを思い、高い官職のための踏み台として、あるいは、自分のカントリークラブのメンバーシップ、あるいは、贅沢な休暇のための資金の源泉としてだけのためにその組織を利用するのではないことが分かれば、その人を信頼するだろう。あなたは、自分自身のエネルギーと資源をそのような組織にささげるかどうかについて決定しなければならないので、これを知る必要があり、あなたはたとえ候補になっているリーダーがあなた自身の個人的な利害をカプセル化しているかどうか知らなくても、それについて妥当な決定をできなければならないし、その人に個人的な関係が存在しなければ、それは不可能であろう。

ここで、決定的に重要な点は、小さな信頼が大きな役割を果たす（*a little trust goes a long way*）ことである。すなわち、間接的に認められた人々を信頼できるならば、信頼が重要である構造の規模は、直接的な紐帯のみが効果がある場合に可能であるものをずっと越えて広がるのである。これがフクヤマのいくつかの社会の文化は他の文化よりも家族志向であるという観察が産業組織の構造にとって決定的でない理由である。実に、世界の企業の所有権と統制に関する最近の経済的研究における大きな驚きの一つは、家族の役割が二〇世紀半ばの近代化理論が私たちに期待させたほど著しく減少しなかったということである。世界の多くの場所で、ほとんどの大きな企業でさえも家族によって統制されていることが判明し（LaPorta et al. 1999）、スタンダード・アンド・プアーズの五〇〇の主要なアメリカ産業株の三分の一以上が「同族会社（family firms）」であり、いくつかの説明によると、このリストの非同族会社よりも業績が良いのである（Anderson and Reeb, 2003）[8]。

家族が大きな経済ネットワークを支配するのに成功できる一つの方法は、彼らが信頼関係を大きく、複雑な経済関係のネットワークにおいて戦略的に位置付ける必要を理解する時である。これは、大きなビジネス集団（business group）の組織において特に明確に理解できる（このテーマについて、より詳細は私の続巻の章を参照）。特に興味深い事例は、中国の文化を大規模で専門的に管理された企業を支持することができないというフクヤマの描写が与えられているが、中国のビジネス集団、あるいは、（それらが多くの場合呼ばれるように）「複合企業（conglomerates）」である。小さな同族会社が大規模な複合企業に拡大することは、台湾、（一九九七年以前の）香港、エスニック中国ビジネスが重要である様々な東南アジアの国々、そして、中国本土それ自体さえにも共通しているように思われる（Keister, 2000を参照）。

エスニック的にはほぼ四分の三が中国人であるシンガポールに対する代表的な説明がキョン（Kiong, 1991）によって提供されている。初期の中国人の起業家は、伝統的な小企業のサービス、小売、そして、輸出入セクターであったが、彼らは、徐々に製造、銀行、そして、ゴムのような抽出産業に進出した。典型的な進化は、最初の家族企業が、その規模を拡大するのではなく、独立した企業の支店を出すことによって、あるいは、既に確立した事業を購入することによって、拡大したのである。しかしながら、権威は、構成要素となる複数の会社を横断して高度に集権化したままであった。評判と個人的に信頼できることが決定的に重要であり、契約は重要ではないのである（182）。複雑な戦略が用いられ、多数の法的には分離した企業に対する家族の統制を確保している。別会社や受託会社を創設し、家族の利害を保持し、株式持ち合いの構造がかなり複雑である。家族メンバーの数よりも部外者の数が多くなるが、「家族メンバーと親族が子会社の経営を任される」（188）。一般的に、家族メンバーはすべての役員会の一員である。

部分的には、そのような技術において家族メンバーを教育し、多くの場合に留学させ、また、家族メンバーの統制に匹敵する統制は行使しない非家族の専門家を雇うことによって、専門的な管理が達成される。これらのビジネス集団は、非常に大規模で、多角化しているが、統制は、ピラミッド構造――家族企業によって統制される他の企業は、さらに、他の企業を統制し――、また、密度の高い役員兼任を通して維持される。

従って、中心的な家族集団と強い信頼関係を持つ家族メンバーは、全体の構造をしっかりと編み込むように、株の保有を通して、戦略的に点在している。中核の家族メンバーと直接接触していない被雇用者は、それにもかかわらず、地域の家族代表者との彼らの直接の紐帯を通じて、その集団の動機を信頼し、中心の集団にまったくコミットメントが無い場合よりも、勤勉に効果的に働くのであり、反対に、地域の家族メンバーは、非親族である子会社のトップの忠誠心を中央の家族集団に保証することができる。時折、拡大のために必要な資本を蓄積するのを援助するために、家族の友人が投資家として招かれるが、結果として生じる協同のネットワークは、家族の統制を弱めることはない。それは、外部の投資家は多少「沈黙のパートナー」であると一般的に理解されているからである（台湾、香港、そして、タイから主にデータが収集されているHamilton, 2000と比較参照）（中国の管理の同心円の圏を拡大する際に活性化される異なるタイプとレベルの信頼について、Luo（2011）を参照）。

チャン（Chung, 2000）は、台湾のビジネス集団について詳細な分析を提供している。彼は、かなり大きな規模の経済構造を抑制する中国文化に関する議論とは反対に、台湾の集団の規模は、一九七〇年代から一九九〇年代までの調査期間に直線的に増加し、一九九六年までに、トップ一一三集団は、ＧＮＰの四五パーセントに寄与し、一九七〇年代の割合のほぼ二倍になった(14)。ネットワーク・データ分析技術を用いて、所有、株保有、そして、リーダーシップの構造を入念に分析し、チャンは、これらの集団の凝集性は、同じ中核リーダー、典型的には、創業者の息子、兄弟、そして、甥のような家族メンバーであり、様々な集団企業における重複したリーダーシップの位置を占める人々から生じることを発見した。意思決定は、「内集団（inner circle）のメンバー間に存在する社会関係にもとづいている。中核のリーダーたちの構成と彼らが相互に関係する方法は、台湾のビジネス集団の経営慣行を理解するために非常に重要である」(82)。専門的訓練を有する重要な被雇用者の割合が増加するが、これは、家族の重要性が低下することを意味しなかった。その反対に、一九九四年には、息子たちの四二パーセントが大学院の学位を有し、長期間の被雇用者の息子たちの割合よりも高い割合であった。いいかえれば、創業者の事業を継ぐことが期待されている息子たちは、父方の中核のリーダーたちのすべての中で最も『専門化している(professionalized)』」(92)。

家族によって支配されているビジネス集団において、信頼された家族メンバーを複数の企業を横断して戦略的に配置することは、二者間の信頼をてこにして、大規模で実行可能な経済構造を創造する方法を提供するのである。信頼の関係を有する紐帯は、さらに大規模な構造、そして、おそらく国家経済を統合するだろうか。もし凝集性の高いクリークのような構造を連結する非常に多数の紐帯が全体の連結(connectivity)を創造するために必要であるならば、それは、妥当ではないだろう。しかし、ワッツとストロガッツ(Watts and Strogatz. 1998)が一九九八年に『ネイチャー(*Nature*)』誌に掲載された大きな影響力のある論文で示したように、驚くほど少数のそのように連結する紐帯が、無作為にネットワークに挿入されても、経済単位のネットワークにおいてパス長(path length)を飛躍的に減少させるだろう。そのような紐帯が無作為にではなくむしろ戦略的に配置される時には、その効果はさらに大きいことはほぼ間違いないだろう。「スモールワールド(small worlds)」に関するこれらの議論は、権力に関する第4章において体系的に取り上げられる。

5　信頼、規範、そして、権力

私は、信頼を特徴付ける紐帯が大きな社会構造を横断して散在し、それは、信頼を小規模で特定の場所に限定されたレベルだけで重要であると考えるよりも、それらの紐帯が重要なものになると提案する。この議論の弱点は、私が記述してきた紐帯は、重要であるが、信頼の紐帯以上のものである。実際には、私が参考にしている経験的な説明は、大部分は、信頼の考察に志向するものではなく、権力の分化、規範と価値、戦略的な活用法、あるいは、情報交換だけのような他の側面を強調している。本書を信頼、規範、そして、権力に関する別の章として構成することの欠点は、ほとんどの現実の経済現象がこれらの特徴の一つ以上を含み、さらに十分な理解には、それらを重要なやり方で組み合わせなければならないことである。大規模な経済構造を統合する紐帯は、これに関する良い例であり、そうした理由で、私は、後の章においてそれらについて再度考察する。続巻では、特定の経済的状況や事例を中心として、同時に、すべての関連する理論的な議論を展開しまとめる。

しかしながら、この考察は、それでも、信頼に関する章に適切に属するものである。それは、信頼が問題になっている重大な特徴であり、それを考慮せずには十分に理解することができないからである。世界各国での大規模な経済構造を統合する紐帯の非常に多数は、親族の紐帯であること、そして、家族が経済発展と経済効率にとって妨げである（これに異議を唱える声は、歴史家のハロルド・ジェームス（Harold James, 2006）を参照）という新古典的経済学の議論と二〇世紀半ばの近代化理論を参考にした経済学者と業界紙の典型的な判断に反して、人々が家族ビジネスの形態を維持するためにどんな苦労も惜しまないことは偶然ではない。確かに、この持続を推進するものの一部分は、関係しない諸個人間よりも家族において見られる信頼の大きな要素である。これは、家族の紐帯を理想化することではなく、多くの場合、そうすることは困難を伴う。例えば、中国の家族の研究は、大抵、規範的統制と権力関係の考察を特徴付けている。ハミルトン（Hamilton, 2000）は、他の観察者の中でも、中国の経済組織の大規模な構造をまとめている力として、家父長的な権威の重要性を強く主張し、家族内部における権力関係の重要性を強調する。これにもかかわらず、信頼がこの主張の必要な部分でないと想像することは難しく、第4章で、私は、信頼と権力がどのように関係するのかについて説明する。(9)

第4章　経済における権力

1　序　論——経済における様々な権力

ここまで私が集めてきた経済のイメージは、個人の動機と行為、ソーシャル・ネットワーク、規範、そして、信頼について考察し、それらのすべてがマクロレベルの諸制度によって強力に形成され、そして、今度は、マクロレベルの諸制度を形成するのである。第5章と第6章のテーマである諸制度に体系的に取りかかる前に、権力について考察することが残っているし、権力は、経済的結果の最も重要な決定因であると考える人々、そして、原因として、ほとんど関連がない、あるいは、同語反復であるとみなしている人々の間ではっきりと意見が異なる対象である。

私は、経済について説得的な説明を構成したいと望むならば、権力を無視することはできないと論じる。しかしながら、いくつかの概念が混乱を生み出してきた。マックス・ウェーバー（Max Weber）による権力の標準的な定義が観念を固定するのにいまだに役立つ。すなわち、権力は、「社会関係を有する一人の行為者が、抵抗にもかかわらず、自分自身の意思を実行する立場にある確率であり、この確率の基礎が何に置かれるのかは関係ない」（Weber,〔1921〕1968 : 53）。あらゆる定義には短所があり、この広く引用される定義は、以下のような重要な問題を考慮していない。行為者の「意思」とは何か、「実行する」とはどういう意味か、すべての権力が意識的な方法で行使されることをその言明が意味するのかどうか、そして、「社会関係」とはどういう意味か。批判と別の定義については、Lukes（1974）、そして、Wrong（1995）を参照。しかしながら、ウェーバーの観念は、権力が意味することについて誰でも知っている直感的な考えに対応するという長所があり、有効な出発点を提供する。ウェーバーは、権力のこの概念が「社会学的に曖昧である。個人に関する考えられるすべての性質、および、状況に関する考えられるすべての組み合わせが、彼を特定の状況において自分の意思を強制的に押し付ける立場に置く」（Weber,〔1921〕1968：53）ことにも気付いている。

彼は、次に、彼が「支配」、すなわち、「特定の内容を持つ命令が諸個人の特定の集団によって従われる確率」（53）と呼ぶ権力の特別な事例について指摘する。この用語は、ドイツ語の *Herrschaft* の訳語であり、しばしば「権威」と翻訳され、「特定の」内容と集団への言及は、通常は、会社あるいは政治的構造のような公式的に構成された組織に関与し、その中では、公式に定義された地位の占有者は、定義された種類の命令を特定化された部下に下す権限を与えられている。[1] ウェーバーは、「支配」が「単純な習慣化から有利さに関する最も純粋な合理的計算まで、服従（compliance）についての非常に多くの動機にもとづいているだろう」（212）と加える。

彼の「権力」概念、そして、彼の下位タイプの「支配」において、ウェーバーは、彼の定義が権力の源泉、および、服従の動機を取り除いて考えることを強調する。しかし、通常の概念的混乱を切り抜けるために、経済における権力は、他の領域のように、いくつかのはっきりと異なる源泉を持っていることを理解することが、まず、不可欠である。以下において、私は、三つの権力――依存性にもとづく権力、正当性にもとづく権力、そして、行為者の状況の定義に影響を与えることにもとづく権力――を区別し、意図の統制から経済の文化的理解へのインパクトに及ぶ。

依存性にもとづく経済的権力

多くの信条の研究者の間で最も一般的に繰り返される権力の観念は、依存性（dependence）である。あなたが価値を置いている資源を統制する誰かは、あなたに対して権力を持つ——そうでない場合よりも、それらの資源の多くを獲得しようとして、あなたの行動を変更させることができる——のである。さもなければ一見したところ著しく異なる学派の理論家がこの観念を共有している。マルクス主義者は、権力を生産手段の所有によるものとみなし、それが、自分の労働しか持たない労働者の依存と搾取を生み出すのである。多くの点で、カール・マルクス（Karl Marx）は、古典経済学を精緻化したので、彼の根底にある権力の観念が「市場支配力（market power）」という標準的な経済学の観念とよく似ているのは驚くべきことではない。「不完全競争」の理論は、いくつかの企業が、他の企業が財を生産することを妨げる参入障壁の結果、競争的な市場が許さないレベルまで価格を上げるだろうということを明記している。彼らがそうできるのは、他の人々が依存し、十分に差し替えることができない資源、あるいは、製品のための市場を独占したからである。従って、マルクス主義者の観念のように、権力についてのこの解釈は、依存性にもとづくものであり、労働者よりはむしろ消費者に対して行使される権力である。

しかし、市場支配力によって作り出される依存性は、階級の権力によって作り出されるものよりも制限されている。それは、独占者も寡占者も依然として消費者に制約されているからである。いかなる製品に対する需要の通常のノンゼロ価格弾力性（price elasticity）は、価格が上昇するにつれて、消費が減少することを予測している。限られた収入と他のニーズと仮定すると、企業の市場支配力に直面している消費者でさえある程度の決定権がある。それは、特定の製品についての彼らの消費は、一つの選択であり、彼らの行為に対する全体の権力を持つ他の人々によって無条件に命じられるものではないからである。権力に関する依存によるすべての定義では、重要な問題は、製品、あるいは、資源を統制する人々の権力を低下させる選択肢の入手可能性である。階級権力を厳しいものにし、革命だけが変化をもたらすことができるというマルクス主義者の結論を引き起こすのは、プロレタリアートにとっての想定された選択肢の欠如である。

マックス・ウェーバーは、特定の「利害の集まり（constellation of interests）」に起因すると彼が記述する依存性にもとづく権力を考察する際に、選択というこの要素を強調し、市場独占においてさえ、影響力が「財、あるいは、いくつかの方法で保証されている需要のある技能だけから生じ、支配されている人々に作用し、しかし、それらの人々は、公式的には自由なままであり、単に彼ら自身の利害の追求によって動機付けられている」（〔1921〕1968 : 943）と指摘する。彼は、銀行の例を提供し、「銀行がその潜在的な債権者に信用供与の条件を課すことができ、……もし彼らが本当にその信用が必要であるならば、彼ら自身の利害においてこれらの条件に従わねばならない」と指摘する。しかし、銀行は、「支配されている人々自身の利害に関係なく、彼らの側の『服従（submission）』を要求することはしない。支配された人々が、公式の自由とともに行為し、客観的な状況によって彼らに強制された彼ら自身の利害を合理的に追求する時に、銀行は、自分自身の利害をただ追求し、それらを実現するのである」（943）と論じる。

権力のこの公式の平等性は、ほとんど選択肢がない人々にとって無意味であるとからかわれるかもしれない。小説家のアナトール・フランス（Anatole France）は、「法は、その堂々とした平等性において、貧乏な人々だけでなく富裕な人々にも、橋の下で眠ること、路上で物乞いすること、そして、パンを盗むことを禁止する」（1894 : ch. 7）ことに注目した。しかし、彼の同時代のドイツの社会学者、ゲオルク・ジンメル（Georg Simmel）は、公式の平等性の理論的意義を主張し、市場よりもずっと厳しい服従（subordination）の関係に見えるものにおいても、

すべての自発性の排除は、例えば、「強制」「選択肢がない」「絶対必要」などとして広く使われる人気がある表現によって示唆されるよりも実際にはまれである。服従の最も圧政的で残酷な事例においてさえ、かなりの量の個人的自由がまだ存在している。その現実化は、私たちが通常決して自ら引き受けるとは考えない犠牲を必然的に伴うので、私たちは、ただそれに気がつかなくなっただけである。……上位‐下位関係は、直接的な身体的暴行の事例においてのみ服従する人の自由を破壊する。それ以外のどの場合でも、この関係は自由の実現のための価格——確かに、私たちが喜んで支払わない価格——を要求するだけである」（〔1908〕1950 : 182）。

ジンメルの観察は、正の依存と負の依存の間に大抵なされる区別に挑戦する。正の依存性は、価値ある資源を統制する人々からそれらを手に入れるという報酬を強調する。負の依存性は、罰とそれを回避する方法の探索に重点を置く。後者の場合は、強制的権力が個別のタイプである。それは、そうでなければ加えるかもしれない身体的な罰を控えることによって服従（compliance）を獲得する人々は、正の報酬によって服従を手に入れる人々とは何か異なることを確かにしているからである。この区別は、ジンメルが「直接的な身体的暴力」と呼ぶもの、例えば、叩くこと、拷問、そして、同様な行為などをおそらく含む場合において非常に説得力があるように思われる。行動心理学（例えば、Solomon, 1964）、および、社会学的交換理論では、強制と罰は、正の依存性とは別に扱われてきた。しかしながら、私たちの目的のためには、正であろうと負であろうと、それらの現れにおける差異について留意する必要があるが、両者とも依存性の形態である。(2)

経済における権力は、資源のある特定の分布から生じる依存性から生じるということは、少なくとも一九世紀半ばから存在し続ける社会科学的なテーマであった。二〇世紀の社会学と社会心理学では、社会的交換に関する実験的研究の伝統が、リチャード・エマーソン（Richard Emerson）による依存性（dependence）にもとづく権力の定式化によって一九六〇年代に始められた。エマーソンは、「相手を統制する権力、あるいは、相手に影響を与える権力は、相手が価値を置く物事に対する統制の中に存在し、それは、オイル資源から自我のサポートまで多岐に亘り」、従って、権力の分析は、依存性という概念を中心に展開しなければならないと指摘した（Emerson, 1962 : 32）。エマーソンの議論は、依存性と権力がどのように社会的交換に影響を与えたのかに関係し、資源に関する彼の観念は制約のないものであり、「自我のサポート（ego-support）」のような項目も含んでいるが、実際には、彼が始めた実験的な伝統は、実際の、あるいは、推定される経済的資源の交換に焦点を絞り、クックとエマーソン（Cook and Emerson, 1978）の研究から始めた（実験的交換の研究のレビューは、Cook and Rice, 2003 を参照）。この伝統における依存性は、権力の弱い側に、そうでないならば達成できるよりも有利ではない率で交換するように強いるのである。エマーソンは、権力の不均衡

（imbalances）は、二つの可能な方法で減少させられると指摘している。一つは、選択肢となる交換相手を探すことであり、ネットワークの構造における変化を意味する。もう一つは、自分が依存するようになった資源に自分が置く価値を減少させることである（Cook and Rice, 2001：706を参照）。従って、通常の観念と実験は、ネットワークと選好を一定にしている。

依存性と服従（subordination）のテーマに関する興味深い変化は、ブラウ（Blau, 1964）によってもたらされ、彼は、組織の状況に焦点を置き、助言と専門知識を必要とする人々がそれと交換する具体的なものを持たないが、服従（deference）を提供することができる状況を設定する。彼は、「相手の要求に服従することをいとわないことは、一般的な社会的報酬である。その理由は、それによって与えられる権力が一般化された手段であり、貨幣に匹敵するものであり、様々な目的を達成するために使うことができるのである。服従を命令する権力は、預金（credit）に相当し、将来それを引き出すことができるのである」(22) と指摘する。この結果は、地位のハイアラキー（hierarchy）の出現である。服従が専門家の助言よりもむしろ経済的な財と交換できないという理由は存在しないし、これは、封建制度の、あるいは、小作制度の取り決めにおける等式の重要な部分であるように思われる。しかし、経済分析は、通常、これらの要素を取り去ってしまう。これらの考えは、依存性にもとづく権力と地位分化の間の因果関係を描き、それは、重要な一般的なテーマであり、経済に関する研究では無視され、擁護者‐被擁護者（patron-client）関係に関する政治学や社会学の研究では強調されている（例えば、Eisenstadt and Roniger, 1984）。

ここまでこの考察における依存性は、個人間の資源の不均衡に焦点が置かれている。しかし、「資源依存（resource dependence）」の理論家の研究においては、組織が分析単位である。フェファーとサランシック（Pfeffer and Salancik, 1978）は、彼らの影響力のある著書において、資源が組織の運営にとってどれくらい重大なものであるのかにおいて異なり、資源は、手に入れる困難さにおいて差があると論じる。従って、必要とされる資源を統制する外部の組織は、「もっとも重要で、手に入れるのが困難である資源を提供できる」諸個人、あるいは、組織内部の下位単位がするように、権力を得るのであり、それらの資源は、明らかに物質的なものに加えて、「金銭、威信、正当性、報酬と制裁、そして、専門的能力、あるいは、不確実性に対処する能力」（Pfeffer, 1981 : 101）を含むのである。

しかしながら、フェファーは、エマーソン（Emerson, 1962）もまたそうするように、どんな資源が重要なのか、そして、そのため、どんな資源が権力を与えるのかは、マルクスやウェーバー、そして、時折、経済学者によって（経済的概念の「自然独占」におけるように）想定されるような客観的な状況によって単に与えられるのではない。フェファーは、その代わりに、「社会構成主義（social constructionist）」の見解の価値を提案し、「組織の生存にとって、変えられない、不変の必須条件はほとんど存在しない。組織は、領域、顧客層、あるいは、技術を変えることができ、そうすることによって、必要となる資源の取引パターンを変えられる。さらに、成功、あるいは、失敗は長期間においてのみ起こり、現在では、組織の成功にとって何が適切で、何が不適切であるのかは、はっきりしない。従って、重要な資源、あるいは、重要な随伴状況（contingency）、あるいは、組織における不確実性と考えられるようになるものは、「社会的定義の問題」である」（Pfeffer, 1981 : 125）と論じる。故に、依存性とその反対である権力は、戦略的行為から生じる。フェファーは、例として、一九六〇年代までのゼネラル・モーターズの最も重要な単位として、財務部門の創設を挙げている（127–129）。

ガラッティとシッチ（Gulati and Sytch, 2007）は、依存性にもとづく通常の権力の観念は、依存性がかなりあり、非対称的であるという両方を想定すると指摘する。しかしながら、依存性はかなりあるが、対称的であるという状況においては、非対称の依存性は「権力の論理」によって適切に扱えるが、対称的な依存性は、二つの理由で「埋め込みの論理」によってよく理解できると論じる。一つは、相互に依存する諸関係は感情で満たされるようになり、「それらを手段的でなくなるようにする」（2007 : 33）。これは、さらなる共同行為、信頼、そして、良い情報へ導く。パートナーは、相互に認め合い、相互の共感を発達させ、「共同の成功に焦点を置くようになり、関係のために長期的な展望を受け入れる」（39）。その結果、高度な相互の依存性が信頼とコミットメント——「信頼の文化」（41）を奨励する——場合には、モラルハザードに対抗し、従って、契約的な予防手段の必要性を低減するので、会社は、より良い業績、問題解決、そして、技術革新を示すことが期待されるだろう。行動上の規範が出現し、より良い情報交換に、次に、より高い効率に導かれるのである。この議論は、権力、規範、そして、信頼に関する考察をうまくまとめ、いかに密接にそれらが結び付いているのかを例示している。しかしながら、そのような問題に関する調査は、まだ、僅かであり、通常、見つけるのが困難な種類のデータを必要とする。ガラッティとシッチは、フォードとクライスラー自動車の部品の主要な購買者に関するフィールドワークとサーベイのデータを分析し、彼らの主張の部分的な支持を得た。

正当性にもとづく経済的権力

依存性としての権力が大部分の考察を支配し、多くの研究者によって権力の唯一可能な観念として扱われているが、経済における権力は、（政治のような他の社会制度と同様に）、資源依存から部分的にのみ生じるのである。異なるタイプの権力が第2章における規範に関する私たちの考察に密接に関係する。多くの重要な状況において、個人は、他の人々が要求することに従い、それは、資源のために彼らに依存するからではなく、これらの他の人々が権威のある地位を占め、その地位が彼らに服従されるべき命令を発する権利を与えている（entitles）と服従者が信じているからである。これらの他の人々は、「正当的権威（legitimate authority）」を持ち、それは、マックス・ウェーバーからその古典的な解説を受けている。実際には、ウェーバーは、依存性にもとづく権力についてほとんどついでに考察し、それが正当性にもとづく権力ほど興味深くないことを意味している。[3] 彼は、二つの「まったく正反対に対照的なタイプの支配を仮定し、利害の集まりによる（特に、独占の位置による）支配、そして、権威、すなわち、命令する権力と服従する義務による支配である」（Weber,〔1921〕1968 : 943）。[4]

タルコット・パーソンズ（Talcott Parsons）は、権力を貨幣に類推した時に、正当性の重要性を強調し、両方とも、それらが呼び起こす信頼性（confidence）と正当性の程度に依存して、広くも、あるいは、狭くも使用可能であると論じた。彼は、実際の交換の媒体として、完全に金にもとづく貨幣制度は、非常に原始的なものであり、市場交換の複雑な制度を媒介することができないし、負の制裁だけが力の脅威である権力制度も非常に原始的なもので、組織上の調整の複雑な制度を仲介するために機能できないと指摘した（1963：240）。貨幣がうまく働くためには、それは、「シンボルとして制度化され、正当化され、そして、その制度の内部において『信頼性』を呼び起こさなければならない」（240）。同様に、権力が「効果的な集合行為のために資源を動員する一般化された媒体であるために、……それもまた、シンボルとして一般化され、正当化されねばならない」（240）。正当的な権力は集合行為を支持するために主に機能するというパーソンズの考えを否定し、強制力は、正当的権威の力と比較して、権力の行使のための非常に限定された基盤であるという彼の考え方を取ることもできる。

命令が正当であるという信念にもとづく服従は、多くのレベルで生起する。世界中の伝統的な家族においては、親の権威は、（少なくとも、若い）子供たちがめったに疑問視することがない当然のことである。子供たちの服従のある部分は、確かに依存性から生じるが、これが唯一の理由ならば、服従は実際よりもずっと手に入れにくいだろう。親たちは命令する権利がある（entitled）という規範が多くの文化において教え込まれている。私が続巻における企業集団と家族企業に関する考察でさらに検討するように、この権威は、通常、父方であり、善かれ悪しかれ、経済における強い凝集的な力である。家族を超えて、被雇用者は、与えられた教示に従う、企業の規則、組織図、そして、日常の手続きによって命じられている。州、連邦、国家、（欧州連合のような）超国家のような政治的単位では、個人と企業が、部分的には、これらの手続きの正当性を認めるという理由で、制定された手続きによって設置された法的規定に従うのである。

もちろん、公式の規則のインパクトも部分的には依存性——必要とされる資源に対する統制、および、それらを施行する人々による起こりうる罰——から生じる。しかし、すべてのレベルの規則は、それらが回避できる状況で服従されていいる、そして、個人は、それらを回避するために入手できるすべての手段をめったに使わないのである。一つの理由は、ほとんどの状況で、行為者は、命令する権利がある地位にいる人々によって適切に設定された規則、そして、発された命令に従う規範的な義務を認めているからである。これが正当的権威の力として意味されるものである。

人々が法に従い、政府に従うのは、彼らがそれらの権威を正当であると考えるからであるということは、また、多数の経験的調査によって支持され、それらの調査は、規範と正当性の力と比較して、服従のどの部分が依存と結果として生じる合理的な自己の利害を求める、利益の計算に起因するのかを正確に選り分けるために行われている。従って、タイラー（Tyler, 2006）は、「なぜ人々が規則に従うのかに関する手段的、そして、規範的視点」(3) を対照するために行われた一連の研究を要約している。彼は、犯罪に関する大部分の研究が、どのように捕らえられることの抑止力と恐れが違反の率に影響を与えるのかという手段的な問題を強調しているが、自発的な服従は、「コストがずっとかからず、その結果、法的な関係官庁によって特に価値が与えられている」(4) と指摘する。規範的な要因にもとづく自発的な服従は、二つのカテゴリーに分類され、どんな行動が適切であるのかという法律の規定と一致する個人的な道徳的見解によって服従する場合、そして、警察、裁判所、そして、他の法執行機関が法律を設定し執行する際の適切で、公正で、合理的な手続きを用いているという信念によって服従するのである。これらのうち、タイラーのレビューは、最も重要なものは、手続き上の公正さに関する信念であり、それは、権威のための正当性の重要な規定因である、そして、比較すると、潜在的な法律の違反の動機としての罰の回避は少ない (269) と提案する。

手続き上の公正さについての強調は、マックス・ウェーバーの「合法的（rational-legal）」な根拠にもとづく正当性のカテゴリーに一致する（Tyler（2006 : 273）が指摘したように)。ウェーバーは、政治的秩序について主に語っているが、経済的規則についても同様にうまく当てはまる議論を行い、三つの一般的原則のみによって権威が正当化され、一般市民が規則、法律、そして、命令の妥当性を理解すると論じた。一つは、「合法的」な根拠であり、これまで私が論じてきたことに一致する。これらの根拠は、おおむね非個人的（impersoanl）である。他の二つの原則は、個人的な権威に言及するものである。これらのうち，第一は，「伝統的な根拠」――「昔からの伝統の神聖さ」（Weber,〔1921〕1968：213）によって，権威を行使する個人，あるいは，諸個人はそのようにする権利があるという考え――であり，第二は，「カリスマ的な（charismatic）根拠」であり，それは，「個人に関する，そして，彼によって啓示され，あるいは，定められた規範的パターン，あるいは，秩序に関する，並外れた神聖さ，英雄的資質，あるいは，他の模範となる特徴への献身に基礎を置くものである」（215）。私たちの考察の大部分は，法律と規制に関するものであるが，これが現代の経済における正当的権威の諸源泉についてのすべてではない。家族と父系の権威という表題で私が考察することは，ウェーバーの「伝統的権威（traditional authority）」という概念に該当する。

権力のカテゴリーと結果として生じる服従は，正当性に関係するが，集団アイデンティティの重要性に関する考慮から生じる異なる注目に関与している。タイラー（Tyler, 2001）は，特に，この源泉を，正当的権威と依存性の状況における利害の追求と区別した。彼は，「他の人々との相互作用の重要な側面は，社会的アイデンティティの創造に関与する。……人々は，集団や組織との自分たちのつながりを通して，自分自身を定義し，集団のメンバーシップを使って自分たちの社会的地位，そして，それを通じて，自分たちの自尊心を評価するのである」（2001：289）と指摘する。私が第3章で信頼に関して指摘したように，人々が社会的なつながりを持つ集団では，彼らの信頼に関する判断は，「資源交換よりもアイデンティティの関心に強く関係し，資源交換とはそれほど強く関係していない」（289）。アイデンティティの関心は，「資源交換の関心とは異なる」（289）。「その集団によって尊敬され，そして，価値を置かれている」と感じる人々は，「集団の規則に従い，集団のために行為する，すなわち，権威に従うことによって，対応する」（290）。

私は，集団アイデンティティから生じる服従を別のタイプの権力として区別しない。それは，正当な権威と認識されるものへの服従のウェーバー的な観念において，そのような正当性が適切な場所に存在するための暗黙の必要条件は，人々の集団が共通のアイデンティティを感じ，権威的地位が関連する単位の一部になることである。しかしながら、これが正当性が権力と服従に至る条件に関する考察の一部であることを指摘するのは確かに役に立つ。

課題（agenda）と論議（discourse）の統制にもとづく経済的権力

三つ目のタイプの権力は、依存性、あるいは、正当性に還元することはできない。それは、経済的な問題に関する課題、あるいは、論議を形成することにもとづいている。このタイプの権力は、最初は、政治学における二〇世紀半ばの論争の結果として、明確に記述されている。これらは、確認できる「パワーエリート」が大規模な米国の都市において重要な意思決定を行ったという「エリート主義（elitist）」の見解、そして、異なる集団が異なる問題について権力を行使するという「多元主義（pluralist）」の見解、すなわち、民主的な過程にとって期待できる見解との間の論争として、最初は構成されていた（この論争に関する詳細は、Lukes, 1974 に見事に要約されている）。両方の立場は、意思決定と問題に関する統制に関する強調がこれらを所与として扱っていると指摘した学者によって批判された。その理由は、人々が問題であると考えることを決定できる人々は、重要な意思決定が大衆の課題にならないようにできるので、さらに多くの権力を持つからである（特に、Bacharach and Baratz, 1962 を参照）。組織における権力の事例では、フェファーが、同様に、「権力を行使する最良で最も目立たない方法」の一つは、「意思決定の問題をそもそも浮上させないことである。この戦略は、組織内部において現状を好む利害に特に該当する。……従って、権力の行使は、しばしば、意思決定のために何が検討されるのかという課題を統制することに関与している」（Pfeffer, 1981 : 146）。

マシュー・クレンソン（Matthew Crenson, 1971）は、例えば、汚染のレベルは一定にして、二〇世紀半ばの米国のいくつかの都市において、他の都市よりも高い確率で大気汚染が政治的な問題になったことを示した。大気汚染は、重要な問題となり、一九四九年までにインディアナ州のイースト・シカゴにおける規制に至った。しかし、同様に（そして、非常に）汚染されている近郊のインディアナ州のゲーリーは、一九六二年まで対応策を取らなかった。クレンソンは、USスティール（コーポレーション）によってゲーリーが支配されていることがこの遅れにおける最も重要な要因であったことを示している。政治的な過程にほとんど参加していないとしても、その会社の地位がどのようなものであったのかはよく理解されている。実際に、USスティールは、通常は、その問題については共感するが回避しようとし、強い立場を取ることを注意深く回避した（1971, ch. 2）。パジェットとアンセル（Padgett and Ansell, 1993）は、中世フィレンツェ（Florence）におけるコジモ・デ・メディチ（Cosimo de Medici）の非常に大きい権力を考察し、マキャベリ（Machiavelli）の助言と記述とはまったく反対に、状況を統制する一つの方法は、自分の利害を明確に定義して反対を引き起こす行為を回避することである。故に、コジモは、「スフィンクスのような」あるいは「多義的な（multivocal）」として知られている（1262-1264）と指摘する。コジモと比べれば、大気汚染に関するUSスティールの利害が何であったのかは、無論、明らかであるが、その明確な行為の注意深い回避は、潜在的な活動家が的を絞る、あるいは、何がなされるべきかを定義することさえも困難にした。

課題を統制することは、人々が追求する社会的、そして、政治的な課題を生み出す、私たちが考え（*ideas*）の統制と呼ぶ広範な観念と密接に関係する。(5) ジョンソンとクワック（Johnson and Kwak, 2010）は、二〇〇七年から二〇〇九年の金融危機の説明において、非常に大規模な――「大きすぎて潰せない（too big to fail）」――六つの銀行の役員の寡頭政治が究極的に米国の財政と金融政策を決定すると論じる。私は、後で、エリートの存在とインパクトについて考察する際にこの主張に戻るだろう。しかし、ここでは、これが起こるための必要条件は、一般大衆も政策立案者も同様に金融セクターが特別な地位を有し、敬意と保護が示されるべきであるという見解を持つようになったという彼らの議論を私は指摘する。彼らは、「ウォール・ストリート銀行」と彼らが称するものは、二〇〇九年では、米国の歴史において最も裕福な産業の一つであり、「ワシントンにおいて最も権力を持つ政治力の一つ」であった。しかしながら、これを超えて、投資銀行家と彼らの支持者たちは、一〇年以上の間、「ホワイトハウスと財務省においてトップの地位に就き」、そして、「ウォール・ストリートのイデオロギー――拘束されない革新と規制されない金融市場は、米国と世界にとって良いことである――は、政治の両極においてワシントンにおける合意的な立場となったのである」(2010 : ch. 4) と指摘する。ここでの因果的議論に同意するか否かにかかわらず、クリントン、ブッシュ、そして、オバマ政権における経済政策立案者は、大部分は、ウォール・ストリートの出身、あるいは、それとのつながりがある、あるいは、それらの銀行や銀行家と密接に関係する経済学者であったので、彼らの視点が出現した危機に対する救済や修正に関する論議において特権的な地位を持っていた。

課題の統制の重要性は、少なくとも専制的体制の領域の外側では、経済的権力と政治的権力がますます見えなくなるという現代歴史における世俗的な傾向が存在するというフーコー (Foucaults) の議論と関係するだろう。封建主義の下では、洗練された服装と下位の人々がエリートのための服装をしないようにする節約令に支持された壮麗さと儀式は、明らかに誰が権力を持つ行為者であるかを知らせた。グレイバー (Graeber. 2001) は、ヨーロッパのエリートが徐々に精緻な装身具に関心を持たなくなり、男性の衣服は色彩豊かではなくなった。ルネッサンス期には、裕福な男性は、「きらびやかな衣装、化粧、宝石などを着用した。……(しかし、一八世紀までには) このすべてが女性だけに適切であるとみなされるようになり」(2001 : 95)、現代のビジネス・スーツになる公式の男性の服装が既に一七五〇年までに着用されていた。公式の男性の衣装は、「男性の身体的な形態だけでなく、彼のまさに個性もぬぐい去ることが意図されているように思われ、彼を抽象的なものにし、ある意味で、見えなくする」(96) と述べる。現代の状況では、問題とされている権力は、例えば、ジョンソンとクワックの議論では、テクノクラートの専門家が捉えにくく、水面下での活動という形態を取るので、批評家は、複雑な技術的な問題、従って、財政的安定への脅威を理解することができないのである。これがうまくいく限り、それは、はっきりした、そして、効果的な権力の使用である。

権力の諸タイプ間の関係

権力を分析的に、依存性、正当性、そして、論議/課題統制に区別することが明確にするために役に立つ。しかしながら、権力のある行為者たちは、通常、これらのタイプを組み合わせ、彼らが切れ目なく行えば、彼らはそれだけ多くの権力を持つようになるだろう。従って、インディアナ州ゲーリーのUSスティールが何もしないこと、そして、その明白な中立性は、大気汚染と重大な政策課題として認識することを禁止したかもしれないが、効果的な公害防止規制がその会社の生産を規制に悩まされない他の場所に移させることを政策立案者が恐れたようにも思われ（Crenson, 1971 : 78を参照）、ここでは、雇用についてのその会社へのゲーリーの依存がかなりの権力を与えている。また、一つのタイプの権力が別の権力の発達を促進する過程が存在し、これが権力の地位がそれ自身を維持し、再生産させる一つの方法である。マックス・ウェーバーは、利害の集まり（すなわち、独占の位置にもとづく依存性）による支配が徐々に正当的権威にもとづく支配に姿を変えるという簡単な例を提供している。例えば、会社が資本について銀行に依存しているので、銀行が会社に対して影響力を持ち、その会社の役員会のメンバーに債務者の会社の役員会に参加するように要求すると、これは、相互に連結した役員会が「服従するという後者の義務という理由で経営者に対して決定的な命令を与える」（〔1921〕1968 : 944）。反対に、正当的権威の地位が利用されて、服従する側における経済的依存性、そして、どんな考え、ニュース、そして、論議が循環することが許されるのかに関する影響を通じての課題統制に至るのである。独裁主義や全体主義の政治指導者は、これらの道具すべてを用いて、彼らの権力支配を強化するのである。

2　権力と社会構造

権力の源泉、あるいは、タイプを分類することによって、ここまでは来られるが、その後に、行為者、あるいは、行為者のタイプがどのような状況の下で異なるタイプの権力とその組み合わせを行使するのかについての考察が続かねばならない。

個人の特性にもとづく権力

方法論的個人主義者は、ある個人が依存性を生み出す、正当性を伝えることによって服従を生じさせる、あるいは、経済的な課題を説得的に形成する確率を高める特性、あるいは、資源を持つという理由から特定の個人が権力を持つと想定することから始めるだろう。しかしながら、そのような状況のすべては、どんな資源が重要なのか、どのようにそれらが分配されるのか、どのように人々は正当性を考え付くのだろうか、そして、どんな過程によって課題が設定され従われるのかを定義する社会的状況に埋め込まれている。関連のある状況を理解することなしには、個人の特性は、どのように経済的権力が行使できるのかについて多くを語ることができない。

実際には、個人の特性のみによって権力の差異を説明しようとする努力は、いうまでもなくそれだけで十分であると考えられる、ヒトに近い種にとってでさえも失敗することは注目に値する。例えば、チェイス（Chase, 1974, 1980 : 908-909 ; Lindquist and Chase, 2009）は、動物に特有な推移的な優勢順位（dominance hierarchies）を個体の特性、あるいは、単独の二個体間の遭遇における成功から予測するためには、個体の特性と競争の結果との間の相関が実際に観察される相関よりもかなり高い必要があることを示している。彼は、さらに、鶏と他の動物の実験によって、相対的に単純な種においてさえも、複雑な相互作用過程は、経験的に観察される順位、そして、個体の特性だけから生じたかもしれない順位との間に存在するかなりのギャップの主な原因となることを示す。

権力とソーシャルネットワークの位置

諸個人への純粋な焦点から次の段階の分析レベルは、彼らが埋め込まれているソーシャルネットワークの分析レベルである。数が多いが拡散している研究は、行為者のネットワークが、その行為者自身の特性を一定にして（社会学的実験の伝統においては、統制して）、他の行為者への権力に影響を与えることを提案している。この研究の大部分は、通常、社会的交換における依存性の点から、権力をそのような位置から得ると定義する。

集団意思決定に関する二〇世紀半ばの研究は、小規模で単純なネットワークにおける中心的な行為者たちが権力を持つこと（レビューには、Mizruchi and Potts, 1998、そして、ネットワーク「中心性（centrality）」を測定するための様々な方法の詳細は、Scott, 2013を参照）を発見した。しかしながら、社会的交換理論における後の研究は、この単純な関係は誤解を招きやすいものであり、それは、原点（node）の中心性が権力を与えるか否かは、部分的には、交換のネットワークが負に（negatively）、あるいは、正に（positively）連結している（connected）かどうかに依存する。前者では、一人のパートナーとの交換が他の人々の交換を起きないようにし（preclude）、後者では、一つの関係における交換が他の諸関係における交換を促進するのである。負に連結しているネットワークにおける中心性は、権力よりも、高度に依存し、選択肢をほとんど持たない行為者への接近に関連している（Molm, 2001 : 264を参照）。実際には、より中心的な行為者は、他の中心的である行為者、従って、広い人脈を持つ行為者に連結する傾向があるので、交換において、この研究において権力の通常の測度である、有利な立場を得る能力を減ずるのである。その一方で、クック、エマーソン、ギルモア（Cook, Emerson, and Gillmore, 1983）(6)が最初に提案したように、正に連結しているネットワークは、中心的な行為者が、協同的な関係における仲介者（broker）としての役割を果たすので、権力を持つのである。

ほとんどの実験社会心理学は、負に連結したネットワークを扱い、それは、定義により、ゼロ‐サム的な側面を持っている。そのような交換は、ミクロ経済学において分析されるものと類似し、権力は、あなたが有する資源とそれを必要とする他の人々にとって入手可能な相対的に不十分な選択肢に関して、相対的に独占的な位置を持つことから構成される。そのような調査の大部分は、交換が起こる前に、前もって交渉される交換に関するものであり、この研究で「互酬的交換」(7)として示される、行為者が何かを提供し、その返礼に何を得るのかを見守る交換ではない。私は、負に連結されたネットワークにおける交渉される交換を強調することは、小規模の競争的相互作用に焦点を置くことに適しているが、局所的（localized）、あるいは、小規模の社会構造が大きな実体に発達する方法を明らかにはしないだろうと論じる。モム（Molm, 2003）は、この問題を「交換の協同的と競争的な側面（cooperative and competitive faces of exchange)」(2003:14)の間の区別に関与するものとして公式化し、交渉される交換の研究が権力と不平等の強調に至り、互酬的交換の研究が魅力、感情、凝集性、集団形成、すなわち、「社会的交換関係の協調的側面」(2003:15)の強調に至ると論じる。

これは部分的には正しいが、権力の使用は、信頼、協同、凝集性、そして、集団形成の研究と無関係ではなく、実際には、それらにとって決定的に重要であるだろうと私は論じるので、その点で異なると思う。確かに、帝国の研究者によってしばしば指摘されてきたように(特に、古典的な研究として、Eisenstadt, 1963を参照)、かなりの規模のいかなる複数の社会的集合体も権力を持つ行為者たちによる協調的な努力がなければ集められないだろう。

3　仲　介

小規模の交換と権力が重要である大規模な経済構造の出現との間の概念的距離を橋渡しする一つの方法は、仲介(brokerage)をもっと接近して観察し、交換の研究におけるその重要性が正に連結しているネットワークに対して指摘されて、そこで行為者は、通常、ポジティブ－サム(positive-sum)活動に従事している。いくつかの状況では、中心的な位置が仲介を促進することによって権力を生み出すという考えによって、私は、仲介が何を意味するのか、そして、どのようにそれが経済における権力についてのさらに一般的な議論に私たちを導くのかについて綿密に分析することになる。実験的な社会学の交換理論の研究において、「仲介」は、AとCが直接に連結していない状況において、仲介者Bが資源をAから手に入れ、それをCと交換するということを意味する。仲介の異なる観念は、BがAとCの間の連結(connection)を作り出し、そして、お互いに直接取引することを必然的に伴い、その特に明確な事例は、結婚を仲介すること(「結婚の仲介(matchmaking)」)である。オブストフェルド(Obstfeld, 2005)は、この区別の結果に関して詳細に述べ、*tertius gaudens*(文字通り、「漁夫の利(the third who enjoys)」、すなわち、他の二人の行為者が相互に争うように仕向けることから利益を得ること）に関するジンメルの古典的な観察（Simmel,〔1908〕1950: 154-162を参照）と、彼が *tertius iungens*（結び合わせる人、the third who joins、すなわち、行為者の仲介が他の人々をまとめることから成る）と呼ぶものを対照している（そして、彼の貢献がさらなる考察に刺激を与えている。Stovel et al. 2011; Stovel and Shaw, 2012; そして、Obstfeld et al. 2014）。これらの二つの観念の間の差異は、どのように集団が構造化され、仲介者たちが彼らの権力をかなりの期間維持できるかどうかに対して重大な結果をもたらすのである。

社会学的交換理論に加えて、構造的空隙（structural holes）に関するロナルド・バート（Ronald Burt, 1992）の研究は、仲介に関するこれらの観念を精緻化し、仲介と権力、影響力、そして、経済的利益の関係について体系的に発達させた最初のものであった。バートの研究は、ソーシャルネットワークにおける密度の高いクラスターが、それらを「橋渡しする（bridge）」少数の紐帯によって相互に連結され、全体のネットワークを横断して情報を流させるだろうと提案する私の初期の研究（Granovetter, 1973, 1983）にもとづいている。これらのブリッジを提供する個人は、仕事、あるいは、他の価値ある機会に関する情報を手に入れやすい位置にいる、そして、全体のネットワークは、科学のような活動において、増加した情報の流れから利益を得ると私は指摘した。この研究における私の重点は、クラスターを橋渡しする紐帯が弱いという可能性、すなわち、私が「弱い紐帯の強さ（strength of weak ties）」と呼んだものに置かれた。

バートは、重点を紐帯の質から戦略的な優位性に移し、その優位性は、そうでなければ相互に分離しているネットワークの部分（segments）の間を情報や資源が移動できる唯一の経路を提供する紐帯を持つことである。彼は、そのような分離（disconnection）を「構造的空隙」と呼び、「重複しない（nonredundant）」（すなわち、自分を異なるネットワークの部分に結び付ける）コンタクトを持つ人々が、ゲオルク・ジンメル（Georg Simmel）によって強調される *tertius gaudens*（漁夫の利）の優位性を持つ、つまり、彼らが連結されていない行為者たちを相互に争うように仕向け（Burt, 1992: 33）、事実上、その行為者たちを仲介し、他の人々の間にいることによって利益を生み出す――「起業家（entrepreneur)」という用語の文字通りの意味(34)——と強調した。彼は、「構造的自律性(structural autonomy)」という対応する概念を発達させた。この概念は、「プレーヤー(player)」(能動的な行為者主体性(agency)をバートが分析する行為者の特性とみなすためにバートが用いる用語)が「構造的空隙が豊富であり、……従って、情報と統制の利益が豊富である」(44)ネットワークを持つ程度を意味している。その反対に、人に対する「ネットワーク拘束(network constraint)」は、「彼、あるいは、彼女がほとんどコンタクトを持たず、……コンタクトたちが相互に密接に連結している、……あるいは、彼らが中心的なコンタクトを通じて間接的に情報を共有する」(Burt, 2005 : 27)ならば、高い。バートの二〇〇五年の説明では、彼は、「社会関係資本(social capital)」という概念を強調し、彼が用いるその用語は、ネットワーク自律性が高く、ネットワーク拘束が低い行為者の優位性を記述している。

バートの経験的研究は、通常、自律性、あるいは、拘束の測度を用いて、個人には、良い考え、高い昇進の確率、高い収入、そして、有利な評価を持つような結果、あるいは、企業や産業には大きな利益を予測している。関係的ネットワークにおける個々の原点(nodes)の成功に関するこれらの測度は、社会学的交換理論における、取引している他の人々よりも有利な交換率を得る能力としての権力という観念に類似している。権力の観念としては、これは、社会関係において、権力が自分自身の意思を遂行する能力というウェーバー的な観念を例示する結果の一部分にすぎない。

小集団を超える仲介

権力をより一般的に考察する一つの方法は、実験的交換、あるいは、構造的空隙の研究において研究されるネットワークは、通常、社会的所属、あるいは、社会的アイデンティティに関して同質的である点を指摘することである。これは、部分的には、仲介が、アイデンティティの同質性が妥当な想定であるやや小規模なレベルで作用するという暗黙の観念を反映している。しかしながら、さらに多少大規模な状況においても、メンバーにとって重要であり、実際に、仲介者なしでは集団の境界を横断するコミュニケーションや取引を困難にするものである、社会的アイデンティティが異なる集団間を仲介者が介在するとしばしば考えられている。

レーガンとザッカーマン（Reagans and Zuckerman, 2008）は、潜在的な仲介の位置から権力を得るのは、構造の自動的な結果ではないと指摘する。それは、多くの分離されたクリークに接触している仲介者は、交換において、これから権力を得るのは、各クリークの諸個人が他のクリークの人々が交換するために所有しているものを欲して必要とする限りにおいてのみだからである。何らかの理由で自分たち自身の集団内部で交換することを好むならば、ネットワークが高度に重複していない――バートの用語では、高いレベルの構造的自律性を持つ――人々は、これからほとんど有利なものが手に入れられないので、自分自身の集団内部の重複したコンタクトに「投資する」ほうが上手くいっただろう。重複していないコンタクトを持つ人々は、彼らの多様なコネクションのおかげで非常に知識が豊富であるが、レーガンとザッカーマンの論文名が指摘するように、これは「知識は権力と等しくない」という事例であろう。これは、私に、なぜ人々は、ソーシャル・ネットワークの用語において、近くにある資源を好むのだろうかと問わせる。レーガンとザッカーマンは、これを外来な（exotic）ものとは反対な地元の（local）ものへの選好、一種の地方気質、彼らが「同類嗜好（homophilic taste）」と呼ぶ馴染んだ（familiar）ものへの選好として解釈する（2008 : 907, 919）。そのような選好は、強い集団アイデンティティから生じるように思われる。

しかしながら、個人が地元の人々だけと、あるいは、「よそ者（foreigners）」だけと売買するという選好を持つ他の理由があり、それは、コスモポリタン的嗜好、あるいは、集団アイデンティティのレベルとは主に関係しない。一つの明白な事例は、地元の生産が単にすべての消費者の需要を満足させるには十分でなく、比較優位に関する古典的な経済学理論によって提案される差異のように、集団間の売買に有利であるように生産されるものにおいて集団間の多様性が存在する場合である。この事例は、単に経済合理性の問題であり、おそらく、遠く離れた財に対する選好に私たちが遭遇する時の帰無仮説としてみなされるべきものである。

強い集団アイデンティティは、この帰無仮説からの逸脱を生み出す。一つの状況は、別の集団に優位性を与えないように自分自身の集団と売買する選好が存在し、別の集団と自分の集団との間に文化的、あるいは、政治的な差異が存在する場合である。例えば、カラザース（Carruthers, 1996）は、一八世紀初期の英国では、東インド会社における株の売買が匿名の経済的論理ではなく、むしろ政治的所属の論理に従ったことを示している。それは、ホイッグ党とトーリー党は、競争相手に対して、会社への自分の統制の増加を促進するよりも、ほとんど自分自身の党のメンバーとだけ株を共有しているからである。そのような状況では、ホイッグ党とトーリー党の間を仲介できる誰かが存在するとしても、どちらの集団メンバーもそのような売買を求めないし、あるいは、望まないので、利益を得ないだろう。

仲介者は、対抗する政治的利害が問題に関する政治的合意に達するために、相互に取引する必要がある時に、優位に立つことができるだろう。その問題の多くは、経済的なものであるが、仲介なしではそうすることが困難であるからである。ロジャー・ゴールド（Roger Gould）は、仲介と権力についての議論を発達させようとして、このような状況を分析した。彼は、二つの都市における政治的紛争を研究した。そのうちの一つの都市は、主に政党所属によって定義される政治的クリークの安定した構造を持っていた(8)。集団間の政治的差異の多くは、経済的問題を中心に展開していた。ゴールドが発見したのは、両方の集団とよく接触している諸個人は、影響力があるかもしれないが、実際には、彼らが、金銭、公的な権威、あるいは、仕事や土地に対する統制のような伝統的な影響力のある資源も所有する範囲では、影響力がなくなるのであった（1989 : 545）。彼は、これは、「他の個人の交換の機会を統制する能力は、自分の資源の価値を高める」（545）という典型的な社会学的交換理論の議論と反するものであると指摘する。問題は、「影響力のある資源の動員は、仲介役割にとって極めて重要な公平性のイメージを損なう」（546）ということであり、これが「資源にもとづく権力と位置にもとづく権力の間の正の相互作用を予測する傾向がある、交換的視点に根ざす現在の理論的研究を阻止する方向で作用している」（548）。

この議論は、それによって、多くの交換理論の多少とも行動主義的な鋳型から抜け出すので、興味深いものである。

それは、社会的アイデンティティ（どんな集団に自分が所属していると考えるのか）、「仲介者」はどのように行動すべきかに関する規範、そして、仲介者が自分の利害と関係なしに行為していると考えられる時に喚起される信頼という感情の重要性に呼びかけることによって行われる。この信頼は、仲介者が党派争いを超越すると考えられる状況で自分の伝統的な資源を使うことによって失われるだろう。ゴールドが想起させる権力や影響力の観念は、交換理論において、他の人々よりも有利な交換率で交換するという、通常用いられている観念とは非常に異なることも指摘されるべきである。ここでは、その概念は、経済や政治における問題の結果に対して他の人々よりも影響力を持つことを意味し、権力の二つの観念は、やや食い違っている。それは、ゴールドの場合には、自分の利害を明確にしたり、あるいは、利害を達成するために資源を使う人々は、問題の結果を形作る自分の広範な能力を失うからである。

ゴールドとフェルナンデス（Gould and Fernandez, 1989）は、識別できる二つの集団の事例に関する議論を定式化し、仲介の五つの類型を発達させている。まず、①仲介者が単一の集団内部で活動し、そのメンバーを調整する場合、②株式仲買人が投資家を引き合わせるように別の集団のメンバーを調整する、③別の集団のメンバーと自分自身の集団のメンバーを引き合わせる（「ゲートキーパー（門番）」役割）、④自分自身の集団のメンバーと別の集団のメンバーを引き合わせる（「代表者」役割）、あるいは、⑤自分がメンバーではない二つの異なる集団からの人々を引き合わせる（「裁定者（arbitrator）」役割）がある（92-93）。

ネットワークの原点（nodes）が組織である医療分野に関する後の経験的研究において、フェルナンデスとゴールド（Fernandez and Gould, 1994）は、ゲートキーパー役割、あるいは、代表者役割を占める政府組織や行政体は、それらが自分自身の政策的見解を表明するのを控える限りにおいてのみ、影響力があると考えられ、公平な仲介者とみなされることができたことを示した。彼らは、これを「国家権力の逆説（paradox）」（1994 : 1483）と呼び、「自分の構造的位置がソーシャル・ネットワークの『シナプス』を橋渡しする行為者がこの位置から有利な立場を得るのは、この有利さをあからさまに（openly）使おうとしない場合に限られるという一般的な原則」（1483）の特別な事例であると論じる。

この文における「あからさまに」という言葉は、そもそもレファー（Leifer, 1991）によって明確に述べられ、中世フィレンツェにおけるコジモ・デ・メディチと彼の非常に大きな政治的、経済的権力に関するパジェットとアンセル（Padgett and Ansell, 1993）によってさらに発展された「断固たる行動（robust action）」という概念と密接に関係する曖昧さを示唆するものである。レファーは、戦略的行為は、通常、過度の単純化したものであり、チェスのようなゲームにおいて最も効果的なプレーヤー（レファーは非常に詳細に彼らのトーナメントを研究した）は、ゲーム理論が指示するかもしれないような、はるか先のことを計画し、戦略のための精緻な枝分かれ図を提示する人々では決してなく、むしろ、敵を誘導し、彼ら自身の戦略を明らかにさせながら、自分たちの意図を不明確にし、自分自身の行為のための最大の柔軟性を維持する人々であると論じる。最適戦略という観念は、メディチ家、特に、驚くべき一四三四年のコジモ・デ・メディチによるフィレンツェの政権の掌握に関する研究において、パジェットとアンセルによって作られた。

彼らは、いかなる権威構造においても、「ボス（boss）」の役割と「判定者（judge）」の間には矛盾が存在すると指摘している。後者の場合は、正当性によって他の人々が「判定者と規則が自己の利益によって動機付けられていない」と信ずる必要がある（1993 : 1260）。これは、精神において、ゴールドとフェルナンデスの前の議論に非常に類似するものである。パジェットとアンセルは、コジモ・デ・メディチを「スフィンクスのような」もの、すなわち、彼が質問や依頼に対してめったに答えず、特定の活動において彼が何を達成するつもりなのかについて理解するのが非常に困難である存在として生き生きと描写する同時代に存在した証拠を呼び覚ます。これに関する一つの側面は、コジモがよく知られた特定の制度的諸文脈――財政的利害、家族の利害、そして、政治的利害――の内部において様々な利害を持っていたことである。しかし、これらは、相互に明確に一致していなかったし、これが、彼が実際に追求していた一つの利害よりも多くの利害を含む特定の状況において、その利害が何なのかを分かり難いものにできたのである。

彼らが関与していた制度的諸領域の多様性は、コジモと彼と同輩のメディチ家の人々が複数の異なるセットの追随者——親族、近隣、あるいは、政治的支援、そして、財政的、ビジネスの取引によってつながっている人々——を集めることができることも意味していた。メディチ家の追随者のこれらの多様なクリークは、相互に連結していないので、彼らの影響力と重要性について、彼らが忠実であるメディチ家だけに恩恵を受けていた。従って、コジモ・デ・メディチは、非常に重要な構造的空隙をまたがっていたのである。

これは、私たちを非常に重要な問題に導く。すなわち、もし仲介者の権力が構造的空隙における中心的位置を占めることから生じるのであれば——すなわち、彼、あるいは、彼女は、人々を引き合わせることよりも、むしろ人々を引き離すことから利益を得る種類の仲介者である——、車輪の様々なスポークに相互に結び付いているメンバーが仲介者の有利さに打ち勝つことによって仲介者の権力が衰えることを阻むのは何であるのか。フィレンツェの場合には、これを起こりにくくしたのは、各スポークが同じ地位の他の集団に対して強い否定的感情を持ち、下位の人々をまったく軽蔑する独自なアイデンティティ集団であった。従って、パジェットとアンセルが指摘するように、メディチ家は高い身分の家族の結婚による親族ネットワーク、そして、当時上昇移動していた家族出身の「新しい男性たち」の経済的ネットワークを持っていた。これらの二つの分離したネットワークの人々は、「相手を軽蔑していた」(Padgett and Ansell. 1993 : 1281)、そして、その時代の圧倒的な地位規範の下では、相手と結婚したり、ビジネスをしたりすることができなかったので、彼らが連合し、メディチ家に対して共同戦線を組むという危険性はまったく存在しなかった。

仲介、起業家活動、そして交換領域

私たちは、決定的な社会構造的な交差における行為者に関するさらなる洞察を得ることができる。それは、別々に、そして、経済学や人類学において相互に認識することなしに出現し、社会学や社会心理学の領域の研究に非常に関連するにもかかわらず、それらの領域との後の接触が実質的にまったくなかったこのテーマに関する一連の議論を見ることによってできるのである。経済学的な議論は、裁定取引（arbitrage）という単純な考え――すなわち、一つの市場で特定の財を安く買い、もう一つの市場で高く売ることであり、市場の分離から入手可能な利益を捕らえること――から始まる。その裁定取引は、構造的空隙を利用し、両方の市場に足（見えない足？）をかけて、価格の差をはっきりと理解し、従って、それから利益を得ることができるのは彼だけであるという事実を利用するのである。この単純な考えは、オーストリア学派の説得（Austrian persuasion）の経済学者によって起業活動の理論の基礎として捉えられた。イスラエル・カーズナー（Israel Kirzner, 1973）は、先導的役割を担い、「起業家」を以前は分離していた市場を裁定取引によって結び付ける人と正確に定義した。オーストリアの経済学の特色をよく示しているが、彼は、合理的計算よりも情報と機会に対する機敏性（alertness）を強調する。彼の見解では、起業家は、「買い手が多くを払いすぎた場所、そして、売り手が受け取るものが少なすぎた場所を発見し、ちょっと高く買い、ちょっと安く売ることを提案することによって、そのギャップとを埋める。これらの未踏の機会を発見するのに必要なのが機敏性である。計算は助けにならないし、効率化や最適化は、それ自体は、この知識を生み出さないだろう」（41）。

一方、ノルウェーの人類学者、フレデリック・バース（Frederick Barth）は、関係するが、ややより複雑な一連の議論を展開していた。彼は、特に、非資本主義社会において、交換に関して、明確に定義され、はっきりと異なる「領域（spheres）」、あるいは、「回路（circuits）」が存在するという経済人類学の考えに立脚している。基本的な考えは、いかなる社会においても、人々はすべての項目を財とは定義しないし、たとえそのように定義された財の中でも、相互に同一単位で測ることができないものがあるということである。相互に同じ基準で考えられる（commensurable）財やサービスは、相互でしか売買できないので、これは、はっきりと異なる交換領域をもたらし、特定の領域内部のあらゆる項目は、他のすべての項目と交換できるが、他の領域の項目とは交換できないのである（Bohannan and Dalton. 1962 ; Espeland and Stevens. 1998 ; Zelizer. 2005を参照）。例えば、ティコピアに関するファースの古典的な説明は、三つの異なる交換領域について記述し、彼は、「これらの三つの連続する対象とサービスは、相互の点から完全に表現することはできない。それは、通常は、それらが交換の場に一緒に持ってこられることが決してないからである。例えば、カツオの釣り針の価値を食べ物の量によって表現することは不可能である。なぜなら、そのような交換が今までないし、ティコピア人には『とっぴな（fantastic）』こととみなされるだろう」（Firth.［1939］1975 : 340）と指摘する。バースの考えは、これらの交換領域を分離させているものが、認知的、道徳的、あるいは、実際的な力の何であろうと、どんな理由であれ、それらの領域を超えるのは個人であり、そうする理由は、一つの領域において尺度となる項目を別の領域の項目と同じ単位で測定できるならば、一つの領域で安価で購入できる、あるいは、製造できる特定の項目が別の領域で高価で販売し、その差額から利益を生む可能性があるだろうというものである。彼は、この活動を実行する個人を起業家と呼び、上記の例では、これは、また、社会構造的な諸単位の間に立つ人であることが明らかであるが、しかし、この場合には、その単位は、諸個人のネットワークよりもむしろ、分離された交換領域である（Barth. 1967を参照）。

事例研究として、バース（Barth. 1967）は、スーダンのフール族（Sundanese Fur）について記述した。彼らの部族では、労働と貨幣が同基準で測れないものであった。それは、賃金労働が恥ずべきことであったからである。そして、その部族では、キビとキビビールのような生産物は、貨幣とは交換されなかったが、家の建築を援助するような地域社会の労働と交換するために生産された。食べ物と他の役立つ項目が現金と交換される貨幣の交換領域は存在していた。アラブ商人が現地にやってきて、その地域の規範的な理解に影響されない部外者として、地域の労働者を雇い、トマトを栽培し、その労働に対してビールによって支払った。フール族の間では、ビールも労働も現金と交換されず、労働者は、商業の領域におけるトマトの金銭的価値が彼らの労働に支払われたビールの価値をはるかに上回ることに気づかなかったので、その商人は、トマトの販売から大きな利益を得たのである。

カーズナーとバースの両者にとって、起業家は、社会構造的なギャップを横断する裁定取引から利益を得ているし、交換理論に情報を与える権力の限られた観念において、彼は、取引条件が他の人々よりも良いので、彼らよりも権力があるといえるだろう。しかしながら、そのような起業家は、より拡張する方法で、権力を持つようになるだろうか。この質問に対する答えは、利用した社会構造的なギャップから利益を手に入れ続けるかどうか、あるいは、そのギャップが塞がって、利益の源泉であることを終わらせるかどうかという点にありそうである。両方の研究者も後者の仲介者の権力を消失させるという結果を期待した。カーズナーは、起業家を、彼の活動が分離された市場における異なる価格によって引き起こされる非効率性を終わらすことによって均衡をもたらす人物として想像した。標準的な新古典派経済学に対する彼の反発は、その理論が市場が均衡すると期待することに対してではなく、むしろ、その代わりに、架空のワルラス的競売人に依存して、明らかなメカニズムなしに、自動的に市場が均衡すると想像することに向けられていた。彼の説明では、均衡はそれでも起こるが、それは、機敏な行為者の行為者主体性によって生じる動的な過程を通じて起こるのである。バースは、同様に、起業家は、彼が起業家を定義した意味において、国の経済発展にとって不可欠であったし、それは、分離された交換領域が経済的な後進性の一形態であることを示し、情報ならびに移動性の障壁の理由で、その後進性が生産要素の最善の使用に対して妨げとなるからであると論じた。私は、まったく異なる知的伝統の出身である両者が、それにもかかわらず、楽観的な二〇世紀半ばの近代化論を僅かに変形させたものを表していたといってもいいだろうと思う。

両方の説明における問題は、社会構造、あるいは、交換の分離された部分を橋渡しし、仲介することから利益を得る起業家がそれらの部分を分離したままにして、優位性を維持しようとする強い動機を持つことである。そうするためには、達成しなければならない二つの課題がある。一つは、両方の部分への紐帯を維持することであり、バート(Burt, 2002)が指摘したように、これは、特に、紐帯が自分自身と非常に異なる行為者とのものである限りにおいて、簡単ではない。彼は、構造的空隙を橋渡しする紐帯は、ずっと維持しやすい、相互の友人や同僚によって維持される他の紐帯よりも早く崩壊する率が高いことを発見している。他の課題は、分離している部分において、他の取引が起こることを阻むことによって、構造的空隙を空けておくことである。カーズナーの見解において、これは、起こりそうもないことである。それは、裁定取引者によって行われる売買は他の市場参加者に一目瞭然であるので、彼らは、利益につながる情報をすぐに感知し、二つの分離した市場が、理論が規定する単一価格に収束するのに十分な売買によって結び合わされるので、優位性の可能性が消失するからである。バースの場合は、アラブ商人の活動と利益が怒りを生み出すのに十分なほど目に入ったかもしれないし、彼の研究はその結果を観察せずに終わっているが、彼は、彼らの活動に対する抵抗が現れ始めていると指摘している（Barth, 1967 : 172）。二〇世紀末から二〇世紀初めのスーダンにおける混乱が、部分的に、歴史的に定着した部族集団におけるアラブ人の役割を中心としてきたのも偶然の一致ではないかもしれない。

経済成長の機敏な主体であり、非効率を修正することによって、利益を上げる機会を発見するというカーズナー、あるいは、バースによる起業家のイメージと、「創造的破壊」に従事する人として特徴付けるシュンペータ（Schumpeter, 1911）によって示唆される起業家の向う見ずなイメージとの間の明確な対照に留意して欲しい。シュンペータ流の型に適合するロックフェラーやカーネギーのような伝説的な人物は、彼らの独占力（monopoly power）を減少させるような他者の間での取引を制止することによって、彼らの優位性を持続させる必要性について敏感に気づいていたし、この時期の反トラスト法（独占禁止法）は、不法な取引の制止になったものから生じる非効率と利益に焦点を置いている。彼らが得た独占力は、「自然な（natural）」ものではなく、彼らの利益を生み出す非連結を維持するための活発な市場の操作から生じたものである。そのような人物は、コジモ・デ・メディチ(9)のような「スフィンクスのような」決して不可解な人物ではなかったので、結局は、法的な拘束という形態による抵抗を招いたが、それでもなお、正常な市場行為として彼らの活動を懸命に覆い隠そうとした。よく知られているように、イーダ・ターベル（Ida Tarbell, 1904）が一九一一年の重大な最高裁の判決によって分割されたロックフェラー・スタンダード・オイルに対して行ったように、一連の二〇世紀初期の「醜聞を暴く人（muckrakers）」が陰で彼らがやっていたことを露呈しなかったならば、彼らはもっと成功していたであろう。また、正当であるためには、仲介者が私腹を肥やしているように見えない必要性があるというロジャー・ゴールドの強調は、そのように見える人々がアラブ商人やジョン・D・ロックフェラーのような不当利益行為の仲介者が直面したような抵抗を生み出す理由の一つであることを私は指摘する。

この議論をさらに発展させるためには、カーズナーとバースが以前には分離されていた交換領域を橋渡しすることから利益を得る人々という起業家の観念を共有するが、カーズナーは、分離している以外はあらゆる点において類似している二つの市場を結び付ける人と心に描いているが、その一方で、バースのいう主人公は、何かより複雑なことを行い、交換において互いにまったく交わる部分を持たず、財とサービスの異なる回路である領域を結び付けるのである。カーズナーの場合は、起業家が裁定取引する二つの市場の間には共通な人々が誰も存在しないと想像される。バースの場合は、二つの領域における人々は、まったく同じ、あるいは、少なくとも重複するが、何が何と同じ基準で考えられると想像できるのかに関する先入観のために交換は異なるものである。従って、カーズナーのいう起業家は、関与している全員に完全に知られている取引に従事している。バースの起業家は、より創造的であり、まったく新しい種類の取引を創出し、以前には同じ基準で考えられない、あるいは、交換できないと想像されていた項目を交換するのである。しかしながら、この創造性は、以前の道徳的禁止の違反の上に築かれているので、もう一つの抵抗の源泉を示唆している。

仲介、権力、エリート、そして「スモールワールド」

私たちの焦点をより大きな状況に移して、仲介者と起業家の問いは、複雑ネットワークと「スモールワールド」に関する最近増大している研究と考察に関係する。スタンレー・ミルグラム（Stanley Milgram）による一九六〇年代の創意に富んだ実験は、修正された連鎖手紙（chain-letter）法を用いて、合衆国において無作為に抽出された二人の個人を結ぶ知り合いの連鎖の長さを調査した。ミルグラムは、義務的なカクテル・パーティにおいて、思いがけなく、共通の知り合いがいることを発見した見知らぬ人からの返答にちなんで、これを「スモールワールド問題」と名づけた。彼の結果は、無作為に抽出された個人をつなぐ連鎖の長さの平均は、驚くほど小さく、6ステップであり、これは、後の調査によって支持された（例えば、Dodds, Muhamad, and Watts, 2003、そして、その問題に関する私のコメント、Granovetter（2003）を参照）。複雑ネットワーク研究は、一九九〇年代に始まった。その理由は、部分的には、大部分の研究者の卓上型のコンピュータの計算能力における急激な増加によるものである。ワッツとストロガッツ（Watts and Strogatz, 1998）は、特に、より正確な定式を導入し、ミルグラムが発見した結果のようなものを私たちが観察する状況に関する洞察を可能にすることによって、スモールワールド問題に新しい命を吹き込んだ。

ミルグラムの研究の逆説（paradox）は、ほとんどの人々が多少ともクリークに埋め込まれているので、無作為に抽出された人々の間のパスの距離が非常に少ないことに驚かされることである。ワッツとストロガッツ（Watts and Strogatz, 1998）は、ランダム・グラフ——人々が彼らの友人を無作為に選んだネットワーク——において、クリークはほとんど存在しないことを指摘した。クリークは、あなたの友人たちが既に知っている他の人々を選択する、あるいは、彼らと交際することから生じるので、ほとんど無作為ではないのである。そのネットワークにおける無作為の他の人々に到達するのを困難にするのは、クリークドネス（cliquedness）、あるいは、「クラスタリング（clustering）」（それは、この研究において、そのように呼ばれている）であるので、ランダム・ネットワークでは、パス長（path length）——特定の人から他の誰かまでの連鎖の最小の数を意味し、グラフ理論の言語では、「ジオデシック（geodesics）」と呼ばれる——の値が低く、反対に、非常にクラスター化されたネットワークではその値は高いだろう。ワッツとストロガッツ（Watts and Strogatz, 1998）は、高度にクラスター化されたネットワークをシミュレーションすると、予測されたように、無作為の他の人々へのパス長が高い値であった。しかしながら、彼らが諸クラスターにおける紐帯を全体のネットワークにおける無作為の他の人々に「配線し直す（rewired）」と、非常に少数の量、すなわち、紐帯の数パーセントの再配線の後に、平均のパス長の値が著しく減少し、それは、ランダム・グラフとそれほど異なるものではないが、全体のネットワークは高度にクリーク化されている。これは、彼らが「スモールワールド」と呼んだものであった。起こったことは、配線し直した紐帯がクリーク間の「近道（shortcuts）」を十分に創り出したので、全体の連結度（connectivity）が飛躍的に増加し、理論的な期待とは反対に、ちょうどミルグラムが実際の経験的世界で発見したような、高度なクラスタリングが低い値のパス長によって伴われたのである。

複雑ネットワークの研究者は連結度を強調してきたが、ワッツとストロガッツのスモールワールドは、また、権力に関して私たちが考察してきた構造に似ている。その考察では、「近道」である紐帯のどちらかの端にいる個人が構造的空隙にまたがっているので、権力を持ち、影響力を持ち、そして／あるいは、成功する可能性があると論じられる。これは、劇的に減少したパス長というコインの反対側にすぎないが、その減少は、戦略的なネットワークの位置にいる少数の人々の紐帯による可能性がある。従って、スモールワールド・ネットワークは、そのような位置にいる人々に対して、経済的権力、そして／あるいは、政治的権力を手に入れる機会を提供するのである。近年になって、これが経済において、どのように起こるのか、そして、起こらないのかどうかについての研究が開始された。

これが興味深い一つの理由は、それが権力に関する二つの研究の伝統を結び付けるからである。その二つの伝統は、別々に継続され、非常に異なる強調と分析レベルを有している。一つは、私が考察してきた研究であり、交換のソーシャルネットワークと経済的／政治的行為における権力の位置による源泉を分析する研究である。もう一つは、権力研究に関する古い伝統であり、社会の政治的、そして、経済的制度を支配するエリートたちに焦点を置き、そのエリートたちの結束と凝集性が分析と論争に関する長年のテーマである。この研究は、ヴィルフレド・パレート（Vilfred Pareto）、ガエターノ・モスカ（Guetano Mosca）、そして、C・ライト・ミルズ（C. Wright Mills）のような名前によって特定され、ミルズの一九五六年の「パワーエリート（Power Elite）」の著作は、エリートを少数による多数の非民主的な支配を維持しているとみなし、特に、左翼の多数にとっての宣言書となった。この伝統の多くは、ソーシャルネットワークの重要性を提案したが、現代の複雑なネットワーク理論という手段がない時代であった。これらの伝統の間の先端には、ユーズアム（Useem, 1984）とミンツとシュワーツ（Mintz and Schwartz, 1985）による研究があり、エリート支配をネットワーク現象として明示的に概念化し、現代的な分析手段をその問題に適用し始めた。

ミルズの研究には、明示的なソーシャルネットワーク分析との明快な類似性と違いが存在する。私が記述してきた仲介者の研究は、アイデンティティと制度的文脈が重要であり、仲介者が重要である理由として導入する点において、小集団の交換の研究とは異なる。ミルズ、そして、権力に関する他のマクロレベルの分析者の研究は、制度的文脈の重要性に非常に頼っている。ミルズは、権力を持つことは、「主要な制度への接近を必要とする」（Mills,〔1956〕2000：11）、そして、もしあなたが「米国における一〇〇人の非常に権力のある人々を……現在彼らが占めている制度的な地位から目をそらすならば、……彼らは無力であり、みすぼらしく、無名の人であろう」（10）と強調する。ミルズは、特に、企業の高い役職から生じる権力が頭にあり、彼が意味する「パワーエリート」は、「政界、経済界、そして、軍隊に関係する世界（circles）であり、彼らは、重複するクリークの複雑なセットとして、少なくとも国家的な影響をもたらす意思決定を形成するのである」（18）。

「重複するクリーク」に対する彼の関心は、私たちの考察につながるものである。彼は、制度的文脈の間を容易に移動し、そうすることによって、決定的に重要な境界の位置を占める人々の重要性を強調する。境界の位置を占める人々としては、役員会に参加する退役司令官（214）、「銀行家そして弁護士でもあり、重要な連邦委員会を率いる海軍大将、二、三の主要な軍需物資の生産者の一つであり、現在、国防長官である企業役員、民間人の服を着け、政治的な理事会の一員であり、主要な経済企業の役員会のメンバーになっている戦時中の軍司令官」（288）などがその例である。同時の、あるいは、連続する彼らの多様な役割によって、彼らは、「これらの制度的環境の一つのどれにおける利害の特殊性を容易に超えて、……三つのタイプの環境を組み合わせるのである」（289）。エリートの各世界では、「後継者を採用し、彼らを『広い視野（broad-gauge）』の人、すなわち、自分自身の制度領域以外の他の領域に関与する意思決定ができる人、として訓練することに関心がある」(294-295)。この重複と交流は、権力を持つ中心的集団を創造するだけでなく、物の見方、構成、そして、行為において、その集団を一つのまとまりとするのである。ここで、上記の *tertius iungens*（結び合わせる人）タイプの仲介者、あるいは、以前は関係していない、あるいは、同じ基準で考えられない（incommensurable）と思われていた非常に異なるタイプの環境と取引を結び付けることによって利益を得るバースの仲介者との類似性を認識する必要がある。また、彼らの見解の広さによって、彼らが、偏狭である、あるいは、自己の利益を追求するというよりも、むしろ公平であると考えられる傾向がある。

ミルズと彼の知的後継者であるG・ウィリアム・ダンホフ（G. William Domhoff, 2013）は、経済エリートに関する研究において、経済的文脈と政治や軍隊などの他の文脈の間のエリートの重複を強調する点で他と異なっている。その研究の多くは、大企業の世界の内部において、中央に位置する凝集的で影響力のあるエリートたちが存在するかどうかという問題にずっと多く焦点を絞っている。この研究の多くは、エリートと「役員兼任（interlocking directorates）」に関する一つの特定の研究の伝統から由来している。役員兼任は、企業間に見られる役員会のメンバーにおける重複であり、二〇世紀の初めから、非合法的な調整の疑いの矢面に立たされた[10]。一人か二人の役員が共通する二つの企業は「連結している（linked）」と考えられるので、そのような企業のネットワークとそれらのリンケージ（linkages）は、通常、「連結（interlock）ネットワーク」と呼ばれ、頻繁に分析の対象になってきた。

ユーズアム（Useem, 1984）は、そのような分析を基盤として用い、米国と英国において、企業の「インナーサークル（inner circle）」が存在し、大企業の政治的活動を支配し、非常に影響力を持つと論じた。他の最近の分析のように、ユーズアムは、一つの企業がもう一つの企業の役員会に役員を置くと、それは、統制、あるいは、販売、あるいは、戦略を促進するためであるという考えを拒否する。その代わりに、彼は、彼らがそうするのは、「ビジネス・スキャン（Business Scan）」――政府の政策、労使関係、市場、テクノロジー、そして、ビジネス慣行について何が起こっているのかについて大企業が必要とする情報――を達成するためであると論じる（41-48）。従って、個々の企業は、自分たちの高官が他の役員会のために、それら自身のためにだけ関係する理由によって、価値ある時間を使うことを許すのである。彼らは、大きな目的を持つわけではないが、その結果は、「土台を構成し、全体の大企業の共同体に影響を与える広範な問題に関心を持つ多くの企業の競争的な原子化を超えることができる」（57）集団であり、個々の企業の狭い利害よりもむしろユーズアムが「階級全体」の利害と呼ぶものが、企業のリーダーが政界に入る時に、優勢となるのである。彼は、また、多数の役職を持つ個人を特定することは、同様に、クラブ会員のような「非常に広範で、より複雑なセットの非公式の社会関係」（66-68）の代わりを見つけることであると指摘する。これが「インナーサークル」が集団として統一性をもつ理由の一つである。

彼の調査は、複数の役員会に参加している役員が政府の高い地位についている確率が他の人々の二倍であり（1984:78）、一般的により影響力を持つことを示した。例えば、これらの「インナーサークル」のメンバーの多くを理事として持つ大学は、受け取る寄付が多い（85）。この「インナーサークル」は、ミルズの「パワーエリート」とよく似ている。ユーズアムは、そのような個人たちの広範な物の見方を強調し、彼らの様々な経験と情報が彼らを視野の狭いものにさせず、実際に、政府の要職にある時に、自分の集団内部の非公式の慣習の影響下にある時でも、自分自身のセクター、あるいは、企業のための特別な嘆願を阻止するだろう（95）と論じる。その一方では、ユーズアムの説明においては、インナーサークルの「階級全体」の利害は、結果的に、より抑制が利いた政治的位置、そして、全体の社会的責任の強調をもたらす。彼は、この集団は、現在社会的に容認できるものとみなされることから大きくくずれた企業に対して、全体の社会規範の執行者として行為したと論じた（141-143）。「インナーサークルで交際する役人や役員は、彼らの政策がビジネス全体に損害を与え」、一方で、周辺の位置にある企業が協調するのが難しい（145）という議論を受けやすい。他方では、彼は、部分的には、インナーサークルの出現は、収益性の低下と規制の増加へ対応するものであったので、この集団は、ビジネスの利益を政治的なキャンペーンに次第に向けることを支援し、一九八〇年代の米国と英国では、社会福祉と社会計画、そして、ビジネスの規制への政府支出が減少され、レーガンとサッチャーによって先導された保守的な政治的転換における役割を果たしたと論じた。

彼が一九七〇年代と一九八〇年代に記録したインナーサークルの仲介者の高まった凝集性が「確かに継続するように見える。近年の避けられない動向は、より凝集性に向かい、分裂しない傾向にある」(172)と信じていた。そして、ユーズアムは、この傾向を環境的な挑戦だけに関係づけるのではなく、家族、そして、その後の経営者による企業の統制から遠ざかり、投資信託や年金基金のような大きな機関が大企業の大部分の株を所有する状況へ向かう動きにも関係づけ、個々の会社が単位として重要でなくなり、「機関資本主義」と彼が呼ぶ状況になった。

しかしながら、近年になり、エリートと権力の研究者は、ユーズアムが観察した傾向が彼の執筆している時には次第に弱くなってきていたと提案した。例えば、ミズルーキ(Mizruchi, 2013)は、第二次世界大戦後の企業エリートは一九七〇年代に減少していたと論じる。少なくとも一九四〇年代から企業世界のトップとして存在してきた「穏やかな、実際的な、そして、よく組織化されたエリート(ユーズアムの『インナーサークル』)が一九八〇年代の初期までに姿を消し始めた」(221)と論じる。そして、一九九〇年代までに、企業エリートは、このインナーサークルに存在することから「一群の企業であり、自分たちのために特定の利益を得る能力において強力であるが、より大きなビジネス・コミュニティ、あるいは、より大きな社会にとって関心のある問題にもはや取り組むこともできないし、そうしようとはしない存在へと変化した」(269)。

ユーズアムと同じ時代に執筆したミンツとシュワーツ(Mintz and Schwartz, 1985)は、経済のインナーサークルが特に市中銀行と他の金融会社によって占められ、連結ネットワークの中心に位置し、それは、部分的には、非常に多数の産業の企業が必要とする資本という極めて貴重な資源を統制するという理由からであると提案する。しかしながら、ミズルーキとデービス(Mizruchi and Davis, 2009a, 2009b)は、二〇世紀後半に市中銀行が連結ネットワークにおいて中心的ではなくなり、経済において影響力がなくなってきたが、それは、資本を必要とする企業が次第にコマーシャル・ペーパー(商業手形)を頼りにするようになり、それは、投資銀行によって仲介され、金融市場と年金基金によって買い占められるからであることを示している。

一九八〇年代に規制が弱くなると、金融が企業収益の主要な源泉となり、投資銀行が買収の高まりを促進し、フォーチュン五〇〇社の三分の一が消滅した。この新しい環境では、ＣＥＯ（Chief Executive Officer：最高経営責任者）が安全ではなくなり、社会全体はいうまでもなく、ビジネス・コミュニティの利害を考えるための余地がなくなった（Mizruchi, 2013: ch. 7）。ミズルーキとデービス（Davis, 2009a, 2009b）の両者は、米国における製造業の継続する衰退を指摘し、これは、「大企業は、米国の社会構造の中心の柱としての場所を失った」（2009a: 27）ことを意味した。企業は、現在、次第に機関投資家たちによって所有されている。ロー（Roe, 1994）によっても論じられているが、これらは、「企業統治においては、驚くほど受動的である」（2009a: 32）が、彼らの広範な株保有は、株価が企業業績の圧倒的な測度になることを意味する――それが「株主価値（shareholder value）」の隆興が意味する――ことである（Davis, 2009a: 32-33, 2009b: 77-88）。

ミズルーキは、法人株主が投資利益率だけに関心があったので、投資家の受託者としての彼らの役割にふさわしいように、ＣＥＯは、企業買収を避けるために株価に焦点を置かなければならなかったと示唆する。これが企業のリーダーシップの空白を引き起こした。この文脈では、「インナーサークル」が裕福になったが、コスモポリタンにはならなかったし、ビジネスが集合的行為者として「次第に無力に」なった。彼は、二〇〇八年と一九〇七年の危機を比較し、ＪＰモーガンが金融制度のために他のエリート行為者のサポートを集め、その制度を安定化する規制を成立させた。二〇〇八年に上手く組織化された企業エリートが政府と協力して、制度が秩序正しく、予測されるように運営されることを確実にすることができたならば、危機は存在しなかっただろうと、彼は論じている（Mizruchi, 2010）。その代わりに、投資銀行と市中銀行を管理する人々は、危険であり、「毒性の（toxic）」投資と戦略という結果になったものから莫大な利益を得て、制度全体の健全性への責任感をまったく持たず、その代わりに、短期的な利益に焦点を置き、彼らが作り上げた「バブル」がはじけて、その構造が最終的に崩壊するまで、目のくらむような勢いでその利益を蓄積したのである。同様な議論がジョンソンとクワック（Johnson and Kwak, 2010）によってなされ、彼らは、六つの大規模な銀行を新しい企業の「寡頭政治（Oligarchy）」と呼んでいる。彼らの説明では、これが、全体の経済の有利性よりもむしろ自分自身の優位性だけに焦点を絞っているので、これは、企業エリートの進化に関するミズルーキの説明と一致している。

「スモールワールド」に関する研究は、そのような命題を数量的に研究する方法を提供できるだろうか。私は、上記のように、そうでなければ分離しているネットワーク・クラスターを連結する紐帯を持つ行為者が権力を蓄積する潜在的な可能性を持つと提案した。しかしながら、彼らが常にこの潜在的な可能性を活性化するという保証は存在しないので、課題は、彼らがそうするかどうか、そして、どのような状況でそうするのかである。ユーズアムは、スモールワールドへの関心が一九九〇年代に復活する前に、執筆していたが、経済においてそうでなければまったく異なるものを含むセグメントをひとまとめに結び付ける諸個人の中核としての「インナーサークル」に関する彼の議論は、そのようなサークルが影響力を持つ必要条件が、まさしく、スモールワールド特性（property）――高度にクラスター化したネットワークであり、クラスター間の近道を提供する一連のノード（点：nodes）によってクラスター間のパス距離が驚くほど短い――を提案するものである。デービス、ユ、そして、ベーカー（Davis, Yoo, and Baker, 2003）によるスモールワールドに関する後の研究は、銀行による中心性の喪失、そして、一九八〇年代と一九九〇年代の経済活動の集合的集中（aggregate concentration）における減少が役員兼任のネットワーク内部の連結のレベルを変化させるかどうかについて問うものであった。彼らは、一九八二年、一九九〇年、そして、一九九九年のスモールワールドの測度は事実上同一であることを発見した。

これは、この調査結果が、中心においてまとまりのあるエリートがいない構造というミズルーキのイメージと一致するかどうか、という問いを示唆している。一つの決定的に重要な手がかりは、クラスター間を横断する非常に少数の紐帯がスモールワールド特性を生み出すのに十分であるので（Watts and Strogatz, 1998）、特性は多様な状況に調和するという観察である。デービス、ユ、そして、ベーカー（Davis, Yoo, and Baker, 2003：322）は、どんな理由であれ、単に、役員会が他の役員会によく結び付いている役員を連れてくるのを好む時に、それが起こるだろうと提案する。従って、ネットワークの測度と権力の結果の間には食い違いがある。すなわち、社会的、そして、制度的な文脈を取りさった、ネットワークの位置と構造だけでは、権力について私たちは何を知るべきかについて教えてはくれないだろう。ユーズアムは、彼に先立つミルズのように、多様なクラスターを結び付ける個人たちの中核が存在しただけでなく、この中核が社会的、経済的、そして、政治的活動に従事し、それらをまとめ、彼らの物の見方を広げ、凝集性の高い、コスモポリタンのリーダーシップを作り上げたと仮定した。市中銀行、大規模製造業者、そして、軍隊の請負業者が彼らの支配的な位置からいったん転落するならば、高度なスモールワールドの要因に関与するその一連の潜在的な仲介者たちが凝集的であり、あるいは、広範な見解を進化させるのに十分なものをもはや共有しなかったかもしれない。もしそうならば、単にスモールワールドが存在することは、中心的なエリートがそれを形成することが可能であるが、それは、そのような形成の十分条件ではないことを伝えるだけであろう。より質的な説明において、ユーズアムも、そして、より数量的な説明において、デービス、ユ、そして、ベーカーも、スモールワールド（small-worldness）を作り出すことに関与する一連の人々を明確に確認し、経済において権力を行使するのかどうか、そして、どのように行使するのかを理解するのに必要である方法で、分析してはいない。

そして、実際に、二一世紀のネットワーク構造に関するそれ以後の調査は、いくつかの力が組み合わさって、企業経済におけるスモールワールド構造の重要性と存在を弱めてきたことを明らかにしている。これらのいくつかは、チュウとデービス（Chu and Davis, 2015）による「誰がインナーサークルを殺したのか」という質問に答えようとする論文において指摘されている。そうでなければ分離されていたネットワークに自分たちのつながりを通じて「スモールワールド」を創造した人々が凝集性の高い権力を持つ集団であったかどうかを理解するために、最初に必要なステップは、彼らが誰であり、どのようにして彼らの位置に至ったのかを調べることである。チュウとデービスは、二〇世紀末および二一世紀初期には、兼任による連結を作った役員が選ばれる方法が二つの点で変化した。それは、彼らがどんな種類の人々なのか、そして、彼らの既存の紐帯の重要性である。

二〇世紀のほとんどを通じて、大企業の役員は主に白人男性であり、多数の役員会に参加することによって連結を作った人々はほとんどそうであった。二〇世紀の最後の四半期にこれが変化し、女性や少数派の人種が次第に取って代わり、企業の役員会に参加するようになった。確かに、二〇〇二年までに、スタンダード・アンド・プアーズによって特定されている規模が最も大きな一五〇〇の企業において、最も広い人脈を持っている五人の役員のうち、四人はアフリカ系米国人であった（Chu and Davis, 2015 : 10）。しかし、役員が次第に女性と少数派の人種になるにつれて、企業の頂点に位置する白人男性のエリートによって形成された凝集性の高い構造は、大きな業績を挙げた個人たちではあるが、個人的には権力を持たず、凝集性が高くない、代表的な集団に移行した。その集団は、ミルズやユーズアムが確認したようなやり方で異なる制度的セクターを結び付けることはなく、次第に、彼らの多様なコネクションのために選ばれることとさえなくなった。

二〇世紀の終わりまでに、銀行は、企業の連結ネットワークにおける最も中心的な種類の企業としての位置を失った。しかしながら、これにもかかわらず、企業ネットワークは、まだ高度に連結した（短いパス長の）ままであった。それは、「役員の高度に連結した中核」(7) がまだ存在していたからである。しかしながら、役員の選択の民主化、そして、その人自身では権力を持たない役員の選択によって、多くの役員会に参加する役員を選ぶ動因が減少した（これは、制度的な所属がなければ、権力のある個人は、まったく権力がなくなるだろうという、上記のC・ライト・ミルズのコメントを思い起こさせる）。さらに、いったん企業の不祥事が当たり前になると、企業が何をするのかに対する役員の軽視が問題となった。企業統治の改革に関心がある法人株主の組織にとって、多すぎる役員会に参加することは危険信号であり（Chu and Davis, 2015 : 10）、企業は、従業員が参加できる役員会の数を制限し始めた。チュウとデービス（Chu and Davis, 2015）は、二〇〇〇年に他の企業に二〇以上の役員兼任を持っていた企業は六二社であったが、二〇一〇年までには一つの企業だけであった。二〇〇〇年に（15）一七人の役員が六つ以上の役員会、四四人が五つの役員会に参加したが、二〇一〇年までに六つの役員兼任を持つ企業はなく、五つの役員兼任を持つ企業は一一だけであった（16）。「選好上の愛着（preferential attachment）」――自分の役員会に他の多くの役員会に参加する個人を指名する選好――の減少とともに、全体のネットワークが凝集性の高いエリートを可能にする「スケールフリー（scale free）」特性を失ったのである（Barabasi, 2002を参照）。ユーズアムやミルズのような学者は、役員兼任、そして、異なる制度的セクターの間を連結する、あるいは、仲介する個人の存在が、政治的統一と相対的に広範な物の見方を育てるリーダーとしてのエリートをどのようにして作り上げ、社会化したのかについて強調した。新しい構造はこれらのどれも遂行できないし、これは、エリートが各セグメントに断片化し、それぞれが自分自身の利害のみを追求するというミズルーキによる描写と一致するものである。チュウとデービスは、「役割兼任ネットワークは、米国の社会において誰が権力を持つのかについて、私たちにもはや多くを語らない」（Chu and Davis, 2015: 38）と結論付けている。

「スモールワールド」と経済における権力とのつながりに関して注意する別の理由は、つながりを用いてこれらをまとめることによって権力を生み出すのではない理由によって、企業がスモールワールド・ネットワークの創造を追求することである。従って、ボーム、シピロヴ、そして、ローリー（Baum, Shipilow, and Rowley, 2003）は、周辺的なカナダの投資銀行が投資企業連合における主流のクリークに紐帯を投げて自分の地位を改善しようとするが、中核の企業は、他の中核のクリークに働きかけて、自分たちの優位を維持しようとする。そのようなクリークを横切るいかなる紐帯も、スモールワールドの測度を増加させるが、権力のある個人を生み出すことはない。ガラッティと共同研究者（Gulati et al. 2012）は、コンピュター業界の企業間の協同（collaboration）に関する彼らの研究において、スモールワールド・ネットワークがどのようにして生じたかを理解することによって、増加し、減少するスモールワールド（small-worldness）の循環を私たちに期待させると提案する。役員兼任による連結とは異なり、彼らが研究する協同は、広範囲の活動を含んでいる。スモールワールドは、企業のクラスター間を橋渡しする紐帯に関与する。ここでは、クラスターは、組織が協同のパートナーとして、彼らが選択する組織であり、以前の協同を通じて、あるいは、以前のパートナーを通じて、よく知っている組織である（2012: 451）。新しく、重複しない情報を求めて、クラスター間を橋渡しする紐帯を作り出す企業がある。これらの紐帯は、平均のパス長よりも少なく、スモールワールド特性を作り出す。しかし、結果として、橋渡しする紐帯の数が増加し、「クラスター間の空間を飽和状態にして」（452）、一つの大きなクラスターを形成し、別々のクラスターが強化する知的多様性、そして、技術的多様性を減少させる。これが衰退する段階のスモールワールドである。これらのパートナーシップのすべてにおいて、連結を形成する個人たちは、自分の企業のために取り組み、スモールワールドを作り出すことによって権力を持つわけではないので、そのような諸個人の一群は凝集性のための基礎をまったく持たないのである。

従って、ここでは、結果として、スモールワールドを作り出す紐帯を持つ諸個人は、実際に、権力のある凝集性の高いエリートを形成するかもしれないが、彼らがそうするかどうかは、歴史的環境、制度的環境、そして、彼らの連結する紐帯が作り出された方法に依存するのである。よりマクロ社会的、マクロ経済的な枠組みにおいて、ネットワーク構造が権力にとって依然として重要であるが、スモールワールド特性は、いくつかについて私が示唆した特別な状況においてのみ重要であることが分かるであろう。スモールワールド特性と経済的権力の間のつながりに関する将来の研究は、このより大きい枠組みに入念に注意を払うことが必要である。

4　経済的権力に関するマクロレベルの視点

このより大きな枠組みについてもう少し触れることにする。依存性（他の人々が非常に重要であるとみなす資源の統制）、正当的権威、あるいは、課題の統制にもとづく権力を持つ諸個人は、通常、彼らの支配下にある人々に、実際にそうかもしれないが、比類なく熟練し、効果的であるように見える。しかしながら、目の前の状況から一歩離れてみれば、歴史的、政治的、そして、経済的な状況が、これらの諸個人を、いかに熟練していようとも、彼らの権力を展開する地位に就くように並外れた役割を果たしたことが分かるだろう。

そこで、例えば、パジェットとアンセルは、中世フィレンツェにおけるコジモ・デ・メディチが持っていた非常に大きい権力に関する説明において、彼がそうすることができる能力の中心的な源泉が、分離する政治的、経済的、そして、親族ネットワークの交点における戦略的位置であり、そこで、彼は、それらのネットワークが相互に融合するリスクなしに、それらを展開することができたことを協調した。しかし、それは、一連の歴史的状況であり、メディチ家の観点からは、「偶然（accidents）」と考えられ、それらは、メディチ家自身がほとんど権力を及ぼせないが、このネットワーク状況を作り出した、相互に関係しない原因から生じた傾向の巡り合わせを示すものであった。パジェットとアンセルは、コジモがフィレンツェ都市国家を引き受ける計画はまったくなかったが、彼の政党になるものの社会的基礎が「彼の周りに現れ」、一五世紀初期のミラノとの戦争において、彼は、「すぐ利用できるソーシャルネットワーク組織の政治的能力を突然理解したのである」（Padgett and Ansell, 1993 : 1264）とコメントしている。

そして、私たちが課題を統制することについて語る時、課題が何であるべきかについて特定の見解を有する人々がどのように、そして、いつ、それらの見解を押し付けることができる立場にあるのかを問うべきである。いくつかの場合には、マクロ経済的な傾向と法規制の変化が、行為者による行為者主体性の大規模な行使をせずに、一つの集団の見解に他の集団の見解よりも特権を与える状況を作り出すだろう。フリグスタイン（Fligstein, 1990）は、彼が「企業統制の転換（transformation of corporate control）」と呼ぶ事例を提供している。ＣＥＯと他の経営トップがどんな専門によって採用されたのかについて明らかにすることにより、彼は、二〇世紀米国における企業の統制が、どのようにして、まず、起業家から生産の専門家へ、そして、販売とマーケティングの専門家、そして、それに続いて、財務の専門家へ移行したのかを辿った。彼は、そのような個人がはっきりと区別できる「統制の観念（conception of control)」――彼らの製品のための市場をどのように最善の方法で支配し、損害をもたらす競争が回避されるのかに関する考え――をもたらしたと論じる。しかしながら、これらの時折――優れた手腕を持つ個人の個人的な技能――例えば、ジェネラル・モーターズの畏敬の念を起こさせる（redoubtable）アルフレッド・P・スローン（Alfred P. Sloan）――が何であったとしても、フリグスタインは、これらの転換が生じたのは、製品と消費者の市場を再形成したマクロ経済的、あるいは、政治的大変動によるものであると論じる。従って、大恐慌は、企業の環境を、重要なことが製造の効率である環境から、非常に懸念する消費者を説得して、あなたの製品、そして、あなたの製品だけを彼らが欲しいと思うようにしなければならない環境――そして、それが「統制の販売とマーケティング観念」への、そして、「事業部制」に反映される多様化への下地を作ったのである（1990 : ch. 4）。そして、経済が回復し、第二次世界大戦後の景気が進行中であったが、新しい反トラスト立法（独占禁止法）（一九五〇年のセラー・キーフォーバー合併禁止法：the Celler-Kefauver Act）が水平的、あるいは、垂直的合併を阻止したので、非関連の産業との合併は許容されたままであったので、そのような合併の財務的側面を評価し、諸企業を金融資産の束として考え出すことができた人々――すなわち、財務における訓練を受けた人々――が指導的立場に立ったのである。それは、新しい環境において不可欠であるのが彼らの技能であったからである（Fligstein, 1990 : ch. 5～ch. 8を参照）。

そのように、適切な課題に関するこれらの諸個人の観念が重要であったが、彼らの特定の観念は、彼らの統制を超え、個人、あるいは特定の企業の統制よりも大きな規模の出来事によって、優位になったのである。

フリグスタインの例は、私が「課題（agenda）」の統制と呼ぶものについて私たちが考える必要があることを示唆する。すなわち、それは、米国の大都市において何が主要な問題であるのかと人々が考えたことに関する一九五〇年代の政治学の論争よりも広義な意味においてである。この向こうには、何が経済的問題への最善のアプローチであるのかに関する一般的な観念がある。そのような観念は、事業経営者だけでなく、経済に関して一般的で抽象的な見方によって考えることを仕事にする有識者によっても保持されている。そして、それは、ケインズ派、あるいは、古典

╱新古典経済学の経済学者の観念のどちらが支配しても，公共政策にとって非常に重要である。特に興味深い事例がクリステンセン（Christensen, 2013，そして詳細は Christensen, 2017 を参照）によって明らかにされた。彼は，四つの小さな国——デンマーク，ノルウェー，アイルランド，そして，ニュージーランド——について考え，これらのうち，高度に新自由主義的な税制改革を採用した二国がノルウェーとニュージーランドであり，そのような改革が経済的目標というよりはむしろ政治的目標によって決定された二国がデンマークとアイルランドであったという驚くべき事実を指摘している。従って，一見したところ類似するスカンジナビアの国々は，ほぼ反対の政策を採用し，その理由は，ノルウェーとニュージーランドでは，専門の経済学者が，デンマーク，あるいは，アイルランドにおいては明らかにやらない方法で政策上の組織を支配したからであると思われる。そして，皮肉なことに，この支配が根を下ろす時，第二次世界大戦の前に，経済学者の間での合意はケインズ主義的なものであった。しかしながら，いったんこの合意が変化すると，一九八〇年代までに，専門の経済学者が政策を支配し続けていたが，その時までに，彼らの推奨の市場に志向した（「新自由主義的な」）解決は，もっと前の時期のものとはまったく異なっていた。

同じように，アベント‐ホルト（Avent-Holt, 2012）は，一九三〇年代から現在までの米国における航空会社の規制とそれに続く規制撤廃の歴史について詳しく述べている。専門の経済学者が次第に一九五〇年代からずっと新古典主義的になったが，これだけでは早くも一九三〇年代から根付いていた観念を変えるには十分ではなかった。その観念は，航空運賃を規制し，国民への最善のサービスを保証するものであった。経済的な外生的ショック，すなわち，一九七〇年代の深刻な不況と「景気沈滞下のインフレ（stagflation）」は，インフレーションと失業の間の逆相関を予測するフィリップス曲線が予期されなかった正の相関関係によって覆され，経済へ大損害を与えた。石油価格の急騰は，危機の主要な原因であったので，航空が最初に最も大きな打撃を受けた産業であった。これだけで規制撤廃に至ったわけではなく，この危機の前に，競争相手の航空会社は，動員について「規制されない競争はその産業において破壊的であるという支配的な文化的理解」（Avent-Holt, 2012 : 296）の枠組み内部で考えていた。しかしながら，一九七〇年代までに、自由な市場に関する新古典主義の擁護が介入主義者であるケインズ派の枠組みに挑戦し、それに取って代わり始めていた。これは、文化的な枠組みにおける航空の問題に対する解決に関する選択肢としての理解を入手することを可能にした。この枠組みは、伝統的な産業政策／国中心の行為よりも明確で分かりやすく見えるようになった。故に、これは、「文化が政策決定過程において物質的利害と相互作用する」事例であり、行為者が明確に定義された物質的利害を持っている時でも、「それらの利害においてどんな政策を追求するかは、文化的要因によって媒介される」（298）のである。

外生的な経済的ショックの到来について、私たちが効果的に理論化する、あるいは、予測するのは可能性が低いだろう。しかしながら、私たちは、異なる状況の下で特定の行為者に権力を与える際にそれらのインパクトを理解するためにより多くのことが可能である。私たちが、政治的制度において行為者がどれくらいの権力を持つのかについて問う時、国家レベルで提議される質問は、政治制度が民主的、権威的、あるいは、全体主義的であるかどうかを説明する方法である。同様な質問を経済的領域について問うことができるだろう。他のどの単位にも権威を行使する単位がない「市場」と呼ばれる何かと対照的に、すべての公式的な企業組織は、組織図に表されるような、そして、取引コスト経済学によって表され、おそらく、物象化されている（reified）ような、ハイアラキーを持っている。ニュージャージー・ベル電話会社の社長としての彼の経験を参考にし、その後、何十年間も組織理論に影響を与えた、バーナード（Barnard, 1938）が指摘したように、実際には、経済的権威はどれくらい広範な程度まで効果的に権威を行使することができるのかという問いが存在する。

経済学者は、長い間、企業がなぜ大きくなる、あるいは、小さくなるのかという一般的な問題、そして、ペンローズ（Penrose,〔1959〕1995）がやっと中心的な問題として焦点を置くまで、何が企業の規模を説明するものなのかを避けてきた。ペンローズの先駆的な研究でさえも、ずっと多くの数の人々の調整を可能にするのに十分なほど企業のハイアラキーがずっと拡張できるかどうかを分析するというよりも、むしろ、企業規模を説明する際に市場条件と資源の制約に主に焦点を置いていた。政治的権力、あるいは、経済的権力のどちらかの行使における一般的な問題は、誰も一人の個人では、彼自身、あるいは、彼女自身の物質的資源の力だけによって、多くの他の人々に対して命令することができないことである。一人の人間が数十、数百、あるいは、国家的レベルで、何百万の他の人々に命令することを許す、ある官僚制的な権威構造が必要とされ、これは、権威的な命令を、多くの層、あるいは、多くのレベルを通じて、服従を生み出すようなやり方で伝えるために、実際のハイアラキーがどのようにやっているのかを私たちに分析させることに至るのである。

これは、大規模なテーマであり、ある意味で、すべての政治的分析の焦点であるが、その構造的な側面はめったに明示的に分析されてこなかった。サイモン（Simon, 1997）、そして、マーチとサイモン（March and Simon, 1993）のような組織理論の古典的研究では、組織におけるハイアラキーに関する考察が確かに存在し、二〇世紀の初頭以来、最適なハイアラキーとはどんなものであるのか、そして、監督者が持つ部下の理想的な数はどれくらいなのか（いわゆる「管理の幅（span of control）」問題）に関する考察が存在してきたし、一九六〇年代の初めに、「コンティンジェンシー理論――例えば、Woodward（1965）――どんな市場条件の下で、経済活動を調整するためには、急勾配のハイアラキー、あるいは、より平らなハイアラキーのどちらが優るのかに関する考察」が到来したのである。しかし、これらの考察は、単一の組織ハイアラキーの内部で命令がどのように最も上手く構造化されるのかという問題に限定され、従って、大規模な他部門の企業の経済的枠組みの内部において、権力がどのように作り出されるのか、行使されるのか、そして、維持されるのかという大きな問いに取り組んでいない。

しかし、これは、重大な問題であり、それを興味深く、重要なものにするのは、部分的に、その純粋に構造的な側面であり、それらの側面は、歴史的ならびに、制度的枠組みの外部では理解し難いのである。ここから続く私の考察は、戦略的に置かれた信頼の紐帯によって、信頼関係が第一次集団をずっと越えて広がり、従って、大規模で複雑な現代的構造における力であり続ける方法に関する第3章の考察と同一の構造を持っている。これは、信頼を対人的な知識と感情が大きな位置を占める，小規模で凝集性の高い状況だけに関連させる議論とは正反対のものである。実際に，第3章の第4節におけるその考察は，私がこれから述べようとすることの序文として読むことを提案する。それは，そこで私が述べている紐帯の大部分が権力だけでなく信頼関係も必然的に伴うからである。

経済的権力を利用する一つの方法——自分が統制できる資源から期待できることをずっと超えて権力を行使すること——は，所有のピラミッドを構築することであり，（家族のような）持分権（ownership interest）が一つの企業を統制し，それが第二の企業の経営支配権（controlling interest）を持ち，そして，それが第三の企業を統制するというように続くことは，二〇世紀初頭以来，社会評論家によってよく理解されてきた。ここで留意すべきは，統制するための株式は，過半数である必要はないが，多くの場合，それは，最も多い株式であり，いくつかの場合には，一〇パーセント以下であるということである。これらの企業の最初の企業は，事業会社であるか，あるいは，純粋に他の企業の株式を保有する目的で組織化されるので，よって「持ち株会社（holding companies）」の名があり，「企業合同（trusts）」の後継者である。それらの親会社（controlling companies）は，その資源から生じるよりもずっと大きな権力を行使するだけでなく，ピラミッドが数レベル以上あるかどうかを部外者が確かめるのがまったく困難であるような方法で権力を行使するのである。

ザイトリンとラトクリフ（Zeitlin and Ratciff, 1988）がピノチェット（Pinochet）以前のチリについて提案するように，左派からの評論家は，そのような配置が凝集性の高い支配階級の権力を隠すとしばしば論じた。しかし，主流の金融経済学者でさえも，所有の連鎖——例えば，LaPorta et al.（1999：特に，476-491）——の重要性について注目し，ピラミッドの定義と豊富な事例と図を提供し，非常に多くの国々における重要な大企業の実際の所有者が誰であるのかを知るのがいかに困難であるのかを示している。所有の連鎖が非常に多くの会社に広がり，国境を越えることもまれではないことが，彼らの事例，考察，そして，分析から非常に明らかなことである。株式所有と統制権（control rights）に関する会社法と慣行がどのようにしてそのような連鎖が組織化されているのかを決定するので，実際には，いくつかの想像可能な構造だけが存在できることが、ここでは暗黙ではあるが、また、明らかなことである。

ここで特に啓蒙的であるのは、韓国の企業集団（business group）（チェボル：*Chaebol*）における所有パターンに関するドクチン・チャン（Dukjin Chang）の考察である。チャン（Chang, 1999）は、統制の戦略を明らかにするためにソーシャル・ネットワーク分析の現代的方法を用い、すべての可能な戦略の中から、制度的、ならびに、文化的制約という理由によって、これらの特定な戦略が選択されることを強調する。チェボル（例えば、ヒュンダイ、LGエレクトロニクス、サムスン）は、他の企業集団のように（Granovetter, 2005を参照）、法的には独立しているが、相互に高度に調整された企業の集まりから構成されている。構成要素である企業が緩やかに調整され、明確なハイアラキーをまったく示さない日本の（第二次世界大戦後の）系列（例えば、三菱、三井、住友）とは異なり、韓国の集団は、通常は、たった一つの家族によって支配され、ほとんど必ず創業者の家族によって、そして、その家族の内部でただ一人の最有力人物によって、支配されている。この権威は、支配的な家族が集団内企業の株式を所有し、その企業が他の集団内企業の株式を所有し、などのような複雑なネットワーク戦略によって支持されている。これは、「所有する家族に極めて大きい統制力を与え、それは、多層のハイアラキーの最上部にいることで、彼らが自分たちの統制力をしばしば増幅させることが可能であり、例えば、株の相互持ち合いによって株式所有者の株式の元々の価値の一〇〇倍まで増加できるのである」（Chang, 1999 : 12）。

他の分析の説明に役立つ例を超えて、チャンは、一九八九年のトップ四九企業のチェボルからのデータを用いて、ブロックモデリング法を活用し、所有の典型的なパターンを見つけた。彼は、企業が三つの可能な役割の一つを果たしていることを発見した。すなわち、「統制者（controllers）」は、所有（ownership）の紐帯を送るが受け取ることはしない役割、そして、「仲介者（intermediaries）」は、統制者から株式の紐帯を受け取り、それらを第三の役割にある企業「受け取り者（receivers）」に伝えるのである。仲介者の役割を持つチェボルは、その家族の統制力を増幅する能力がずっと大きい（Chang, 1999 : 117）。さらに、彼は、単にハイアラキーだけでなく、入れ子になった（nested）ハイアラキーも発見し、そこでは、一連の仲介的な企業の内部における階層的な所有関係それ自体が、統制者の企業に関連するさらに大きなハイアラキーの中に入れ子にされていることが分かった。そのような入れ子は効率的である。それは、平均的な紐帯を仲介的な役割セットにおけるすべての企業に送る代わりに、ヒュンダイのように、統制者が「強い紐帯（すなわち、相当な持ち株）を仲介的なハイアラキーのトップに向かって位置するいくつかの企業に送る」ことが可能であり、それは、資本を極めて有効に活用することであり、その家族が「行為者間の関係の活用を通して、最小の資源を利用して最大の統制を達成する」（139）ことを意味するからである。

しかしながら、私が決定的に重要であると論じるテーマを繰り返していうと、この特定のパターンは、構造的な効率性だけでなく、それがその状況の文化的、歴史的、そして、制度的なパターンとうまく適合しているからである。特に、チャンは、いくつかの要因を列挙している。一つは、一九六〇年代と一九七〇年代の韓国政府は、国によって後援された容易な信用取引によってチェボルを拡大するように奨励し、非常に高い負債資本比率をもたらした。一九八六年の反トラスト法（独占禁止法）は、企業が別のチェボル企業の株式におけるその資産の四〇％以上を所有することを禁じたので、そのような一対の企業が相互に株を持ち合うことができなかった（1999:9）。最後に、韓国では、営利企業における家族の統制、特に、男性の家長によって行使される統制が文化的に非常に重視されている。この長く制度化された一連の規範は、そのような家長の権力を正当なものに見え、これらの企業の参加者に従わざるを得ないものと思われるのである。諸要素のこの組み合わせは、その集団の構成要素であるいかなる企業の収益性よりも家族の統制を優位させる努力をもたらし、入れ子になったハイアラキーは、最も効率的な構造であり、それによって、株式を家族の境界内の統制下に置き、また同時に、関連する法律に従い、資本を低率で補助を受けた金利で容易に入手できることを利用した（142）。チャンは、それに続く研究において、一九九七年のアジアの通貨危機に続くワールドバンクのような国際主体によって促進された改革は、主導的な家族によるチェボル、そして、全体の経済への支配力を弱めることを意図していたが、代わりに起こったことは、いつかの既に周辺的なチェボルは倒産したが、他のチェボルの家族はさらに強くなった。それは、部分的には、所有の手段をもっとさらに効率的にする方法で、上記の所有のネットワークを精緻化したからである（Chang, 2000）。

従って、一連の文化的、そして、制度的な影響は、家族のような社会的単位――そして、韓国の事例において、家族は内部が民主主義ではなく、代わりに、単一の人によって支配されている――が金融ネットワークにおいて影響力を行使し、経済の大きな部分を支配することができるのである。これらの垂直の紐帯は、ユーズアムと他の人々が全体の経済システムにおける「パワーエリート」を作り出すと強調する、凝集性の水平の紐帯と異なり、そのような水平の紐帯が韓国に存在するかどうかを知るのは難しい。チェボルの別々の産業帝国が編み合わされ、結婚の紐帯を通じて、政治エリートに結び付いているという広まった認識が存在し、これは、大衆紙における共通のテーマであり、エリート凝集性の「スモールワールド」構造を形成する可能性がある。しかしながら、これに関する体系的な調査はほとんどないし、ハン（Han, 2008）による結婚の紐帯に関する探索的研究は、韓国におけるチェボル間の凝集性がランダムに期待されるよりも明らかに大きいとしても、いくつかのパワーエリートの議論は誇張されていると示唆する。

さらに困難な問題は、権力を有する個人が出現し、経済構造の諸部分を支配し、そのような諸個人が協力して凝集性の高いエリートを形成させるような一般的な最初の構造的、制度的、そして、文化的な影響は何であるのかということである。私は、二〇〇二年の論文において、極度に分断されているか、あるいは、非常に緊密に結び付いているかのどちらかである紐帯の構造は、両方とも、個人が多くの経済的権力を行使する可能性を低くすると提案した。最初の場合には、相互にまったく非連結である断片を集めて、協調して行動させる方法が存在しないからである。第二の場合には、誰もが他の誰とも既に相互に接触している状況では、仲介を通じて権力を獲得できる行為者はいないからである。これは、産業内部における「スモールワールド」の崩壊に関するガラッティと他の研究者（Gulati, et al. 2012）の考察に相当する点である。従って、権力を有する行為者の潜在的可能性は、ある程度のクラスター化、および、クラスター間の少数の連結を持つ構造に依存し、その記述は、「スモールワールド」の記述と類似するものである。政治社会学と歴史学において、これは、中世の西ヨーロッパにおける国民国家の出現が、地域の構造が少ない場所よりも、むしろ凝集性の高い封建制度の荘園によって支配されている空間において起こりやすいというマルク・ブロック（Marc Bloch）とその他の人々による議論と比較可能であり、それは、クラスター内部の権威関係が既に存在し、そのようなクラスター間を仲介する適切な連結によってまとめられれば十分であったからである（Bloch,〔1939〕1961）。

最後に、私は、どの個人たちが権力を有し、彼らがどのくらいの凝集性を持ってそうするのかにインパクトを与えるいくつかの要因は、個人たちの視界、あるいは、統制をはるかに超えたマクロレベルに存在する。ここで、焦点を大きく失ってしまうことなしに、個人の権力のすべての主要なマクロレベルの源泉について扱うことは、実際的でない。例えば、マクロレベルの地政学的な現象は、経済的権力をもたらす最初の資源配分を決定する際に重要な役割を果たす。一つの興味深い事例は、比較的少数の行為者が、偶然に、不均一に分布し、高度に価値付けられている資源を掌握する時であり、これは、包括的で、長期の依存性が生まれる一つの方法である。いくつかのミネラルがこのカテゴリーに当てはまる。例えば、塩は、中国王朝（例えば、Hucker, 1975を参照）、そして、ブルボン王朝から近代までのフランス（悪名高い塩税である、the *gabelle*、革命的な *cause celebre* に関する Kurlansky, 2002: ch. 14を参照）まで、多くの時代と国々における経済的、そして、政治的権力の長年に亘る源泉であった。明らかな現在の事例は、中東の石油である。財の移動が非常に重要である場所で、戦略的な水路、隊商路、あるいは、山岳路における重要な地点のような輸送の障壁を統制することは、かなりの影響力を生み出すことが可能であり、そして、それは、取り除くのが困難な経済的権力を与える最初の場所と才能から生じるのである。軍事征服は、全住民を服従させることをもたらし、彼らは、プリンシパル（principals、依頼人、本人）[11]の不本意な経済的エージェント（agents、代理人）になり、前者の政治的権力が多くの種類の農奴制と強制労働（peonage）のような奴隷化（enslavement）、あるいは、ほとんど同等のものをもたらすのである。

しかし、本書のような扱いにおいて、このような種類の要因は、背景として簡単に指摘するだけで、さらに十分に調査することは他の人々に任せることにする。従って、あとに続く第5章と第6章では、諸制度、そして、それらが経済をどのように形成し、そして、次は、経済によってどのように形成されるのかに関する一般的な議論に向かう。これらの章は、経済を構造化する際の考え、規範、枠組み、そして、文化の役割に関する第2章における考察と直接関連し、私は、そのような「精神的構成物」がどのように信頼の発生と経済的権力と権威の行使に関係するのかについて指摘する。

第5章　経済と社会制度

本章と第6章は、規範、信頼、そして、権力――基本的概念であるが、各概念は、経済組織を作り出すものに関する部分的な説明だけを提供する――に関する章に続くものである。これらの別々の考察の各々は、そのテーマが、どのようにして個人のレベル、小集団、あるいは、完結的なコミュニティを超えて現れたのかについて検討して終了した。そのようなメゾレベルとマクロレベルの検討は、必然的に、社会制度に関する考察をもたらしたが、これらの説明は、途切れた状態であり、ここでは、より体系的な議論を提供する。

私は、学問分野としての社会学が多くの点で特色を有するものであることに注目することから始めるが、最も有意義なのは、社会生活、経済的、政治的、社会的、宗教的／イデオロギー的、そして、他のもの、すべての主要な側面に社会学が重点を置くことであり、そのどれも因果的な優先性（priority）を持たないという社会学の想定にあると私は信じている。私は、優先性に関するいかなる主張も――そして、そのような主張は社会科学において一般的である――社会生活を説明するのに必要な知的で分析的な柔軟性を見送ってしまうと提案する。経済に作用する制度は、常に、純粋に経済的なものにとどまらない。多くの特定な事例において私が論じるように、社会的、政治的、知的、法的、そして、家族の影響が、どのように経済が進むのかを形成する際に中心的な役割を果たす。制度セクターに関するこの解釈は、私たちが経験するような、社会生活の独特な質感を作り出すので、人々が自分たちの必要を満たすために自分たちの定義する対象やサービスをどのように作り出し、手に入れ、使用するのかに対する私たちの理解を広げようとする時に、私たちが留意する必要のある点である。前述の三つの章において私が強調したように、個人と小集団に起こることは単一の規範や文化的要素と同じほど重要であるが、個人や規範は、より大きな社会的文脈に関する考察なしには、存在できないし、理解できないということに私たちは常に留意する必要がある。これは、社会的制度の検討をもたらすのである。

1 制度と「論理」

私たちは、「社会制度（social institutions）」とは何を意味するのかについて述べることから始めよう。社会制度の最も典型的な定義は、社会的行為の特定された集まりがどのように実行され、そして、実行されるべきかについて定義する持続的パターンのセットである。マホーニーとテレン（Mahoney and Thelen, 2009）は、『制度的変化を説明すること（*Explaining Institutional Change*）』において、制度を「行動を構造化し、容易に、あるいは、瞬時に変化できない、政治的、そして、社会的生活の相対的に永続的な特徴（規則、規範、手続き）」（2009:4）と記述している。これは、私たちが単一の「制度」と呼ぶものの周りに、どれくらい大きい、そして、どんな種類の境界を引くのかについては余地を残しておくことになり、ここには、分析者が自分たちの特に理解したいパターンのセットを「制度的」と典型的に定義するので、標準的な習慣は存在しない。従って、米国議会のような特定の議会を支配する規則のセットが「制度的」分析（Sheingate, 2010を参照）と呼ばれるようになる対象であるかもしれないが、より広い考察において、これは、「政治制度」というテーマの比較的小さな部分集合（subset）とみなされるだろう。「組織の制度理論（institutional theory of organizations）」（Meyer and Rowan, 1977、そしてDiMaggio and Powell, 1983の影響力のある論文を参照）は、通常は、単一の産業に焦点を置かれる「制度論理（institutional logic）」に言及する派生物を生み出したが、これについては、以下の節で詳細に考察する。

全体社会のマクロレベルでは、制度を確認する典型的な二〇世紀の方法は、経済、政治、家族、宗教、科学、そして、法律体系などの明確な社会的「機能」を実行する社会的活動の集まりをリストすることであった。これらのすべては、「制度」という用語を変更する形容詞に転換され、「経済制度」、「法制度」のように用いることができる。しかし、これは、厳密にはどんな制度のセットがそのようなリストに属するのか、そして、そのリストが完全なものであるかどうかをどのように分かるのかという問いをもたらす。これが社会科学者を心配させなかった時代があったが、それは、社会が「繁栄し」、「存続する」――彼らが、かつて、その意味が中立的で、問題が無いと考えていた用語――ために達成されるには、どんな「機能」が必要とされるのかについて、彼らが徹底的に考察できると想像したからである。そのようなリストに対する初期の試みは、アバリー、その他の共同研究者（Aberle et al. 1950）によって行われ、これが著名な二〇世紀の社会学者、タルコット・パーソンズ（Talcott Parsons）の四つの部分から成るA-G-I-L図式に進化し、各文字は、彼が社会にとって不可欠であると考えた四つの「機能的要件（functional prerequisites）」の一つを表した。すなわち、A（環境からの資源の適応）、G（社会の同意された目標の遂行）、I（社会の様々な調和ないし可能性のある諸要素の統合）、L（「潜在的（latent）」なパターン維持と緊張管理）である。これらの機能を遂行する実際の制度は、より具体的な分析レベルにあり、一般的には、パーソンズは、経済が適応の主要な制度的源泉であり、政府が目標達成の主要な源泉であり、法制度が統合の主要な源泉であり、そして、家族と宗教がパターン維持の主要な動力であると論じた（彼のよくまとまった説明の一つは、Parsons, 1961を参照、そして、経済がこの図式にどのようにうまく適合しているかに関する包括的な説明は、Parsons and Smelser, 1956を参照）。その議論において、語られないままであるが、非常に重要なのは、社会がまとまった社会システムであり、その様々な諸部分は円滑に整合し、その参加者は、追求されるべき目標について一般的に合意しているという想定である。一九六〇年代の政治的、そして、文化的な混乱の一つの遺産は、そのような想定が、二〇世紀半ばの「構造機能主義」社会科学において典型的であったが、紛争や変化に対する重要な余地をほとんど残さないという認識であり、そのような認識から生じた知的な逆流は、そのような静力学的な議論を決定的に時代遅れであり、政治的だけでなく、知的にも単純であるように感じさせた。

従って、二一世紀においては、必要な社会的機能について明確に定義されたリストに同意する、あるいは、そのようなリストの作成を試みることが意味あると考える社会的分析者はほとんどいないだろう。さらに、これらのリストによって確認されるすべての制度が重要であることは多くの人々が賛成するだろうが、科学のように、諸活動の複合体が存在し、それは、まとまった意味と広く理解された規則と報酬のセットを持つという一般的な観念には適合するが、多くの社会は科学的制度がなくても機能してきたので、機能的要件のリストによって生み出されるものではない。従って、制度という考えを社会的機能性（social functionality）から切り離す必要があるのは明らかであると思われる。

機能的な拠り所がない時に、制度に関する考えは、経済、あるいは、政治のような明確に定義された領域における特定の種類の結果に志向する行為の明白な集まりから遠ざかったのである。人間科学における認知への関心の増加と一致して、分析者は、制度が定義された領域における行動の単に規範的指針だけではなく、選択と個人が活動する枠組みについての個人の認知も形成するという考えに焦点を置いてきた。このような理由で、何が主要な制度的な領域であるのかに関する議論は、経験された出来事を理解することが可能である枠組みを提供する「スキーマ（schemas）」（時折、ギリシャ語の「schemata」と表される）に関する認知心理学から考えを導き出すようになった（特に、これらの関連についての精緻化はDiMaggio, 1997を参照）。個人が自分の世界を精神的にどのように構造化するのかについて非常に類似する概念は、社会心理学、そして、認知心理学における「スクリプト（scripts）」（例えば、Sternberg and Sternberg, 2017 : ch. 8を参照）、そして、社会学者によって発展された考えである「フレーム（frames）」（Goffman, 1974 ; Snow et al., 1986）、そして、行動経済学（例えば、Tversky and Kahneman, 1981）において顕著に取り上げられている。これらの議論は、定義されたセットの社会活動とのつながりを捨て去ったわけではなく、そのような伝統的な領域の境界に容易に適合するか、あるいは、適合しないという考え方を強調する。

例えば、フリードランドとアルフォード（Friedland and Alford, 1991）は、影響力のある論文において、主要な社会制度は、資本主義市場、官僚制国家、民主主義、核家族、宗教、そして、科学であると論じる（232, 248）。これらの「制度的秩序（institutional orders）」の各々は、「中心的な論理」、すなわち、その「組織化する原理（organizing principles）」を構成する一連の「物質的慣行と象徴的構成（material practices and symbolic constructions）」を持っている。例えば、資本主義の「制度論理」は、

> 人間活動の蓄積と商品化である。国家のそれは、合理化、そして、法的で官僚的なハイアラキーによる人間活動の規制である。民主主義のそれは、参加と人間活動への国民の統制の拡大である。家族のそれは、コミュニティ、そして、そのメンバーへの無条件の愛情（loyalty）と再生産のニーズによる人間活動の動機付けである。宗教、あるいは、ついでに科学もいえば、真実、そして、すべての人間活動が生起する現実の象徴的構成である（248）。

ここでの「制度論理」の使い方は、私が次の節で考察する、「組織の新しい制度理論」において展開されたその用語の通常の産業別の使用よりもずっと広い範囲を持つことに留意して欲しい。制度について語るための一定の同意した専門用語が存在しないことが重大な混乱を作り出し、研究者たちが同じテーマについて言及しているという錯覚によって彼らの話が噛み合わない状況が生み出される。私は、専門用語を標準化することを試みず、少なくとも、私が関連する用語をどのように使うのかを明らかにすることを望むのである。

　ボルタンスキーとテヴノ（Boltanski and Thevenot, 1999, 2006）は、社会的「機能」、あるいは、「制度」にさえ言及せずに、同様なテーマについて考察している。代わりに、彼らは、「正当化（justification）」の原則について語り、すべての社会的行為者は、他者に対して、自分の行為を正当化し、そうするために、独特の原則を提供する特定の準拠枠の内部で活動する必要があると想定する。彼らは、六つのそのような枠組み、あるいは、「価値の順序（order of worth)」、あるいは、「世界」を識別し、各々がそれ自身の正当化の原則を持っている。「ひらめき（inspiration）」の世界は、芸術家によって用いられる基準のように、美的基準によって支配され、家庭内の（domestic）世界、名声／名誉の世界、市民の世界、市場の世界、そして、（価値が効率にもとづく）産業の世界（1999：369-370）がある。

すべてのそのような提案は、社会的世界が諸領域に分割でき、各領域では、暗黙、あるいは、明示的な規則、あるいは、基準のセットが、価値、あるいは、行動の適切さ、あるいは、社会的取り決めを判断する際に適用されることが一般的に同意されていることを明記している。しかしながら、そのような提案の魅力にもかかわらず、制度を社会的機能、あるいは、明確に定義されたセットの活動に適合させるという目的がいったん放棄されると、明確なセットの第一原則から導き出されないという意味で、そのようないかなるリストも恣意的に見えるので、制度として確認するための諸活動のセットに引かれた境界が正確に位置付けられているかどうか、あるいは、社会的に重要であるが、リストには載っていない、活動のクラスター、あるいは、論理、あるいは、スキーマが存在するかどうかを決定する簡単な方法を私たちは持たないのである。私の目的には、この問題を解決したい、あるいは、する必要があるわけではなく、特定の文脈において、どんなセットの活動が集まるのかについて経験的に理解し、それを分析の出発点とすることを明記するだけである。これは、単に、その場しのぎの（*ad hoc*）基準ではなく、人間行為の実用主義（pragmatic）な見解への私の選好に対応するものであり、この見解は、人々を問題解決者とみなし、彼らは、私たちが制度を物象化され（reified）、確定された領域と定義すると考える場合に想像するような、特定のセットの制度論理と強く結び付いているのではないというものである。これは、いかなる時にも、既存の制度と論理が重要ではないということを意味しない。それらは、行為のための重要な準拠点である。制度的変化について語ることは難しく、挑戦的なことであるが、そうせずに、社会組織の動態について理解することも不可能である（Mahoney and Thelen, 2009を参照）。

2　中範囲の制度——産業における制度論理

規範の集まり（cluster）が経済活動をどのように規制したかについて考察した最初の理論家の中に社会学の組織理論家が存在し、規範的モデル、あるいは、「制度論理」を主張し、それらは、特定の「組織フィールド（ogranizational fields）」、すなわち、相互作用する組織の集まりを緩やかに意味する概念に適用され、実際には、通常、特定の産業とそれが相互作用する消費者、投資家、弁護士、議員、規制者、そして、様々な他の人々について言及するものである(1)。この組織の「新制度」理論（この用語は社会学と経営学において使われているが、「新制度」経済学の使い方とは大変かけ離れている）における影響力のある論文は、ディマジオとパウエルの一九八三年の論文である（DiMaggio and Powell, 1983）。この論文は、なぜ「特定の領域」内部の組織が多くの点において相互を模倣するのかについて考察し、それも模倣された活動が特に役に立つ、あるいは、効率的であるとは思えない時でさえも、なぜ相互に模倣するのかを考察する。この伝統における研究者は、集権的な人的資源部門のような革新の早期の採用者はこれがどのように効率性を促進するかについて敏感であるが、これがいったん現代の組織がどのように活動すべきに関するモデルになると、採用が経済的結果から分離し、代わりに、このような方法で組織化することがより正当的であり、現代的であるという一般的な意味に志向するようになると論じる（例えば、Tolbert and Zucker, 1983; Baron, Dobbin, and Jennings, 1986; 社会科学における組織の「制度」理論の歴史と進歩に関する一般的な考察は、Scott, 2014 を参照）。

「規範のための市場」、あるいは、ある効率的な淘汰過程（本書の第2章を参照）から決して生じるのではなく、そのようなモデルは、次第に専門職化された人的資源（初期は「人間関係（HR）」と称された）専門家のように、訓練が非常に真剣に受け取られることにつながるコンサルタントや専門職者によって広められる。これらの行為者は、組織が志向する課題（agenda）に対する彼らの統制によってかなりの権力を行使する。人間関係の集権化は、また、企業が相互作用する他の組織への依存性にもとづく圧力、そして、特に、第二次世界大戦中の物質的、そして、人材不足の拘束の下にある連邦政府の要求（Baron et al. 1986を参照）からの圧力の下にあった。この伝統の多くの後の研究は、より現代的で正当的であると考えられる組織は、これが生み出す評判的な効果からよい財政的結果を達成するかもしれないが、効率的な結果よりも正当性に結びついているように見える組織的革新を指摘する。ここでは、経済行為者に彼らが何をすることが想定されるのかを告げる一連の規範から、組織の地位にもとづく報酬を作り出すモデルを設定する現代の最先端の組織がどのように見えるのかという一般的な観念に変化することに留意してほしい。従って、これは、一連の詳細な行動上の規定よりも認知的枠組みであり、これは、それを枠組みの効果の社会心理学や行動経済学の領域に至らせ（文化と認知に関してDiMaggio（1997）を参照）、分離した個別の規範のインパクトからさらに離れるものである。

従って、政府の権力の行使、官僚制化における社会全体の影響力の増加（Bendix, 1956）、企業と大規模な産業労働組合との相互作用がすべて、雇用関係の組織化に影響を与えた。これらの異なる力の相対的なインパクトに関する研究においてかなりの論争が存在する。しかしながら、それらのすべての研究は、それらの力が単一の別々の操作的規範の影響に関してではなく、その代わりに、長期の歴史的動向、行為者間の権力関係、そして、様々な規範の導入に関与しているという共通点があり、様々な規範は、ある意味で、すべて同じ方向を指し示しているが、フレデリック・ウィンズロウ・テイラー（Frederick Winslow Taylor）の「科学的管理法（Scientific Management）」における時間動作研究と集権化された人間関係部門の採用との間の経験的相関（Baron et al. 1986を参照）のように、それらは依然として定義として（*definitionally*）結び付いているわけではない。

社会学的組織理論における新しい制度の伝統から生じた「制度論理」の議論のほとんどは、規範の強大な支配の包括的な議論をするよりもむしろ、特定の国における特定の産業に適用したものであり、特定の産業が組織化されるために最も適切な方法とは何かに関する代替的観念（alternate conceptions）がどのように存在するのかについてしばしば議論し、その観念は、相互に競争して、時間とともに、一方が他方に取って代わられるか、あるいは、その産業を複数のセクターに分割するかという、各々が異なる規範的／認知的モデルに倣うのである（制度論理に関する一般的な考察は、Thornton et al. 2012を参照）。

より典型的な議論は、異なる時期に亘る論理の進化を辿るものである。従って、例えば、ソーントンとオカシオ（Thornton and Ocasio, 1999）は、高等教育出版が一九六〇年代と一九七〇年代における「編集の論理（editorial logic）」から「市場の論理」へどのように変化したのかについて記録し、編集の論理では、小規模な出版社が個人所有であり、編集者が「ライフスタイルと専門的職業として出版に従事していた」（808）が、市場の論理では、目標が企業の競争的な位置と収益を築くことであった。

「制度論理」学派における多くの著者のように、彼らは、自分たちが記述する変化を分離したものとしてではなく、むしろ、それを広範な社会的動向、この場合には、産業の専門職的な観念から、需要の急速な拡大と結果としての生産と市場の規模の拡大によって部分的に促された市場の原理への広い範囲の社会的転換と結び付けている（Thornton and Ocasio, 1999 : 816）。同様なのは、ヘイブマンとラオ（Haveman and Rao, 1997）による一九世紀末から二〇世紀初頭の米国の貯蓄金融機関（thrift industry）の変化に関する説明である。以前のカリフォルニア貯蓄金融協会は、人々がお互いを知り、相互に信頼する地域コミュニティにおける相互関係と共通の目標のための強制的な貯蓄（1997 : 1613-1616）を強調した「有限プラン（terminating plan）」にもとづいていた（私は、そのような図式と「交替制信用組合（rotating credit association）」において世界中で具体化されている図式との類似性を指摘する――Ardener, 1964 : 201-229、そして、合衆国のエスニック集団については、Light, 1972を参照）。これらは、一九三〇年代までに異なる論理、および、非個人性（impersonality）、官僚制、そして、任意貯蓄にもとづく「道徳的情操論（theory of moral sentiment）」に取って代わられた（Haveman and Rao, 1997 : 1624）。ここでは、著者たちは、その変化を、進歩主義（Progressivism）と結び付けられ、ウィーブ（Wiebe, 1967）の古典である『秩序の探索（The Search for Order）』に詳しく説明されている合衆国における一般的傾向によるものとみなしている。ウィーブの著作は、進歩主義運動が「協同を官僚制化し、合理的な意思決定者に彼らが望むように貯蓄する自由を与えることによって、特定の解決に道徳的で理論的な説得力を与えたのである」(Haveman and Rao, 1997 : 1644)。

かなり異なる事例において、ラオと共同研究者（Rao et al., 2003）は、フランスにおいて、どのようにして、ヌーベルキュイジーヌ（*nouvelle cuisine*）運動が、一九世紀末から二〇世紀半ばまでにエスコフィエ（Escoffier）の古典的な料理法、そして、ルコルドンブルーのような料理学校と争い、結果として、完全にというわけでなく、大部分、それに取って代わった――新鮮さ、シェフの創作力、単純さ、新しい技術と材料、そして、季節と市場とともに変化する短いメニューを強調した社会運動であった――ことを明らかにした。彼らは、制度論理における変化は、部分的に、専門職のシェフによって導かれた社会運動の結果であり、それらのシェフの名前は、新しい動向と同義（例えば、Paul Bocuse）となり、社会運動に関する一般的な研究が関係すると強調する。従って、ここには、確かに強い規範的な要素が存在するが、それは、全体の「流派（school of thought）」[2]を定義する大きな準拠枠において支持されている。しかし、ラオと他の研究者は、さらに踏み込んで、この変化が料理とレストランの経済領域に切り離されているのではなく、フランスにおける広く社会的な変化と関係し、その変化とは、新しい文化的な方向、すなわち、文学、映画、そして、劇場における「ニュー・ウェーブ」において発言する手段を見つけ、一九六八年のパリの通りの大変動によって例示される反権威主義的流れに向かったと示唆する（2003 : 802-805）。

制度論理における変化に関する議論の支持者が、なぜそれらの変化を恣意的、あるいは、無作為なものとしてではなく、むしろ、規範的枠組みにおける一般的な変化を象徴するものとして描きたいのかは、理解するのが容易である。しかしながら、問題となっている変化が非常に包括的であるので、その道のあらゆるパターンを押し流したのかどうか、あるいは、分析のために抽出された事例において、有名なパターン、あるいは、議論によって馴染みがある方向に変化した論理に有利な選択バイアスが存在するかもしれないが、それは、進歩主義のような象徴的な運動にもかかわらず、ほとんど変化しなかった、あるいは、異なる方向に変化した事例によって相殺されるかもしれない。

確かに、一九六七年のウィーブ（Wiebe, 1967）が行った、分離して非連結である一九世紀の米国の小さな町と進歩主義後の官僚制化され、同質的な米国との対照は、二一世紀の史学史（historiography）、および、自由主義的、そして、調整的経済という区別のような分類的二分法――ホールとソスキス（Hall and Soskice, 2001）のように（この二分法を日本とドイツに適用したHerrigel, 2005を参照）、進歩主義に関する一九七五年のケネディの史学史的な論文において前もって考えられていた懸案であり、彼は、進歩主義が、また、非官僚制的、あるいは、前官僚制的なパターンを保護した事例をウィーブが調査しなかったことを指摘した（Kennedy, 1975: 463）――の価値に関する懐疑的な見方に照らし合わせた資格要件を満たした反応を引き出すだろう。

ここでの最も大きな論点は、ヘリゲル（Herrigel, 2005）によって強調されているが、新しいパターンを作り出す個人は、二分法の一つの特定の側、あるいは、知られている社会運動に忠実であることに関心が必ずしもあるわけではなく、イデオロギー的、あるいは、理論的一貫性にあまり焦点を絞らず、彼らが取り組んでいる問題を解決するために様々な源泉を利用しようとする傾向があることである。従って、ここでも、私は、前に述べた実用主義哲学者の認識論（pragmatist epistemology）、すなわち、行為者を、融合している、あるいは、フランス人がブリコラージュ（*bricolage*[3]）と呼ぶことに従事するという描写に密接に関係するという考え方に傾いている。

この関心は、大きな動向に関係する連続において、広く行き亘った一つの論理が別の論理に移行するというよりも、むしろ、挑戦された論理がその挑戦者とフィールドを分割し、それぞれがニッチを見つける可能性がある。従って、ラウンズベリー（Lounsbury, 2007）は、一九二五年に最初に組織化され、合衆国において一九四〇年投資会社法によって定型化された投資信託（mutual fund）の例を挙げた。彼は、二〇世紀初頭において、資金運用が富の保護に関するものであり、保守的な低いコストの長期の投資に焦点が置かれていた。この「受託（trustee）」論理は、非常に安定的で、やや平凡な商品をもたらし、しばしばボストンを拠点とし、「ボストンとそのブラーミン（Brahmin）・エリートの金融文化」に染まっていた（291）。競合する論理は、一九五〇年代のニューヨークに出現し、それは、「成果（performance）」にもとづき、短期の高い収益のための積極的な投資——「グロース（成長）ファンド」運動になったもの——に関与した。「ロックスター」投資家の登場は、成果運動の内部で起こったが、一九七〇年代初頭における指数ファンド（index fund）の台頭は、受託論理の再開を反映し、そして、資金運用会社が次第にどちらかの論理に専門化するようになった（293）。故に、論理が競合する時は、この競争が「産業の永続的な固定化」（302）となり、最初の地理的な差異が最後には産業と市場の社会組織に刷り込み（imprinting）し影響を与えるのである。

これらのすべての議論において、そして、「新しい制度主義者」によって研究された産業のいくつかの表面をかろうじてなでたに過ぎないが、新しく競合する組織的、あるいは、制度論理がどこから来たのか、そして、問題の産業にとってどの程度特定なものであったのか、あるいは、むしろ、社会の歴史と文化における大きな力の反映であったのかと私たちは問うべきである。これは、今度は、変化する論理によって誘発された活動における変化が通常の経済的、政治的、あるいは、社会的出来事の必然的結果であったのか、あるいは、誰が新しい論理の起業家として行為し、どんな技術で行為したのかによって変えられるものであったのかという問題を定義するのである。これは、社会運動の学者たちによって気に入られているテーマであり、彼らは、成功した運動が通常熟練した運動起業家によって導かれ、その起業家が成功を可能にする社会的文脈において活動するけれど、結果は、依然として必然的なものではなく、リーダーシップ、外部のショック、そして、他の歴史的に偶然に起こったことに随伴（contingent）していることを思い出させてくれる。これは、制度を産業よりも大きな規模で考察することに導くのである。

3　制度、論理、そして地域文化と国の文化

組織と産業の「制度論理」に関する研究において、地理的空間は、ボストンの投資信託への「受託論理」対ニュー

ヨークを中心とする「グロース論理」に関するラウンズベリーの説明におけるように、時折いずれかの論理の中心として現れる。しかし、多くの学者は、さらに進んで、文化的、規範的、そして、制度的差異の主要な運び手（carriers）としての地理的単位に焦点を絞り、その空間の内部の産業を含む経済行為をそれらの差異が形成すると論じる。経済の異なる側面を支配するといわれる規範の複合体は、規範が適用すると著者たちが想定する状況の範囲に相当する名前によって呼ばれる。その範囲が経済的セクター、産業、あるいは、「組織フィールド」である場合には、その複合体は、「論理」と呼ばれる。その範囲が国家である場合には、通常の標題は、国の（national）「文化」の論理であるが、同様な議論が地方の地域についてもなされるので、地域文化、そして、時折、異なる地域の経済的成果に影響を与える国家内部の諸文化の衝突（例えば、Locke, 1995, Saxenian, 1994 を参照）について耳にするのである。国の分析単位と地域の分析単位は異なるが、議論は類似している。欠けているのは、どんな状況の下でどんな地理的境界が重要であるのかに関する首尾一貫した議論である。

地域の経済文化に関する議論が合衆国とイタリアのような文化的に異質な国に適用される傾向があると考えられるかもしれないが、（イ（Lie）の意図的な矛盾語法の表題、彼の著書『多民族国家日本（*Mutiethnic Japan*）』（2001）に示唆されるように）そのような異質性を測定するための一般的に容認された測定基準は存在しないし、私は、イタリアと合衆国を文化的に異質な国の例として選んだが、米国、あるいは、イタリアの例外主義（exceptionalism）に関する主張には事欠かない――（異質な国の文化というよりも、むしろ）非常に独特の国の文化を意味する――のである。

異質性の主張と一致しているのは、二つの有名な事例であり、その中で、独特な地方の、あるいは、地域の産業文化についての議論がなされてきた。それらは、イタリアにおける衣服産業と合衆国におけるハイテク（情報技術）産業である。イタリアについては、「第三のイタリア」の独特の文化的、そして、組織的能力、そして、合衆国においては、シリコンバレー対ルート128（マサチューセッツ）のハイテク複合体が強調されてきた（Saxenian, 1994）。二つの成功した地域の文化的物語は、相互に依存した小企業のネットワークが革新のための大きな柔軟性を提供し、組織内部の大きな埋没費用（sunk cost）の必要が少ないことである。すなわち、広範囲な業務委託（外注）は、最先端のデザイナーと生産者にとってコストの外部化を可能にし、忠誠心と信頼の地域ネットワークは、企業秘密が漏らされるリスクを無くすのである。

しかし、そのような説明は、地域の文化が、なぜ、どのように、相互に異なるのか、そして、そのような多様性がどれくらい永続するものなのかについて説明していない。地域文化の分析は、しばしば、そのような永続性に関して、国の文化の分析ほど強く主張しない[4]。「第三のイタリア」に関する初期の研究は、その新しいパターンが大量生産の終焉（『第二の産業分水嶺（the second industrial divide）』）によって生じた強力な長期のパターンの産物であると示唆したが、このテーマに関するピオリとセーブル（Piore and Sabel, 1984）の論文の後で蓄積された経験的な証拠は、そのような戦略を一時期はうまく追求した町や地域が大抵それらを維持することができなかったことを明らかにした。ロック（Locke, 1995）は、歴史分析を行い、これらのパターンにおいてどの地域が存続したのかを選別し、単純な文化的物語によって容易に要約されない種類の歴史的、そして、政治的随伴性（contingencies）について詳しく述べている。同様に、影響力のある考察によって合衆国のハイテク産業に関する議論を強く形成してきたサクセニアンは、時折、カリフォルニアの独特の文化的特性がシリコンバレーの結果と活動の原因として提案しているが、彼女は、また、一九八〇年代の危機において、地域の企業が小企業で、信頼が高く、柔軟なネットワークのモデルについて何が独特なものなのかについてほぼ気づかず、大企業で、大量生産のモデルに戻ることによって、この文化的な強みを危うく失いそうになったことも指摘している。従って、シリコンバレーの産業リーダーは、彼女が考察する文化モデルをほとんど理解していなかったように思われ、日本のセミコンダクターの大量生産によって駆り立てられた危機がなければ、非常に異なるが入手可能な生産の認知モデル、すなわち、マサチューセッツの垂直に統合され、自立的なモデルに意思決定と構造を適合させて、バレーの独特な文化と産業の有利性と思われているものを失ったかも知れない。もしこれが正しいならば、地域のための文化モデルの脆弱性と随伴性、そして、結果の必然性よりはむしろ、まったく異なる選択的モデル、あるは、枠組みの入手可能性を強調すべきである。

私は、また、シリコンバレーにおける柔軟な小企業ネットワークの継続する明らかな重要性にもかかわらず、大企業（例えば、ヒューレットパッカード、インテル、アップル、グーグル、フェイスブック）が常に不可欠な役割を果たしてきたことも指摘する。この大企業の役割は、理論的にあまり分析されてこなかったが、その理由は、これが組織に関する単一の、まとまりのある通常の考えにあまりうまく一致しないからである。これらの企業の比較的「自立的な（autarkic）」特性――とても成功しているアップルにおける特に顕著で実にほとんど象徴的である――は、成功しなかったルート128（マサチューセッツ）地域とサクセニアンが結び付けたスタイルにもっと似ているし、これは、単純な文化モデルが捉えることができるよりも実際の地域の高い複雑性を示唆している（イタリアの織物産業における重要ではあるが、あまり評価されていない、小企業と大企業の相互作用に関する同様な議論の刺激的な論文は、Lazerson and Lorezoni. 1999を参照）。もし私たちが文化的、構造的、そして、規範的なパターンを行為者が様々な既存の材料から集めたものとして理解するならば、そのような見たところではありそうもない組織的形態（forms）の組み合わせについてすぐに理解することができるだろう。これは、そのような組み合わせが無作為である、あるいは、これらのパターンが重要でないというわけではまったくない。むしろ、それらは、決定的に重要であるが、変更不可能なものではなく、行為者が彼らの目的を定義し、達成しようとするので、時と共に、変わるかもしれない。そのような議論は、人間の問題解決の実用主義的（pragmatist）、あるいは、混合主義（syncretist）モデルにうまく適合するのである。

私は、また、非常に成功した地域とそれほど成功しなかった地域を典型的に対照する時の、地域に差異がある事例が分析のために選ばれる方法における選択バイアス（selection bias）を指摘する。そのような劇的な対照は、私たちの理解を形成するかもしれないが、革新に関する国、あるいは、地域のモデルの重要性を評価するための理想的な方法ではないだろう。私は、長期間に亘る人的資本の投資が、「科学者、発明家、職人、技術者、そして、職工の間に関係が存在する状況においてのみ、高い収益をもたらす」というモキーア（Mokyr. 2005）の議論を辿りながら、合衆国と欧州における革新の研究について長期的な歴史的時間を見て、特定のパターンが際立つかどうか評価した（Granovetter, 2009 : 3）。経済史家のギャビン・ライト（Gavin Wright, 1999）は、二〇世紀のいくつかの産業における米国の技術上の支配が「現地の米国の技術上のコミュニティ」が一九世紀に出現したことから生じたと提案している。その現地のコミュニティでは、個々の職工が彼らのキャリアを通して「一つの産業から別の産業へ繰り返し」移動し、「共通なセットの技術と原則を多様なセットの挑戦に適応し」、この高い移動性が「経済を通じて新しいパラダイムを普及させる強力なメカニズム」であった（1999 : 299-300）。この高度なレベルの企業間移動は、米国の産業化とともに始まり、世界のほとんどにおける移動レベルを上回り続けている。既に一九世紀において、技術的能力を持つ個人が他の同じ目的を共有する個人と結び付くようになり、私たちが現在「オタク（nerdy）」と呼ぶ方法で自分たちの業績を誇示し、そのような個人が、シリコンバレーでのパーソナル・コンピュータの発達において非常に重要な役割を果たした「ホームブリュー・コンピュータクラブ（Homebew Computer Club）」のように、一つの産業と地域に集まり、これが革新において大きな違いを生み出すことができた（Granovetter, 2009 : 4）。

シリコンバレーの成功におけるもう一つの不可欠な要因は、産業とスタンフォード大学の研究者たちとの集中的な相互作用であった。大学は、一八九一年に創立され、実用的方法において教育するという特定の使命を持ち、偉大な商人／産業家／上院議員のリーランド・スタンフォード（Leland Stanford）、そして、カリフォルニアの大きく開かれた空間にとって特異なものであったと想像することができる。しかしながら、長期的な視点は、これが合衆国ではほとんど異例ではないことを示唆する。一九世紀以降、米国の企業は、欧州の企業とまったく異なり、自分たちの産業に理論的な訓練を提供する教育機関と密接に相互作用したので、学校教育は実用的な問題と密接につながっていた（Wright, 1999 and Roserberg, 2000）。

これらの二つのパターン、すなわち、技術的専門家の交差するネットワーク、そして、大学と産業が協同する傾向は、マサチューセッツにおける知識について垂直に統合された組織とは反対に、シリコンバレーの独特の文化であると想定されるものを典型的に示している。しかしながら、私の調査は、長期の歴史的視点において、カリフォルニアのパターンがより典型的に米国的なものであり、マサチューセッツのパターンは、歴史的に特異なものであろうということを示唆する。もしそうならば、これは、何が実際に文化的なパターンであり、その意義が何であるのかを確認するやり方にまったく異なる光を当てるだろう。

多くの学者は、国全体が独特の文化を持ち、それが経済行為と経済制度をしっかりと形成すると論じる。もし「文化的」差異がこのような効果を持つならば、私たちは、規範と他の精神的構成物を高いレベルの社会組織へ移し、特定の個々の規範ではなく、国の「文化」として意味する考えの集まりに結合させるような観念の複雑な集合のインパクトに再び焦点を絞らねばならないだろう。経済理論は、文化的差異のための余地を明示的に作らないし、市場が障害なしに機能することが許されるいかなる社会では、特定の経済的条件の下では同様な結果を予測するのである。例えば、このような見解は、企業統治のような経済的活動の研究において見られる。経験的に観察される多様性が、部分的には文化的に決定される（例えば、Bebchuck and Roe, 2004）「経路依存（path dependence）」によって継続すると予想する分析者もいるが、他の分析者は、文化的差異が変更できない最適な形態への収斂を市場原則が強化するならば、そのような差異は、消滅するだろうという従来の経済的な見解を取る（例えば、Hansmann and Kraakman, 2004）。

興味深いことに、結果を決定する独特で、まとまりのある、強力な文化という考えに対する収斂を支持する理論家の敵意は、かなり異なる理由ではあるが、文化に関する最近の社会学の分析者によって共有されている。例えば、スウィドラー（Swidler, 1986）は、有名な論文において、「行為への文化の影響を理解するために使われる支配的なモデルは、基本的に、誤解を招く恐れがある。それは、文化が、行為を志向させる究極の目的、あるいは、価値を提供することによって、従って、価値を文化の中心的な因果的要因にすることによって、文化が行為を形成すると想定するものである」（1986 : 273）。その代わりに、彼女は、文化を「信念、儀礼的活動、芸術的形式、そして、式典、同様に、日常生活の言語、ゴシップ、物語、そして、儀礼などの意味の象徴的な媒体（vehicles）」（273）であると考えるが、すべての現実の文化は、多様で矛盾する象徴、儀礼、物語、そして、行為の指針を含んでいると指摘する。従って、それは、「行為を一貫した方法に推し進める統合システムではなく、道具箱（tool kit）、あるいは、レパートリーであり、それから、行為者が行為の構成線図のために異なる断片を選ぶのである」（277）。「文化のお馬鹿さん（cultural dope）」というよりも、むしろ、「私たちが実際に観察するのは、活動的で、時折、熟練した文化のユーザー（user）」（277）であると期待されるだろう。

従って、合理的選択の市場にもとづく議論は、強力な凝集性の高い文化という考えをその議論の重要性をまったく軽視する方法として却下するのに対して、文化理論家は、その代わりに、文化を、解決したい特定の問題を持つ行為者たちの行動に対して、強力であるが、複雑で、文脈によって決定される影響として理解するのである。これは、実用主義的哲学と認識論に一致する人間行為の見解を必然的に伴うものであり、それは、合理的選択とゲーム理論が好む単純な手段‐目的枠組みに懐疑的であり、そして、いかなる時と場所においても、どのようにして問題を解決するかについて考える方法として利用するために、通常は多数の、しかし、ほとんど無限というわけではない、入手可能な文化モデルが存在することを提案するのである。

そのような見解は、各国の「文化」が独特なものであるという単純な主張とは、広範に矛盾する。これについての見解は、国の文化を世界価値観調査（World Value Survey）において尋ねられた質問のように、一連の個別の（discrete）価値指向の質問によって測定されたものとして特徴付け、信頼、個人主義対集団主義、宗教的信念などに対する典型的な回答が全体の文化的枠組みの代理になっている。他の問題の中でも、これは、特定の規範がそれ自体では存在しないという考えと一致するようにはほとんど見えない。学者たちは、そのような回答と実際の経済活動の間の観察された相関関係を用いて、文化を活動と因果的に結び付けるように作られた精巧な物語を生み出すが、そのような結び付きの背後にある経験的なメカニズムを肉付けし、特定化しようとする真剣な取り組みが無いままに行われ、ゴールドとレウォンティン（Gould and Lewontin, 1979）によって批判された「適応物語」のように、実証されておらず、仮説的な推論のままである。これは、第3章において、信頼の理論に対する私の批判の重要な要素であった。

これらの仮定されている国の文化は、非常に抽象的に提示されているので、それらの文化と実際の経済的結果を結ぶメカニズムは直ちに明らかではない。これに関する見解は、国全体が独特の「制度論理」を持つものとして表現することであり、（特定の産業を研究する組織制度理論家による使用法とは異なり）、それは、いかなる特定の経済的活動よりも抽象的な傾向に言及し、調査の抽象的な国の文化よりも明らかに、そして、単純にそのような活動に結び付いているものである。例えば、ビガートとギーエン（Biggart and Guillen. 1999）は、国々は独特の「組織化論理（organizing logics）」を持ち、それは、経済組織がどのように構成されるべきであるかに関する指針を提供すると論じる。家族の紐帯を通じて企業資本を調達するのが当たり前である国もあれば、これが不適切な義務と一般的に考えられる国もあると彼らは指摘する。そのような「論理」は、「歴史的な発達の産物であり、集合的理解と文化的活動に深く根づき、変化する状況に会っても弾力がある」（725）。彼らは、国の支配的な論理に背く方法で産業を組織化しようとすることが行為者に理解できないし、支配的な制度論理と矛盾する経済活動と経営活動は、すぐには認められず、取り入れられないだろうと主張する（726）。彼らは、そのような論理が単に制約であるばかりでなく、「独特な能力の貯蔵場所であり、それは、企業や他の経済行為者に他の人々よりもグローバル経済においてうまく活動を追求することを可能にする」（726）と強調する。彼らは、そのような能力を比較優位の一形態とみなし、この枠組みは、なぜ国々が特定の産業的試みにおいて多かれ少なかれ成功するのかを説明することができると論じる。

特に、彼らは、自動車産業において、組立と輸出が必要とされる大規模な資本投資、そして、規模と範囲の経済が与えられた「国家、あるいは、強力で私的な利害関係によって組織化された、大企業と垂直的関係を好む」論理と非常に相性が良く、一方、自動車部品産業は、大企業の要求に素早く、機敏な方法で対応しなければならない時のように、グローバル経済との反応が早く「買い手によって決定される」つながりを発達させることができる水平ネットワークを持つ小企業の経済と相性が良いと論じる（728）。彼らは、実質的な自動車産業を持つ韓国、台湾、スペイン、そして、アルゼンチンを分析し、(一九九九年の著作の時点では) これらの国々の独特な制度論理がなぜ韓国とスペインが組立の領域で強く、台湾とスペインが部品の領域で強く、アルゼンチンはどちらも強くないのかを説明すると論じる。制度論理は、ここでは、非常に重大な結果をもたらすものと考えられ、それらを無視する政府の政策は失敗することになると主張する (740)。

国の「論理」に関するこの議論は、私企業の行為者が特定の国において、自分たちの企業と産業を組織化すべき方法についてどのように考えるのかに関することであり、それは、また、公共政策立案者が主要な産業にどのように接近し相互作用と支持をするのかについて示唆し、広く行き亘った国の「論理」に従わないと、経済的に失敗する傾向があることを提案している。ドビン (Dobbin, 1994) は、彼の著書、『産業政策を構築すること (*Forging Industrial Policy*)』において、なぜ国々は自分自身の国の論理に従う傾向があるのかという問いに対して、その論理がどのように政策立案者が考えるのかを方向付けるからであると提案する。彼は、一八二五年から一九〇〇年までの形成期の鉄道産業に関する、フランス、英国、そして、合衆国の国の政策について分析し、鉄道の技術が国によって変わらず、類似するものであるが、それぞれの国が産業に接近する方法はまったく異なっていたので、これは、事実上、統制された実験であると提案する。フランスでは、政治的行為者が国家だけが鉄道のような新しい産業を効率的にまとめることができると想定し、合衆国では、国の政府が州政府に従い、ワシントンは「自由市場のレフリー」であった。そして、英国では、統治権はエリート諸個人に属すると想定され、産業政策は、従って、最初は自由放任主義を通じて、後には市場と政治的力に対してより積極的に反対して、個々の企業を保護した (Dobbin, 1994 : ch. 1)。ドビンは、各国の政治的な歴史と伝統は産業政策の見解の源泉であったと論じる。これらの伝統は、国々の「政治文化 (political culture)」、あるいは、他の説明においては、それらの「制度論理」と呼べるかもしれないものであり、次に、歴史的状況まで辿ることができるだろう。フランスでは、トクヴィル (Tocqueville, 〔1856〕 1955) が指摘したように、フランス革命は、フランスの政治史において、決して劇的な転機となったのではなく、ブルボン家の王政によって導入されたフランスの政治と経済の容赦ない集権化を継続していると考えられる。賢明な中央計画は、啓蒙思想、そして、フランスの高等教育を、政治的、経済的生活を長年に亘って支配してきたエリートの「グランゼコール（grandes ecoles）」に集中化することから結果として生じると考えられるだろう。英国では、政治史は、歴史上終始変わらず、彼らの権力を固守した名士たちによって作られた。そして、合衆国では、各植民地がその特権を守るために用心していた一三の独立した植民地の困難な統合が、南北戦争（一八六一年～一八六五年まで）が終わった後も長く継続し、大変な困難を伴い、反対を押し切って集権化した連邦制構造を作り上げた。

政権と政治が経済を推進するという議論は、政治の歴史から生じる政治的文化という媒介変数を除けば、反対のマルクス主義の見解よりも、ウェーバーの総合化と広く一致するものである。別の僅かに異なる見解は、マーク・ロー（Mark Roe）の一九九四年の著書、『アメリカの企業統治（コーポレート・ガバナンス）――なぜ経営者は強くなったか（*Strong Managers : Weak Owners*）』によって示唆され、米国の企業が、銀行、保険会社、そして、年金基金、投資信託のような大手の機関の増加する持分権（ownership interest）のために、企業のエネルギーを「株主価値（shareholder value）」へのサービスに転換してきたということに対する懐疑的な意見を示す。彼は、事例証拠にもかかわらず、これは、実際には、めったにないことであり、雇われた経営者の発言権に比べて、統治においてほとんど発言権のない断片化した株主という米国の企業に関するバーリとミーンズ（Berle and Means, 1932）のイメージの大部分が正確であり続けていると論じる。そして、彼は、これが、法と経済学の学者によってしばしば提案されるような経済的効率によって決定された結果ではまったくなく、むしろ、米国の政治文化が結局のところは「民間経済の権力集中に対する米国の不快感」（Roe, 1994 : xiv）から生じたものであり、それは、政治的過程によって創造された経済制度においてはっきり分かると論じる。例えば、進歩主義運動（progressive movement）の中核において、「個人は、ビジネスと政府を形成する大きな制度から保護されねばならないという感覚」（30）があったので、米国の政治は、「意図的に金融機関を断片化させ、それらの投資を集中させて強力な内部の大量の株式を作り出す機関がほとんどいないようにした」(22)[5]。そして、二〇一六年の大統領予備選におけるバーナード・サンダース(Bernard Sanders)とドナルド・トランプ(Donald Trump)の驚くべき人気、そして、それに続くトランプの共和党候補者としての指名は、また、経済的権力の大きな集中に対する憤りと疑念を例示していると指摘できるだろう。

制度論理と文化的理解は、これらの事例においてよりも、さらにもっと抽象的で、意識から引き離されている可能性がある。例えば、ビェルナツキ(Biernacki, 1997)は、一七世紀から一九世紀の欧州の国々における繊維工業を調査し、英国とドイツは、労働力がどんな種類の商品であるのかについてまったく異なる方法によって思い描いていると結論付けた。英国では、それが市場で売られる製品に具体化された労働力の配分によって測定され、ドイツでは、それが作業現場における実際の回数による労働力の配分によって測定された実際の労働の量であった(Biernacki, 1997: ch. 1を参照)。彼は、その二つの国の経済学者と産業の参加者の両方によって書かれた文献の多くに、それとなくではあるが明確に述べられている、この見たところでは僅かな違いが、監督と報酬のような様々な慣行が両国の作業現場と大きな工場の環境においてどのように組織化されるのかについて広範囲の影響を与えたと論じる。

ビェルナツキ(Biernacki, 1997)の事例研究は、繊維/織物産業であるが、彼は、どのように労働が思い描かれているのかにおける差異は、これらの全体の経済に行き亘っていると論じる。私は、これが正しい限り、労働について考えるその二つの異なるスキーマが、規定的で規範的であるよりも、より概念的で認知的であると指摘する。それらは、物事がどのように行われるべきであるのかに関する知覚を形作る精神的構成物ではなく、むしろ間接的に作用し、「規範」に関する多くの研究の典型となる禁止命令としての規範とはまったく異なるものである。それらがインパクトを与えるのは、もし労働を特定の方法で思い描けば、その観念に調和する方法で報酬や監督を組織化するのはより当然であるという理由である。従って、誘発要因は、何が道徳的に適切であるのかではなく、むしろ、何が認知的に一貫しているのかについての意識であり、これは、非常に重要な区別である。それは、結果を理解するために異なるセットの議論を必要とするからである。

そして、ビェルナツキの議論は、単一の産業の活動によって例示されているが、それは、また、これが経済活動に影響する限りにおいて、分析単位として、その産業から全体社会の文化へ焦点を移すのである。そういう状況であれば、他の重要な問題は、そのような文化的モデルが時間とともにどれくらい変化するのか、それらはどこに起源があるのか、社会の独特な認知的、そして、文化的な歴史が、それらが現れ、継続し、消滅する過程を変化させるのかどうかである。ビェルナツキは、特定の欧州の国々における労働に関する独特の観念が、実際には、現代資本主義への移行期において、特定の政治的、そして、経済的出来事が起こった順序が合致した（exact sequence）ことの偶然の副産物であったと提案する（Biernacki, 1997 : ch. 5～ch. 7を参照）。

人々に何をすべきである、あるいは、すべきでないと単に告げる個別の規範から、私たちが自分たちの選択肢をどのように知覚し、毎日の経験のデータをどのように解読するのかを形作る、より複雑な文化的構成物に焦点を移すことによって、私たちは、関連する精神的構成物と行動との間の単純で直接的な関係が存在するかどうかを疑わしくさせるやり方で因果的な手綱を緩めて、人間の行為主体性（agency）について考慮することに道を開くのである。文化的パターンあるいはスキーマがどのように行為に影響を与えるのかに関するいかなる議論も、そのような因果関係が、どのようにして、そして、どのような確実性を持って、作用するのかという精緻な考察を含む必要があるだろう。これは、心理学者が機能的ＭＲＩ（fMRI）スキャンを受ける諸個人に課す「道徳的ジレンマ」から引き起こされる議論とはまったく異なる議論を生じさせる。そのようなジレンマは、二つの可能な選択肢の間では明確であり、はっきりしたものであり、道徳哲学者や心理学者が重視する有名な「トロッコ問題」（Cushman et al., 2010を参照）のように、道徳的問題が中心的なものである。個人が自分たちの日常の経済生活においてそのような単純な状況に遭遇するかもしれないが、ほとんどの実際の意思決定は、ずっと複雑さと文脈的な微妙さを必然的に伴い、どんなセットの規則が適切であるのかに関する、結果として生じる不確実性を伴うのである。これは、また、実用主義的視点の心理学者と哲学者が提案する行為の領域に私たちを導き、そこでは、どんな入手可能な道具を使って、個人がどんな問題を解決しようとし、その意思決定の過程は、目前の状況と一緒に現在進行中であり、共に進化しているのである。

地域や国の制度論理、あるいは、経済文化に関する議論の価値にもかかわらず、私たちの情熱は、それらがどれくらい決定論的であるのか、そして、情報に通じた行為者たちが論理や文化について自分たちが知っていると思う観点からは妥当であるように見えない政策と構造を作り出すことができるかもしれないという活動的な行為主体の役割にそれらがどれくらい注意を払わないのかということによって、抑えられねばならない。従って、国家の発展に関する研究において、国の制度と文化がその国に「近代化（modernization）」を生じやすくし、他の国の制度と文化はそうしないと想定する傾向が存在する。この考えは、二〇世紀半ばの近代化論の定番であり、それは、経済発展には一つの道（すなわち、西洋がたどった道）だけが存在し、新しく発展している経済は、それがその道をどれくらいたどったのかによって測定されねばならないと提案する（極めて影響力のあるRostow, 1960を特に参照）。しかし、後の繊細な研究は、有利な構造的な状況において（Evans, 1995を参照）、活発で機転の利く国策が、事前に観察者が特定の国について知っていたことを考慮すると、起こりそうにないように思われた結果を達成することを示唆する。そのような驚きは、珍しいことではない。例えば、一九六一年以降自国を重工業における大国にしようとする韓国の朴正煕（パク・チョンヒ）の努力は、この時期における韓国に関する経済学者と他の専門家によって、韓国の伝統と制度と不整合なものであり、従って、無駄足にすぎないと考えられた。しかし、引き続きの出来事が示したように、特に、専門教育と特別優遇の資本集約的産業への政府によって支援された大量の融資という形態による制度的な発展への強力な後押しと共に、激しい強制を含む権力を注意深く使用し、それが、事前には不可能に見えた結果を達成したのである。より小規模なものでは、セーブル（Sabel, 1993）、ロック（Locke, 2001）、そして、ウィットフォード（Whitford, 2005：特にch. 6）が地域の例を提供し、それらの地域では、通常は一度も関わったことがないような取引先をまとめるという政府による良く練られた努力が、習慣的な不信感、そして、結果として生じる経済的不能と効率性と革新にとって準最適（suboptimal）である敵対的な関係で悪名高い地域や産業において信頼関係を作り出し、そして、ウィットフォード（Whitford, 2012 : 267）は、政府がこの役割を演じる数々の第三者のうちの一つに過ぎないと指摘する。二一世紀（そして、ほぼ間違いなく、その前の時期）において、もう一つの関連する問いは、国家の経済政策、あるいは、国家の文化が、サプライチェーンが次第にグローバル化される産業における結果の主要な決定因であるのかどうかということである。この点において、自動車産業は、興味深い事例研究であり、「モジュール式（modular）」生産の流行がその産業にどのように影響したのかに関する次節は、制度と論理の盛衰、そして、新しい産業発展と影響への国家よりはむしろ次第にグローバルな範囲について私たちに多くを語るだろう。

4　制度の盛衰に関する事例研究――「モジュール式」生産と自動車産業

自動車産業は特に興味深い。それは、国の文化、あるいは、論理の考察において言及されてきたからであるし、また、近年では、そのサプライチェーンが次第にグローバル化されてきたからである。こういう状況であるから、生産が多数の国々に散在しているだろうし、もし国の文化が重要であるならば、重要なのは、最終的に組立をする（「OEM : Original Equipment Manufacturer : 相手先ブランド名製造企業（訳者解説）」）国の文化だけであるのか、あるいは、ＯＥＭ（オーイーエム）が多様な国の文化の下で行われる活動をいかに統合するかについて考え出さねばならないのかについて問うだろう。たまたま私がここで記述する事例において、それは、通常、大きな問題ではないが、アパレルのような産業のように、（例えば、ナイキ（Nike）のような）主要企業がそのサプライチェーンにおける多数の国々から供給される部品をまとめる産業では、そのような国々では、「企業の社会的責任（corporate social responsibility）」に対する、また、新たに出現した世界基準（global standard）を満たす方法で労働が利用される（例えば、優れた説明は Locke（2013）を参照）ことを保証する困難さに対する課題を提供する点においてそれぞれ慣行が異なるので、それが大きな問題になる可能性がある。この場合には、私たちは、（そのうちのいくつかが「文化的」であるか、あるいは、地方システムの不平等と政治制度の結果である）国の慣行、そして、国家の基準を形成し、再形成する国際的に受け入れられた基準（例えば、Meyer et al. 1997 を参照）に従う慣行の間の紛争を観察するだろう。同様に、自動車産業が興味深いのは、その主要企業が様々な国々に存在し、その国々の「文化」が相互にまったく異なると通常は考えられているからである。その国々とは、米国、日本、ドイツ、韓国、フランス、そして、イタリアである。「モジュール式」生産の場合は、一連のやり方が、以下に指摘されたいくつかの例外を除いて、特定の国の文化からのインパクトをほとんど受けずにいかにして特定の産業で急速に広がるのかを示している。

私は、モジュール式と自動車産業へのそのインパクトの話を制度についての話として提示するが、それは、どのように生産が管理されるべきであるのかに関する一連の考えが、以前は生産をかなり異なる方法でやっていた特定の産業において広く受け入れられるようになったからである。それは、まず、産業内部の人々に影響を与える規範的枠組みを作り出す専門家とコンサルタントの権力の重要性を紹介するという点で興味深い話である。そして、産業内部の人々は、今度は、生産をその規範的枠組みによって再調整すべきであると主張する権力を持つのである。その組織上の権力がなければ、自動車製造が垂直統合された古典的なパターンであり続けたかもしれない。そのパターンでは、大きな組み立て業者が部品を供給する会社を所有したか、あるいは、市場支配力を通じてそれらを支配したのである。その話は、また、最適ではない結果が、モジュール式に対する潜在的ではあるが、忘れられていない、影響される当事者側の抵抗によって助けられて、結局は、脱制度化（deinstitutionalization）の過程と私たちが呼ぶものをもたらした事例として、興味深いものである。その脱制度化では、自動車会社は、垂直統合された配置に戻らず、モジュール式の考えが棚上げされたのである。したがって、これは、私たちに、制度が人間によって作られるものであり、もはや変られないものではないことを思い出させる。制度によって影響を与えられる行為者は、問題を解決するためにそれらを使い、これが成功しなければ、解決を与える次善策を思案し、これらは、彼らがやめる慣行の制度的オーラを最終的に取り消すだろう。このようにいう時、私は、ヘリゲル（Herrigel 2010）のような「構成主義者たち」の議論と同じ意見を表明する。ヘリゲルは、産業的な状況において問題を解決しようとする人々の「行為の創造性」を強調し、ある学者たちによって考えられているような制度の誇張された決定論と彼らがみなすことに反論するのである。しかしながら、構成主義者のある議論とは反対に、私は、また、たとえ制度が脆弱であり、変更の可能性があるとしても、制度は、行為に対してかなりのインパクト、および、制度自身の特定の現実性を依然として持つので、経済的な枠組みがどのように進化するのかを研究する際に検討すべき重要なことである。

自動車産業におけるモジュール式の事例は、人間が、一つの状況でうまくいくように思われるモデルを、適当な修正がなされればそのモデルが同じ程度にうまくいくと考える別の状況に置き換えることによって、どのようにして制度を作り出すのかを示すことにおいて、また、興味深いのである。そのような類推のいくつかは、少数の産業における大量生産がすべてではないが多くの産業に適合させたように、非常に成功し、チャンドラー（Chandler, 1962, 1977）が記録し、「新制度経済学」（Williamson, 1975）において理論化したように、垂直統合され、その後に、複数事業部制の企業が組織形態として二〇世紀半ばを通して産業経済の大部分に広がる。しかしながら、実践されるまで予測できない理由によって、実際に応用する場合に面倒なものとなる類推もある。

モジュール式は、コンピュータ産業の例にもとづく生産戦略である。ボールドウィンとクラーク（Baldwin and Clark, 1997）が説明するように、コンピュータは極めて複雑であり、製品を下位システム、あるいは、「モジュール」に分割することにより、異なる会社が「別々のモジュールに責任を持つことが可能であり、信頼できる製品がそれらの集合的な努力から生じることを確信できる」(85)。最初のモジュール式コンピュータは、ＩＢＭが一九六四年に公表し、その産業を支配するようになったＩＢＭシステム３６０のメインフレームであった。ハーバード・ビジネス・レビューのボールドウィンとクラークの論文は、その目的が活動中の管理職に影響を与えることであり、明確な激励の論調を持っている。その題名は、「モジュール式の時代に管理すること」であり、それは、大きな活字で「多くの重役は、コンピュータの重役が長い間知っていることを学ばなければならない」(84) という言明を含んでいる。そして、著者たちは、企業が、特に、OEMから自社の設計の責任を負うモジュールを切り離す時に、自動車製造者がモジュール式設計から大きな利益を得るだろう（87）、そして、（典型的な自由市場の議論によって、）モジュールサプライヤー間の競争が増大し、より優れた性能と革新を生み出すだろうと明確に述べている。彼らは、また、金融サービスが無形なもので、物理的な複雑性が無いので、モジュール分割しやすいので、金融サービスがモジュール分割法（modularization）から利益を得てきたと指摘する。彼らは、例えば、デザイナーが「株式を金融派生商品（derivative financial products）に再構成される小さな単位に分割することができる。そのような革新はグローバル金融市場をより流動的にした」（88）と述べる。（もうすでに分かるように、後の出来事がこの特定のモジュール分割法の成功において観察者の自信をひどく揺るがした）。

スタージョン（Sturgeon）の二〇〇二年の論文は、モジュール式生産ネットワークを「産業組織の新しいアメリカのモデル」と呼び、モジュール式生産をトーマス・クーン（Thomas Kuhn）の意味における「パラダイム」と呼んでいる。クーンは、よく知られているように、その用語を「科学革命（scientific revolution）」（Kuhn, 1962）の議論に適用した。産業生産に適用されるような「パラダイム」という用語は、私の「制度」の使い方と密接に関係している。それは、どのように生産が最適に管理できるのかに関する認知的指針を提供する枠組みである。スタージョンは、一九八〇年代半ばを通じて、支配的な経済パラダイムは、チャンドラーによって定義されるような「現代株式会社（modern corporation）」であると提案し、「成功する企業は、時とともに、そのイメージに近づく傾向があるだろう」（Sturgeon, 2002: 452）と想定されていたが、しかしながら、一九七〇年代と一九八〇年代には、アジアの競争が企業間で進行する相互作用によって創造される経済にもとづく新しいパラダイム──「生産ネットワーク・パラダイム」（452）──を作り出した。そして、一九九〇年代からは、モジュール式生産にもとづく新しい米国のモデルが生じ、電子機器が最初の例であった。「モジュール式生産ネットワーク」では、企業間のつながりが、別々の企業によって製造された分離したモジュールが全体の構造において組み合わせるためにどのように作られねばならないかに関する体系化された情報の移動によって達成される。スタージョンは、モジュール式がアパレル、玩具、家具、食品加工、そして、自動車部品において増加すると示唆する。自動車産業では、彼は、米国の自動車メーカーが彼らの社内の部品子会社を独立させ、「全体の自動車の下位システムの設計と製造を一次サプライヤーに外注し」（454）、これらは、「ターンキー方式（完全一括請負契約）のサプライヤー」になり、これらのサプライヤーは、中心となる企業（lead firm）からの援助なしに、あるいは、それらの企業にあまり依存せずに、幅広いサービスを提供し、「ターンキー方式のサプライヤーと中心となる企業は、外注と供給にもとづく増加する能力と規模の繰り返される循環において共進化する」（455）と述べている。

モジュール式に関する初期の論文は、その有利性の一つとして、日本の自動車産業の特徴として知られ、しばしば、日本の自動車産業の成功の大きな部分であると考えられていた（例えば、Nishiguchi and Beaudet（1998）を参照）、主要な会社とサプライヤーの信頼関係と密度の高いコミュニケーションを単純化し、緩和することであると理解していた。モジュール式生産の理念型においては、組み合わせるためにモジュールがどのように作られねばならないのかに関する規則の体系化が、企業間の集中的なコミュニケーションの必要性を取り除くのである。スタージョンは、サプライヤーがどのようにモジュール化するか決め、相互作用、あるいは、社会的、または、空間的接近性と信頼の必要性がそれほどないので、ターンキー方式の契約は緩やかで薄い相互作用を可能にすると指摘する。彼は、信頼が必要な場合には、それが進歩にとっての障壁になると提案する。それは、「システムに参加するために必要な信頼は、築き上げるのに時間がかかるし」（486）、この必要性が、「企業間の連結（link）を横断して仕様に関する体系化できる移動を可能にする広く受け入れられた基準」（486）に依存するモジュール式生産によって低減されるからである。これらの高度に体系化された連結は、そのシステムに「価値連鎖（バリューチェーン）の異なる段階間の濃密で暗黙の連結の構築を弱めることを可能にする」（486-487）。この減少された相互の依存性は、「ネットワークの出入りにとっての障壁を低くし」（488）、これは、囚われた、あるいは、局所的なネットワークよりも柔軟である。

これらの説明は、製品の技術的特性が、最も効率的な生産方法であるものを推進すると想定する。例えば、コンピュータは、同一の会社によって作る必要のない別々のモジュールから容易に組み立てることができる製品である。モジュールのメーカーが中心となる企業によって特定化された「構造上の（architectural）」規則に従い、それらの規則が全体の産業において体系化されている限り、モジュールはブラック・ボックスであることが可能である。さらに、このモジュール式の「構造」は、必然的に、生産ネットワークにおいて、特定の方法で企業を組織化することを引き起こす。スタージョンが詳しく説明するように、企業ネットワークが生産技術を正確に写し出すようになるという言明として「ミラーリング（mirroring）仮説」が生じた。

それに続いて、生産過程の技術的特性を映し出す生産ネットワークの組織に関するこの技術決定論的な期待についての冷静な評価は、例えば、フリガントとタルボット（Frigant and Talbot, 2005）とコルファーとボールドウィン（Colfer and Baldwin, 2016）によって与えられ、そして、私たちは、自動車産業における出来事に関する下記の私の説明において多くの人々のコメントを目にするだろう。しかしながら、最初の資料を注意深く観察すると、最初の源泉であったコンピュータにおいてさえ、おそらく何がモジュール式の必然的な進化に関する警告であったはずであるのかが明らかになる。従って、ボールドウィンとクラーク（Baldwin and Clark, 1997）は、ＩＢＭの開発者たちが実際に相互のモジュールの統合を確保することがいかに困難であるのかについて何も分かっていなかったし、これを認識したとしても、彼らは、システム３６０の推定の市場価値を過小評価していたので、このアプローチをまったく追求しなかったかもしれないと指摘する（1997 : 86）。コンピュータの進化の後の段階では、コンピュータを製造する際にモジュールの追求をその場でやめていた可能性のある、ＩＢＭが認識していなかった別のことは、コンピュータ市場におけるそれ自身の位置へのインパクトがどんなものであろうかということであった。オペレーティングシステム（基本ソフト）をマイクロソフトに委託し、チップの設計と製造をインテルに委託すると、これらのモジュールのサプライヤーに比べて、ＩＢＭはずっと弱体化した市場の位置に残されたのである。実際に、ジャコビデスとマクダフィ

(Jocobides and Macduffie, 2013) は、コンピュータのためのモジュール式生産モデルを受け入れるというＩＢＭの決定を「外注に関する世紀の大失敗」(2013：97) と呼び、マイクロソフトとインテルは、「市場を支配していたＩＢＭと他のＯＥＭの株式の時価総額を上回る額を素早く蓄積した」(93) と指摘している。

モジュール式の追求に影響を与えるもう一つの考えは、一九九〇年代の経営学の研究において特徴付けられ、企業は、他の企業によってうまく追求される活動に資源を浪費するよりもむしろ自分の「中核となる能力 (core competence)」を追求すべきであるというものである。モジュール式に関する重要な論文と同様に、この問題に関するプラハラードとハメル (Prahalad and Hamel, 1990) による非常に影響力のある論文が、ハーバード・ビジネス・レビュー (ＨＢＲ) に掲載された。ＨＢＲに掲載されたすべての論文がビジネス慣行に並外れた影響を与えるわけではないが、この専門誌には正当的権威のオーラが存在し、それが他の専門誌に掲載される場合よりも、特定の論文に、企業のための検討すべき課題を設定し、活動に影響を与える可能性を与える。たとえ「中核となる能力」の議論が企業の能力のどれが「中核」であるのかを決める正確な教示を与えていなくても、それは、モジュール式生産設計と一致し、ほとんどいかなる特定化においても、主要の企業からいくつかの機能の負担を取り除く。さらに別の影響は、一九九七年にハーバード・ビジネス・スクール出版によって出版された『イノベーターのジレンマ (*The Innovator's Dilemma*)』という著書において最初に開発されたクリステンセン (Christensen, 1997) の「破壊的イノベーション (disruptive innovation)」という考えであり、『あなたがビジネスをする方法を変える革命的な本 (*The Revolutionary Book That Will Change the Way You Do Business*)』というその著書の副題はその使命を明らかにした。モジュール式が「破壊的」な技術、あるいは、革新についての優れた例のように見えた観察者も存在した(6)。

そして、一九九〇年代末までに、フォード、クライスラー、ジェネラル・モーターズ、ヒュンダイ、そして、フィアットを含む大手の自動車組立会社は、モジュール式生産を将来の波として採用した。そして、私たちは、これらの企業が新しい経営の考えに影響されたかどうかについて推測する必要はない。なぜなら、これについての証拠があるからである。産業とＭＩＴからの学者の共同研究プロジェクトである国際自動車共同研究（International Motor Vehicle Program：IMVP）は、一九九八年から二〇〇三年の間に「モジュール式と外注」というプロジェクトを持ち、「それは、多くのスポンサーを引きつけ、研究者たちがＯＥＭにおけるフィールドワークを行うことを可能にし、サプライヤーは世界中にいる（Tier Is worldwide）のである」（Jacobides et al. 2016：1952）。ＩＭＶＰの研究者であるダニエル・ウィットニー（Daniel Whitney, 2016）は、クリステンセンの著書とボールドウィンとクラーク（Baldwin and Clark, 2000）（実際には、モジュール式に関する彼らのＨＢＲの論文の改訂拡大版）の著書が「二〇〇〇年に三大ＯＥＭの一つを訪問した時に製品エンジニアの棚の至る所に存在することを観察し」、彼は、特定の言葉が「必須であった」、これらの一つはモジュール式であった……私は、クリステンセンとボールドウィンとクラークの著書が公然の必読文献であると告げられた」と指摘するだけでなく、また、彼のこのＯＥＭのコンタクトは、「それが複雑な状況を単純化し過ぎているように感じ、それが、人々に自分たちで問題に取り組む代わりに、経営幹部の決定に無理に同意させるように感じた」（Jacobides et al. 2016：1953において引用されている）と指摘する。モジュール式運動における中心的な人物の一人は、一九九〇年代末において、キム・クラークとクレイ・クリステンセンが、「福音を説く状態であり、モジュール式枠組みは公表されたばかりであった。キムは、特に、フォードの最高経営責任者と長年に亘る関係を持っていたし、私は、彼らが私の研究を検討したことを知っている」（Jacobides et al. 2016：1953において引用されている）と述べたと伝えられている。

私は、ここで、これらの出来事と、ディマジオとパウエル（DiMaggio and Powell, 1983）が「組織の新制度理論」に関する彼らの影響力の大きい論文において「模倣的同型化（mimetic isomorphism）」の主要な源泉であると表明することの間に存在する類似性について指摘する。彼らが意味する「模倣的同型化」とは、組織が他の組織における革新を模倣する傾向であり、それは、それが不確実な環境において最も「現代的な（modern）」方法とみなされるようになるからである。彼らは、「従業員の移動、あるいは、異動を通して間接的に、あるいは、コンサルティング会社、あるいは、産業の業界団体のような組織を通して明確にモデルが無意識のうちに普及するだろう」（151）、そして、大きな組織が「相対的に少数の主要なコンサルティング会社から選択し、それが、ジョニー・アップルシード（Johnny Appleseeds：西部開拓地にリンゴの種を植えて回った伝説的人物、訳者注）のように、全国の津々浦々まで少数の組織モデルが広がる」（152）と指摘する。しかしながら、類似性にもかかわらず、ここでの私たちの事例は、ある企業が他の企業を模倣するというよりも、むしろ、すべてが同じ専門家とコンサルタントたちの後に続いていたという点で異なる。それらの専門家とコンサルタントは、最初にモジュール式の事例を述べ、大規模なＯＥＭの経営トップ（製品エンジニアはそうでもなかったが）を新しいモデルに従って再組織化するように動機付けしたので、採用場所は、一つの企業ではなく、多くの国々を横断する産業の多くの企業であった。

経営トップは、製品エンジニアがかなり危惧の念を抱いていても、モジュール式の組立を推し進めた。この点と一致して、経営の研究は、組織内部で生じる「組立コンテスト」について考察し始めた（最初の体系的な言明は、カプラン（Kaplan, 2008）のものであり、モジュール式の生産に関するフィアット内部の組立コンテストについての説明は、Whitford and Zirpoli, 2016を参照）。既存の「組立コンテスト」研究と比べて、ここでの私の説明における新しいことは、モジュール式の支持者と反対者が組立コンテストに従事し、そのコンテストは、個々の企業の境界をずっと越えて、全体の、そして、非常に重要な産業に影響を及ぼしたのである。

大企業における集権化された人的資源（Human Resources：HR）機能の採用のように組織の新制度理論においてよく知られている例と比較して、物的製品の製造は、ある方法で製造される製品は、別の方法で製造される製品よりもうまく機能するかどうかを測定する相対的に単純な方法が存在する点で異なっている。ＨＲの場合には、組織の成功と失敗に非常に多くの要因が関係するので、その人的資源を改良した組織がそうしたことで向上したのか、あるいは、悪くなったのかを測定するのが非常に難しい。しかし、自動車のように製造された製品が専門家、規制者、最終の消費者、そして、これらの前に、生産エンジニアによって、それがどれくらい機能するのかについて絶えず評価されているので、生産の特定の方法が他の車ほどうまく機能しない車をもたらすならば、これは、相対的にほどなく明らかになるだろう。そして、これは、私がなぜ自動車におけるモジュール式生産が、モジュール式の最初の提案者を含む関与する全員に明らかになった組織と質に関する困難さに遭遇したのかについて詳細を伝える時に、決定的に重要な意味を持つのである。自動車産業に関する私たちの理解は、また、それが、それを専門にし、私がここで利用する明確で詳細な説明を提供した多数の経営学者の注目の的であったことから恩恵を受けている。

大規模な自動車OEMにおけるモジュール式の盛衰に関する詳細を私が提供する前に、私は、モジュール式戦略が自動車産業にとって適合しなかった理由のいくつかを示唆する。公正を期していうならば、モジュール式生産における実験の前には、これらの問題を明確に分かっている人はほとんどいなかった。モジュール式の反対は、一体式（integrality）であり、各部分が相互の主要な部分に依存し、それらの部分に沿って設計されねばならない生産システムである。マクダフィとヘルパー（MacDuffie and Helper, 2006）は、自動車の製品アーキテクチャが一体式から離れることに対して抵抗を示すことが分かったことに注目する。それは、車が、「パーソナル・コンピュータよりもずっと複雑であり、空間を隙間なく使わなければならず、マーケティングのために独特の視覚的アイデンティティに非常に依存するからである」（2006：425-426）。そして、自動車では、「モジュール」がコンピュータにおけるものとまったく異なるのである。実際は、一九八〇年代のフィアットでは、モジュールとして扱われるようになった自動車の区分は、最初は、モジュール式という考えが姿を表す前に、特定化されたのである（Jacobides et al. 2016：1950）。これらは、基本的には、「車の他の部分から独立して部品を組み立てて、組み立てた後に機能性のテストが行われ、一足飛びで最後の組立ラインに設置することが可能である物理的に近接した部品」（MacDuffie and Helper, 2006：426）の塊りである。これは、いくつかの点でモジュール式の公式的な定義に違反する。一つは、これらの塊によって一つ以上の機能が達成されること、それらが達成する機能に関する標準的な定義が存在しないこと、そして、モジュールが相互に連結されることを可能にする標準的な接合部分が特定化できないことである。そして、これは、モジュールが各モジュールと相互依存性を持たなければならないが、モジュール間の標準化された連結規則によって可能となるというモジュール式の厳格な定義に違反して、その代わりに、モジュール間の機能的な相互依存性が存在し、その理由は、例えば、計器パネルの機能の大部分が、操作可能であるために、車の他の場所にある部品を必要としたからであることを意味する（MacDuffie, 2013：19）。そして、会社を横断する「設計理念における差異は、大きく異なる数の定義されたモジュール、および、モジュールの境界に関する合意がないことを意味する（MacDuffie and Helper, 2006：426）。マクダフィは、また、モジュールの定義が「最初から特異なもの」――例えば、計器パネル、フロントエンド、座席と回転シャーシであったと指摘する（2013：15）。モジュールは、コンピュータのＣＰＵ（中央処理装置）、あるいは、記憶装置のようにそれらの単純な機能によってではなく、フロントエンドのように「大型、あるいは、重量のある部分を組み合わせる論理に従うこと」によって定義されていた（15）。主要なモジュールの設計と生産を一次サプライヤーに割り当てることが困難であったもう一つの理由は、ＯＥＭ企業が自動車のすべての部品だけでなく「顧客経験そして／あるいは販売の所有権」に対しても最終的な規制上の責任と法的責任を負っていたことであり、これらの要因は、使用者の安全性が問題ではないコンピュータ産業ではほとんど生じないからである（Jacobides et al., 2016：1962）。

何年ものモジュール式の実験の後により明らかになったこれらの問題にもかかわらず、ＯＥＭｓは、特に一次サプライヤーと同じく、当初は熱心であった。それは、モジュラー過程が彼らに主要な新しい機能を与え、彼らのビジネスを大きく拡大するからである。ジャコビデスと共同研究者は、ＯＥＭｓが最初は、コンピュータ産業において起こったように、サプライヤーが産業の価値の一番いいところを取るかもしれないという「戦略的リスクに対してまったく気づかなかった」（Jacobides et al., 2016：1953）と示唆する。マクダフィは、フォードの事例について考察し、フォードの最高経営責任者と経営幹部が、コンピュータにおけるように、設計をサプライヤーに外注することによる節減の見通しに乗り気であったが、多くのフォードのエンジニアは、これを製品成果とブランド・アイデンティティにとってのリスクと見ていたと論じる（MacDuffie, 2013：25）。マクダフィは、フォードが、サプライヤーが以前に生産していた何千の部品、あるいは、「構成要素（components）」よりもむしろ一九のモジュールという点からその全体の車をどのように再定義したのかについて年代順に記録している。

興味深い事例は、計器パネルの設計であり、それは一九九九年から二〇〇〇年頃に（フォードから以前に分離独立（spinoff）した）一次サプライヤーのビステオン（Visteon）に外注されたものである。ビステオンは、部品の数、従って、重さと大きさを大きく削減するために、パネルを再設計し、多くの電気的機能を少数の集積回路の制御盤に統一した。制御盤、あるいは、ソフトウェアを取り替えるために、後端の蝶番（hinge）によってパネルの表が開けられるようになっていた。従って、原則としては、これは、モジュール式生産から期待される種類の大きな設計の改良点であった。しかしながら、それが車の他の部分から切り離して設計されたので、取り付けられている原型のモジュールの振動の問題、気温の極端な条件の下での機能不全、そして、フロントガラスが開口部分を塞ぐために新しい制御盤を設置する際の困難さのような思いがけない問題が生じた。上級の製造マネージャーは、フォードもサプライヤーも「計器パネル・モジュールにおける電子工学技術がどのように車の他の部分の電気システムと相互作用する必要があるのかということをあまり理解していないし、その上、サプライヤーは、顧客、保証システム、彼らのディーラーなどについてずっと多くのことを理解する必要がある」（MacDuffie, 2013 : 26）と指摘した。同様な問題が他のモジュールについて生じた、あるいは、モジュールが外注に出される前には予期できなかった（22-23, 25）。主任エンジニアは、新しく定義されたモジュールに言及し、最初の目標は「一九すべてのモジュールを使うことであった。……しかし、結局、多くの出だしの失敗の後に、一つのモジュールも使わなかった」（23）と説明した。二〇〇一年には、フォードのモジュール式のタスク・フォースは解散した。サプライヤーの工場で生産が継続されたモジュールもあったが、車全体をモジュール式にするという意欲的な目標は断念された。

ウィットフォードとジルポリ（Whitford and Zirpoli, 2014）は、一次サプライヤーによってフィアットのためにうまく生産されていたように見えたモジュールが、驚くことに、このシステムの設計の責任をフィアット自身に戻す原因となった事例を報告している。この話は、フォードの話よりも複雑で少々異なった意味合いがあるが、自動車のためのモジュール式生産という概念における基本的な問題の説明として、独特な方法で、さらに説得力のあるものである。フィアットによって取り組まれていたモジュール化プロジェクトの一つは、ここでは、ＴＩＥＲ（ティアー）１という名称の大規模なサプライヤー企業に乗員安全システム——例えば、エアバッグ、シートベルト、センサーなど——を開発する責任のすべてを委任することであった。ＴＩＥＲ１は、この機会を喜び、モジュール化のパラダイムにふさわしく、フィアットに「ブラックボックス」——フィアットは理解する必要がなく、車の他の部分とどのように統合するかという方法を知るだけでよい——を提供することを引き受けた。さらに、欧州連合の標準的なＮＣＡＰ衝突試験は、モジュールがどれくらいうまく設計されたのかを測定するものである（1826-1827）[7]。しかしながら、実際には、このモジュールの開発は複雑なものであった。例えば、システムが五つ星の最高得点を得なければ、欠点がモジュールにあるのか、あるいは、欠点が車の他の部分にあり、その場合に、実際にモジュールと相互作用しているが適切に作動していない、または、乗員を安全にする方法でモジュールと相互作用していないのかどうかがはっきり分からない。衝突試験の成績に影響を与える構成要素には、シート、ドアの覆い、ダッシュボード、ブレーキがあるが、これらすべては、エアバッグがうまく展開されるかどうかに影響を与える可能性があり、すべてがＴＩＥＲ１以外のサプライヤーによって生産されていた（1827）。これは、他のサプライヤーとの非公式のコミュニケーションを必要とした。

二〇〇五年には、ＴＩＥＲ１が設計した乗員安全システムは、ＮＣＡＰ衝突試験において高く評価され、これは、モジュール式のパラダイムの妥当性の確認と受け取れると考えられるかもしれない。しかし、ＴＩＥＲ１のエンジニアはそのように反応しなかった。その代わり、彼らは、その試験がなぜそのようにうまくいったのか理解できなかったことを懸念した。それは、安全に影響を与え、「シャーシ、エンジン配置、そして、部品のパッケージングの設計、そして、乗員の安全システムの性能に影響を与える下位システムに責任を負っていない、あるいは、適任ではなかった」（1829）下位システムすべての設計を彼らが統制していなかったからである。従って、彼らは、その問題についてフィアットのエンジニアと相談し、フィアットのエンジニアは、次の安全システムの運命を「予期せぬ発見（serendipty）」に任せるのは誤りであると結論付けた。これらの相談に続いて、安全システムへの全体の責任がフィアットに戻され、「ＴＩＥＲ１のエンジニアは、以前の役割に戻り、従って、システム全体ではなくむしろ部品や構成要素の性能に再び責任を持つことになった」（1829）。

良い性能にもかかわらずこの転換をすることは不可解であるが、それは、ＴＩＥＲ１のエンジニアが、なぜ彼らの製品がそんなにうまく機能するのかについて知らないことを認めたくないと想像されるからかもしれないし、これが「自分たちが主張するほどは彼らの能力がないだけであったという意味合いをもたらす」（1829）からである。ウィットフォードとジルポリ（Whitford and Zirpoli 2014）は、彼らがなぜそのように行為したのかを理解するためには、イタリアに位置するＴＩＥＲ１の人員によって仕事の多くがなされてきたことを知る必要があると提案する。その人員は、「重層的にフィアットのエンジニアと長期に亘る関係」を持ち、さらに、それらのエンジニアの多くが「構成要素からシステムの供給への広範な戦略的転換（例えば、モジュール化）に不満を増加させた」ことを知っていた。それが「また、ネットワークの他のフィアットの問題を生み出し」、彼らは「モジュール製品の基本設計概念（architecture）に余りにコミットしすぎたと彼らが考える会社での彼ら自身の窮状についてはほとんど気にしなかった」のである。従って、あるフィアットのエンジニアは、主要な会社の役割がどのようにモジュールを統合するのかに関する「基本設計概念」の規則を作ることであるという考えに言及して、モジュール式の経験が彼に教えたのは、「あなたがほとんど知らない構成要素の性能を統合することはできないし、……もし構成要素、あるいは、システムを一度も設計したことがなければ、車の他の部分との微妙な相互作用を理解するは大変難しい」（1830）と著者に話した。モジュール式実験の間の企業間の構造的関係は、

非公式の「埋め込まれた（embedded）」紐帯を状況的に頼みとすること、そして、次善策を追求する際に友好関係にもとづく信頼（goodwill trust）に依存することへの必要性を無くさなかった。そして、それは幸運であった。そ

れは、友好関係にもとづく信頼（goodwill trust）の存在によってＴＩＥＲ１のエンジニアが自分たちの衝突試験がなぜうまくいったのかよく分からなかったことを明らかにできたし、彼らが長い期間の仕事上の関係を持った相手であり、従って、個々の欠点よりもむしろシステムの欠点を反映するために、分からないということを明かしてもそれを信じてくれる相手の存在を確信していることを意味する（1830）。

そこで、私たちは、モジュール式のパラダイムに帰属される一つの長所は、サプライヤーとの密接な信頼関係を築く必要性から企業を解放することであるが、実際には、安全システムのモジュール式生産を続けることが、それらが他のモジュールとどのように連動して機能するのかに関する理解の欠如にもとづくいずれ大きな失敗の原因になるという恐れに根ざして、モジュール式を事実上やめて元通りにすることを引き起こしたのは、まさしくその信頼の存在であった。

ウィットフォードとジルポリ（Whitford and Zirpoli, 2016）は、また、モジュール式をやめるという移行が、単に技術だけで決まったのではなく、競合する認知的枠組みを中心にして組織化された、自動車会社内部、そして、自動車会社を横断する連合によっても決定された。フィアットが一九九〇年代末にモジュール式を採用した時、モジュール式の枠組みは、（製品エンジニアがフォードにおいてそうであったように）その考えに懐疑的であるエンジニア、そして、戦略的な時期にサプライヤーと手を組んだエンジニアによってほとんど構成される集団によって反対された。この集団は、失敗する運命にあるフィアットとジェネラルモーターズの二〇〇〇年から二〇〇五年までの提携の間に大部分が見えなくなったが、その同盟がいったん解かれる（unwound）と、「反対の動員」を再開することができた。彼らは、この集団が公式的に解散された間でさえも、その戦略を追求し、「二〇〇〇年から二〇〇二年の間の会社の小国乱立（balkanization）の偶然の副産物として維持されただけのプロジェクトチームと主要なサプライヤー間の濃密な社会関係によって非常に助けられた」（17）と指摘する。この集団の存在、そして、モジュール式に対するその知られている態度が、その集団のＴＩＥＲ１のエンジニアとの紐帯とともに、戦略の逆転を可能にしたのである。

　モジュール式戦略がずっとうまく機能した事例は、示唆に富むものである。その理由は、その事例が、モジュール化の長所は、中心となる企業とサプライヤーの間の効率的で、距離を置いた（arm's-length）相互作用を促進するという議論が誤りであることを示すからである。まったく正反対に、この事例は、モジュール式が、サプライヤーと中心となる企業との間の親密で信頼し合える紐帯という文脈においてのみうまく機能できることを示している。韓国の自動車組立企業のヒュンダイ自動車は、「複雑性を管理し、質を改善し、コストを削減するために、ほぼ間違いなくモジュール式の使用に最も大きく関与する自動車メーカーである」（MacDuffie, 2013 : 26）。ここでの一つの最も興味深い背景にある情報は、ヒュンダイがその唯一のモジュールの供給源のサプライヤーである「巨大なサプライヤー」であるモービス（Mobis）との独特で親密な関係を持っているということである。モービスはかつてヒュンダイ内部の一つの部門であった。モービスがスピンオフした後、それは、ヒュンダイ自動車の公式の持株会社であり、また、その最も大きな株主であったし、実際には、ヒュンダイ自動車における最高経営責任者と他の上級管理者が以前にはモービスで働いていたのである。ヒュンダイモービスは、ヒュンダイと起亜（ヒュンダイの子会社）の組立工場の近くに位置し、シャーシ、操縦席、フロントエンドのモジュールを制作している。それは、世界で一〇番目に大きな自動車サプライヤーであり、ヒュンダイ自動車自身よりも利益が多い（27）。最初から、「ヒュンダイとモービスの関係は密接に統合されたままであった」（29）し、頻繁な接触、株式の相互持ち合い、そして、重複する統治構造を伴っていた。従って、私たちは、「企業の境界を横断する密接な対人的紐帯、および、組織間の紐帯による準‐垂直統合関係の市場」、そして、この共同は時間とともに強化された（29）。

　人員の重複とその二社の間の移動（あるモービスの管理職が三〇パーセントから四〇パーセントのエンジニアはヒュンダイ出身であったとマクダフィに説明したと記されている（MacDuffie, 2013 : 28））によって促進されたこの持続する共同は必要とされた。なぜなら、他の自動車組立会社のように、モジュール式は、モジュールの境界を横断して相互に依存し続けるからである。特に、「ＮＶＨ」――騒音（noise）、振動（vibration）、ハーシュネス（harshnes）――の問題を考えると、それらの問題は、異なるモジュールがどのように相互に影響するのかについて最も繊細な感覚を持つ組立工との共同なしには、解決できないのである。あるモービスの管理職が指摘したように、「私たちは、シャーシだけの内部でＮＶＨについて対処することはできない。それは、製品設計の他の部分の多くとつながっているからである。私たちにＮＶＨ問題がある時は、ヒュンダイとモービスのエンジニアがその問題を解決するために頻繁に会う」（28）のである。マクダフィは、モジュール内部における高い相互依存性とモジュール間には相互依存性がほとんど、あるいは、まったく存在しないというモジュール式の理念型に反して、「モジュールが製品アーキテクチャの点から内的にさらに統合されると、モジュールの性能が増加し、モジュールを横断する相互依存性に関する学習の増加は、さらに統合された組織アーキテクチャをもたらす」（28）と指摘する。

従って、ここにおける皮肉は、モジュール式が、相互に独立し、後に、特定の産業において標準化されている「アーキテクチャの規則（architectural rule）」によって連結されるモジュールを別々の会社が製造するという、一九九〇年代のエンジニアと経営学教授によって設定された理念型に従って機能しないということである。それどころか、自動車、そして、おそらく、金融商品のような他の製品の場合には、モジュールを横断する相互作用が重要であり、複雑であり、独特なものであるので、企業間の人員のネットワーク紐帯と長年の関係から生じる信頼によって促進される、中心となる企業とそのサプライヤーの間の密接な協同が必要である。従って、モジュール式は、必要ではないと想定されていた状況においてまさに機能するのである。

また、留意すべきなのは、これを可能にするヒュンダイとモービスの間の親密さが、韓国のチェボル（chaebol）――集団の内部で密接に協同するＬＧ、サムスンとヒュンダイのような企業集団――の全体の構造から生じることである。チェボルの特性がヒュンダイとモービスの進化の理解を容易にする。各チェボル（しばしば「複合企業体（conglomerate）」という誤解を招くような名前で呼ばれるが）は、法的には相互に独立しているが、通常は、所有と統治において高度に相互に関係した企業の集まりであり、家族のような単一の集団が、法的には相互に独立しているにもかかわらず、企業を横断する全体のリーダーシップを提供しているのである（世界の企業集団の概要は、Granovetter, 2005を参照。そして、チェボル内部の権力構造については、本書の第4章を参照）。従って、ヒュンダイからのモービスの「分離独立（spinoff）」は、厳密にいえば、別会社の創造であるが、その集団の他の法的に独立している企業を同じように、直接的にヒュンダイの影響の及ぶ範囲の内部にモービスを置くことであり、それとその以前の親会社であるヒュンダイ自動車の間の所有と統制の連結によって明確にされている関係である。これは、チェボル構造の内部では例外的なものではなく、企業が分離独立されたり、呼び戻されたり、上場、あるいは非上場であったりするのは、中心において統制する集団の戦略的な目的に関係する理由によるものである（これらの活動に関する優れた説明はSea-jin Chang（2003）を参照）。しかしながら、企業が法的に分離していることは、特定の利点を提供する。それは、異なるアイデンティティが、組合賃金よりもむしろ非組合賃金を払うような労働者に対する別々の戦略を発達させる能力を与えるからである（MacDuffie, 2013 : 27）。従って、そのような取り決めが、モジュール式が実際に機能するのに最適であろう。しかし、そのように機能する限りにおいて、最初に提案されたモジュール式の理念型とはまったく異なるように見える。理念型からのこの逸脱は、彼らに提示された問題を解決しようとしている人員にとって余り懸念されるものでなく、生産の「パラダイム」の理念化された記述を成就することに特に関心を持っているわけではない。従って、モジュール式の制度的構造は、結局、コンピュータ産業におけるその起源とはまったく異なるものに見えるものになっている。それは、実用主義的な行為者は、問題解決の過程において、機能する構造を作り出し、最後には、企業が新しいモデルの条件を満たす限りにおいて、改訂されたモジュール式のパラダイムが広がるからである。つまり、結論をいえば、モデル、パラダイム、あるいは、制度は、本当に重要なものであり、行動を形成するが、それらのモデルに従う人々の行為主体性（agency）は、制度を重要なやり方で作り変え、そして、これが、あらゆるレベルの制度について理解するために大変重要なことである。

最後に、私は、モジュール式のパラダイムが、他ほどには日本の自動車メーカーに影響を与えなかったことを指摘し、これがトヨタ（例えば、Nishiguchi and Beaudet, 1998）のような垂直の企業集団（business group）の内部にある組立業者とサプライヤーとの間に既に存在していた密接な相互作用が、設計革新を含む多くの役立つ方法で生産的であるので、そのような相互作用の必要性を終わらせることを約束するモデルは懐疑的態度に遭う可能性があるだろうという理由によるものであることを示唆する。そのような企業間の関係の密接性は、日本の文化に特有であるテーマと一致するものであったが、西口とビューデット（Nishiguchi and Beaudet, 1998）が強調するように、企業間の協同はほとんど自動的なものではなく、特定のパターンを機能させるには長年の試行錯誤を必要とする（これは、特定の文化がそのメンバーに使う道具を提供するかもしれないが、それは、自動的に従われる単純な処方箋のセットではないというスウィドラー（Swidler）の考えと一致する）。ジャコビデスと共同研究者は、一九九九年に、「トヨタの一人の幹部が、つい本音をもらしためったにない瞬間に、……（私たちの競争相手がモジュールを追求するなら、その結果、質の問題を持つことになるだろうし、彼らに対する私たちの優位性が増すだけである）と語った。私たちの現地調査は、トヨタがモジュール式を無視していなかったが、それは、特に設計に関しては、まず内部で探索すべきものとみなすと示唆している。トヨタはより用心深く、それ自体の境界の内部で実験し、新しいビジョンを受け入れなかった。そして、結局は、その通りであった」（Jacobides et al. 2016 : 1952n）と指摘する。

第6章　個人の行為と社会制度の相互作用

前章は、行為者が解決するつもりである問題にどのように接近するかに影響を与えるが、決定するには不完全である、考え、あるいは、規範のパターンとしての、制度に関する一般的議論とその特性の描写を提供した。そこでは、私は、いかなる状況でも、一つ以上の制度的パターンが同じセットの社会的活動に関連するように思われるので、行為者が、黙示的に、あるいは、明示的に、何が指針として自分が求める適切なパターンであるのかを選び出す必要があるという事実を扱う試みをしなかった。制度的指針の多様性（multiplicity）は非常によく起ることであり、それが、行為者の直面する問題に対して、行為者が与える思考過程と積極的な考慮について検討することが非常に重要であるもう一つの理由を提示する。この最終章において、私は、この極めて重要であるが、難しい問題に対処するためのいくつかの考えを提供し、いかなる特定の状況でも、行為者が自分の状況に関連すると思う制度のメニューがどのように存在するようになったのかを考察して終了する。その考察は、必然的に、マクロレベルにおいて、比較され、歴史的視点で行われる。

行為者は、経済的、あるいは、その他の問題であれ、ある問題と取り組む方法をあれこれ捜し求め、様々なアプローチを知るようになる。ここで、私は、個人が自分の前に出現する諸制度について語る方法として「アプローチ」を用いる。大まかにいえば、個人が特定の問題を解決するための特定の制度的アプローチを決めることができる方法として、三つの選択肢が存在する。①個人は、異なる制度領域（arenas）から選択肢となるアプローチについて考え、その一つが自分の状況を設定する最も適切な方法であると判断することができる。②個人は、自分の問題に関係する解決とは異なる制度的分野（realm）において通常適用される解決策を選択し、その時のために、それを転移し（transpose）、別の目的で使うことができる。そして、個人は、自分の目的のために、別の分野から制度的パターンだけでなく、資源も移すことができる。あるいは、③個人は、様々なアプローチの寄せ集めのこまごましたものを混ぜ合わせることができる。これは、実用主義者の認識論から期待されることである。私は、これらについて、次の三つの節で順に考察し、その後の節で、政変、戦争、そして、革命から生じる制度的選択技の出現について扱う。私は、説明のために、行為者が用いるこれらの三つの方法を意識的な決定として提示するが、ほとんどとはいえないにしても多くの場合、この枠組みの多くが意識的思考のレベル以下のものである。ほとんどの規範的パターンのように、制度は、意識レベルに上げられなければ、それだけ、より影響力を持つのである。

1　制度的交差と選択的スキーマ

ある状況において、行為者は、自分が取り組む問題を解決するために入手可能な選択肢から一つの制度的アプローチを選択する。多数のアプローチが関連するのは、一つの活動が複数の制度領域（institutional spheres）を交差する時である。まず私は、ウォール・ストリートの金融アナリストという素朴な、ほとんどありふれた事例から始めよう。週に一〇〇時間の企業の合併吸収を分析する活動によって、彼女は、優秀で働き者であるという評判が確立された。しかしながら、もし彼女が郊外に住む自分の配偶者と子供に対する義務の基準によって自分の活動とコミットメントを配分するならば、マンハッタン南端部における自分のたゆまざる努力のいくらかを家族の領域に移動するだろう。

これは、「役割葛藤」の古典的な初歩の教科書の事柄であるが、この金融アナリストが、片側にビジネスと経済、片側に家族と結婚という二つの制度領域の交差点に位置しているので、本章の目的にとってさらに興味深いのである。これらの領域をベン図の円として扱えば、交差点は、どちらかの制度の規範と評価の基準が支配するかもしれない場所であり、個人がどちらの領域を適用すべきかを見つけねばならない場所である。多くの問題が交差点の外側に存在する。顧客の利害と雇用主の利害をどのようにバランスを取るかは、経済領域内部にもっぱら存在し、家事労働をどのように分割するかは家族の事情である。しかし、家族とキャリアの間の時間をどのように配分するかは、直接、交差点に位置するものである。この事例は、量的な意思決定を伴うが、時折、より質的な選択が必要となる。例えば、政府の役人が自分の親戚にある経済活動に従事する許可について有利な計らいができる位置にいるが、官僚制の効率の指針、あるいは、家族への忠誠心が行動を支配すべきか考えねばならない。ここでは、ボルタンスキーとテヴノ（Boltanski and Thevenot, 2006）によって提唱される「正当化（justification）」の基準が大きな位置を占める。そのような決定は、「汚職（corruption）」の転嫁（imputations）にとって中心的なものであり、私は、次巻で詳細に考察する。この事例は、また、判断の複数の枠組みが明らかになるが、それらが、異なる、多分、競合する集団によって保持されている限りにおいて、前章で言及された種類の「枠組みコンテスト（framing contest）」をもたらし、これは、どんな行動が「汚職」であるのかについて係争する集団が同意しない時に、非常に一般的に生じるのである。私は、これについて私の次巻、そして、Granovetter（2007）においてより詳細に論じる。

従って、規範と制度A、あるいは、選択肢としての制度Bによって導かれるとコード化される状況において個人が行為する場合には、どのコード、フレーム、スキーマ、あるいは、スクリプトが関連すると個人が判断するかが、どんな行為が適切でふさわしいものとみなされるのかを決定するだろう。典型的なそのような選択は、ウォールストリートのアナリストに関するもののように、キャリアと家庭の間の選択である。この選択の逆は、「妻が自分の家事労働を明示的な交換の市場論理によって見るのに対して、彼女の夫がその状況に対して、無償のサービスという家族論理を押し付ける」（DiMaggio, 1997 : 277）場合に生じるし、この定式化において、私たちは、また、家族の権力闘争に埋め込まれ、スクリプトを提供する制度論理の対立、すなわち、非常に特別な種類のフレーミングの争い（contest）を見るのであり、実際に、無償の家事労働の市場価値がフェミニストの政治と理論において繰り返し登場するテーマである。

ここでの状況は、配偶者双方が、よく知られ、そして、一般に認められた規範に訴えることであるが、これらの規範は異なる制度的フレームやスキーマから生じるものであり、配偶者たちは、どのフレームが自分たちの状況に適切であるのかについて意見を異にするのである。この意見の不一致は、知的相違だけでなく利害の葛藤も反映するので、スウィドラー（Swidler, 1986）のような文化に関する理論家によって強調されるように、文化を戦略的に用いる人々の事例としても考えられるかもしれない。しかしながら、これは、不一致が「実際に」規範についてではないことを意味しないし、あるいは、合理的選択の還元主義者やマルクス主義者が論じるかもしれない、規範が根本的な利害闘争を覆い隠す単にイチジクの葉であるということも意味しない。その代わりに、まさにこれらの利害の葛藤が実際に重要であり、もし一方が特定の方法でその状況を首尾よく特定の枠組みにはめ込むことができるならば、説得するのに十分な情緒的な負担をかけるので、利害の葛藤が規範的議論をめぐって行われるのである。どちら側がその枠組みを普及させるのに成功するかどうかは、部分的に、特定の課題を設定する能力次第であり、第4章で強調されたように、それは、権力の非常に重要な側面であり、例えば、米国のジェンダー差別に関する一九六〇年代、そして、それに続く法律制定を生じさせたように、その課題に賛成する人々が実際の政治的権力の座につく能力に関係するのである。

制度論理の類似する紛争が、ボルタンスキーとテヴノ（Boltanski and Thevenot, 1999 : 374）によって示唆され、それは、労働者の権利に関する論争の例であり、片方は、市民の権利を強調する枠組みである「市民の世界」の論理、片方は、経済効率にもとづく「産業世界」の論理を利用する場合である。紛争の存在は、個人がどちらの制度的枠組みが自分の行為を支配すべきかを決めなければならない時、通常は、自分一人で孤立してそのような選択をせずに、夫と妻、あるいは、労働者と雇用主のように、自分に関係する他の人々が一貫性のない、対立する、異なる選択をするかもしれない。

これは、対立する制度論理や原則に直面する人々がどのような選択をするのかという問題を提起する。上記の例は、合理的な利害によって引き起こされるものとして容易に分類されるが、私たちは、これをやり過ぎないように注意するべきである。それは、利害は、たとえそれが結果の近因であるとしても、必ずしも自明で、当たり前のことであるとは限らない。専業主婦の「利害」は、上記の例に関係しているが、二〇世紀において、マクロ社会的な動向と非常によく知られた社会運動によって、著しく再定義されてきた。また、特定の状況が個人の利害のどれに関与するのかも必ずしも明らかではない。ピーター・ホール（Peter Hall）は、環境の規則を変えようという政党の提案について考えている有権者の例を示す。そのような有権者は、「多変量の選好関数」、すなわち、消費者、労働者、親、そして、市民としての異なる利害を持ち、「その問題に関して立場をはっきりさせる時に、どの懸案事項をより重視すべきなのかを決めなければならない」、そして、これは、部分的に、「彼のアイデンティティのどれがその問題に関する論争に最も関与しているのか」に依存している（Hall, 2010: 211-212）。

ここでの個人のアイデンティティに置かれた焦点は、個人が行うことである選挙に置かれた焦点によって影響されるが、また、制度セクターの最も重要な規範は、通常、経済における消費者と労働者、家族における親、子供、そして、配偶者、政治における市民という様々な役割遂行者に対して適切な行動や責任を特定するので、制度と役割アイデンティティの間の並列性（parallelism）も指摘する。さらに、ホールは、この場合のように、結果が大いに物質的利害に依存する時でさえも、アイデンティティの問題は、「まだ、結果の重要な決定因であり、アイデンティティ政治（identity politics）が物質的利害とはほとんど関係ないという推測は、一般的に誤ったものであり、どの利害の一致が引き起こされるのかを決定する際に、規範的な信念がアイデンティティ政治において顕著に関係している」（Hall, 2010: 212）と指摘する。

ディマジオ（DiMaggio）は、より抽象的な説明を提供し、「特定の状況において自分にとって入手可能な多くのスキーマから一つを想起させる必要に直面すると」、人々は「その環境において入手可能な文化的な手がかりによって導かれ」、会話、メディアの使用、あるいは、物質的な環境のような外部刺激によって「事前準備される、あるいは、活性化される」（DiMaggio, 1997 : 274）と提案する。彼は、社会調査におけるフレーミング効果に言及し、質問の前に何が来るかによって、質問への回答が異なる――例えば、「差別是正措置（affirmative action）に対する中立の言及が質問に先行する場合には、白人はアフリカ系アメリカ人の否定的なステレオタイプを受け入れやすい」（274）ことを指摘する。

2　論理の転移および制度の境界を横断する資源の転移

解決すべき経済問題を持つ行為者には、指針を提供する明らかな制度的パターンが見えず、その代わりに、自分の問題を、文化的に理解された行為パターンを実際に持つ異なる制度のタイプの一つと類比させ、これらの行為パターンを経済的目的のために転移する（transpose）状況もある。いいかえれば、解決すべき問題を持つ実用主義的な行為者は、利用できる定形の見本（template）を無限に持たないので、新しい問題に接近する一つの方法は、別の制度的状況、つまり、自分自身の生活の異なる側面からの定形の見本を転移する（transfer）ことである。企業集団を考察する際に、私はこれを「交差制度的同型化（cross-institutional isomorphism）」（Granovetter, 2005 : 437）と呼んだ。

例えば、東アジアの経済組織に関する私の考察（437）において、家族と親族制度が韓国、中国、そして、日本の間でかなり異なり、これらの差異は、これらの国々においてビジネスと企業集団が組織化される方法に波及した、というドクチン・チャン（Dukjin Chang, 1999）の議論の流れについて見て行く。特に、彼は、継承パターンと継承者を決める方法について[(1)]、家族の柔軟性に見られる三国間の大きな差異を指摘する。その三国のうちで、韓国は長男が全体の相続財産を受け取った（「長子相続制」として）唯一の国である。中国では、息子たちの間の均等分配が規範であったが、日本では、必ずしも長男である必要はないが、一人の息子が、全体の財産を継承したが、誰が息子であると考えられるかにおいて大きな柔軟性があり、血のつながった息子よりも能力があるように思われる場合には、頻繁に、継承のために選ばれた養子も含まれていた（Chang, 1999 : 26）。チャンは、経営における継承パターンも含んで、韓国の企業集団（チェボル）が組織化される方法、家族によって統制された複合企業体における家父長の揺るがない権威、メンバー企業間の株の相互持ち合いの紐帯が配置される複雑な方法は、家族関係と継承において以前に確立された規範のパターンに密接に従うことを示している（Chang, 1999 : ch. 2）。彼は、家族力学がビジネスの世界を形作るようになると提案する。それは、親族の規範的パターンが「レンズを作り出し、それを通して、行為者が、世界、構造のカテゴリー、行為、そして、考えを見るからであり、行為者が見たものは、自分の行動の正当性を促進し、自明の規定であり、そして、第三者からの監視を必要とさえしないものである」（47）と論じる。

チェボルが組織化された方法は、家族と親族の領域からのよく知られたパターンにはっきりと似ていたが、これが起こるのを直接促進したのは、パク・チョンヒが一九六一年に一連の非効率で腐敗した戦後の最後の政府から権力を掌握し、飛躍的な産業発展の政策に着手し、彼がチェボルを威圧して事業を整備させ、重工業と輸出への大きな後押しへ準備させた政治的変動であった（Kim, 1997 を参照）。その後の期間に有名になったチェボルのいくつかは、すでに活動中であった（例えば、サムスングループは一九三八年に創業された）が、ほとんどが一九五〇年代には存在しなかった（Kim, 1997 : 97）。親族に合わせて作られた組織パターンは、チェボルの家長にとってすぐに理解できるものであったので、それらのパターンを採用するのは容易であったし、集権化され、総合化されたチェボルを確立するのに役に立った。特に、それは、それ自体が非常に集権化していた強力で確固な政治的リーダーシップに対処するのに役立った。従って、政治的変動は、韓国経済を転換した方法で、親族領域からの関係がビジネスの関係に転移されるための直接的で決定的に重要な意味を持つ刺激であった。

転移に導く変動というこのテーマは、中世のフィレンツェにおける経済革新と発見に関するジョン・パジェット（John Padgett）と共同研究者たちによって体系的に発展されている。特に、パジェットとマクリーン（Padgett and MacLean, 2006）は、一四世紀末期から一五世紀初頭のフィレンツェにおけるパートナーシップ・システムの発明を分析し、その発明がフィレンツェを世界の経済のリーダーシップに押し上げる際に重要なものであった。この発明と政治との関係を考えない分析は、もっぱら経済領域の内部だけに存在し、新しい発明が経済問題を解決する必要に対する単なる経済的反応であり、そうしない人々は競争によって市場から追い出されるので、そのような状況で行為者が経済的解決を実際に見つけるという共通の認識を採用するのである。そのような議論は、いくつかの欠点を有する。一つは、とても楽観的な物の見方（Panglossian）（Gould and Lewontin, 1979を参照）であり、すべての問題は解決され、それも、実際に効率的に解決されると想定しているが、私たちが観察する頻繁な市場と制度の失敗によって誤りであることが示されている。それは、また、経済が隔離されたセクターであり、政治、あるいは、社会組織によってあまり影響を与えられない競争的な市場において活動しているという想定に問題がある。そのような状況においてのみ、私たちは、競争が最良の結果を促すことを想像できるが、そのような想定の下であっても、行為者がこれらの結果が何であるのかをどのように見つけ出すのかは明らかでない。

さらに一般的には、制度領域は絡み合い、そして、行為者は、抽象的な解決を想像する際に非常に賢いわけではなく、その代わりに、彼の生活の他の領域からよく知っているパターンに引き寄せられるのである。革新と発明は、新たに（*de nuvo*）生じることはまれにしかないが、その代わりに、既存の材料で創られる。それは、ちょうど生物学的進化がまったく新しい形態の構成単位を用いる形態を創らないのと同様に、変異、淘汰、保持という生物学の進化の合言葉（mantra）は、新しい形態のため相当量ではあるが、ほとんど無制限な資源基盤というわけではない既存の変異からの淘汰を意味する。

それに対応して、パジェットとマクリーン（Padgett and MacLean, 2006）は、フィレンツェのパートナーシップ・

システムが一連の政治的変動の結果であり、それによって、実用主義の行為者が新しい経済問題を解決するために経済の外部から既存のパターンを取り込んだことを示している。パートナーシップ・システムは、「一人、あるいは、少数の統括パートナー（controlling partners）を通じて連結する法的に自律した企業」（Padgett and MacLean, 2006：1465）であり、現代の企業集団（Granovetter, 2005）と共通点があり、それは、一群の会社によって多数の市場への多角化を促進したので、フィレンツェの経済にとって大きな結果をもたらした。対照的に、一四世紀の初期の職能部門制（unitary）企業は、父系にもとづき、必要であるように思われるいかなる活動も実行するジェネラリストであったが、パートナーシップ内部では、各々の別の会社が単一の市場に専門化し、集団の効率と市場支配力を高め、後のフィレンツェの経済的支配のための基礎を築いたのである。

パジェットとマクリーンの議論を要約すると、彼らは、この発達を一四世紀末の政治的変動の結果として採用された戦略に起因すると考えている。一三七八年の労働者階級のチョンピの乱が鎮圧された後で、エリートが権力の座に復帰し、自分の立場を強化するために、国内の（「カンビオ」）銀行家たちを動員し、国家機構に組み込んだ。政治におけるこれらの銀行家の新しい役割は、以前には自分たちには不慣れな国際主義者（internationalist）の視点に彼らを触れさせ、彼らは、内戦によって損害を被った輸出貿易の再建に着手した。以前には、彼らは、自分たちの企業を「師弟の論理」によって作っていたが、それ自体はギルドから借用したものであり、それによって、彼らは、短い（例えば、三年）期間で前の弟子との間で更新できるパートナーシップを持ち、それらの弟子は、最終的には、分離して自分自身の企業を形成することが期待されていた。新しい制度的状況では、これらの銀行家はこの論理を転移させ、自分たちと、別の産業にいるかもしれない支店長の間の公式の契約の形態で、パートナーシップ・システムを構築した（Padgett and MacLean, 2006：1508）。以前のように続いて起こる契約の代わりに、異なる場所と産業において一連の同時に起こる契約が発達し、それが、以前の形態の国際的なマーチャント・バンク業務（merchant banking）に取って代わった。この転移、および、パジェットとマクリーンがこれらの発達を「再機能性（refunctionality）」と呼ぶものは、パートナーシップが異なる人種、階級、氏族の間の結婚に埋め込まれるようになると、本当に変革の力をもたらした。父系——男系の直系子孫——にもとづく初期の論理に取って代わって、現在重要になったのは、あなたの姻戚が誰なのかであり、その結果、カ、ン、ビ、オ銀行家はエリートに組み込まれた。彼らは、これを「ネットワーク・触媒作用（catalysis）」と呼び、「社会的な組み込みは、結婚の論理、従って、持参金をポポラニ（popolani）（フィレンツェのエリート）銀行業務の世界から抜け出させ、銀行業務のパートナーシップをエリートの社会に埋め込むことを強化し、その配線をし直し」（1520）、持参金は新規事業の資金として使われるようになった。チョンピの乱の前は、結婚は、政治や経済についてのものというよりは、親族関係についてだけのものであり、国家の構成上の段階の中心は、ギルドと父系であった。しかし、チョンピ以後、ギルドは、反乱における疑わしい役割を理由に「牙を抜かれ（de-fanged）」、結婚が以前には捉えどころのないエリートの凝集性のための重要な道具となった。

その後のパートナーシップは非常に成功し、支店のパートナーが特定の領域の専門的技能によって選択されたので、パートナーを起業家活動から金融活動に転換させた。この点において、パートナーは、現代のベンチャー・キャピタリストのようなものであり、彼が追求しなければならない広範囲の利害が彼を「ルネッサンスマン」として知られるものになるように促した。パジェットとマクリーンは、パートナーシップのような重要な組織上の発明が、経済、政治、そして、親族の利害を持つ行為者に困難な問題を作り出す政治的変動から生じるだろうと結論付けている。彼らは、一つの領域の関係的論理を他の領域に転移することによってこれらに対処するのである。転移された論理は、「新しい領域で新しい目的を達成し、その領域の再生産が、新しい領域の他の人々の間の相互作用を変更する点まで、確実に強化されるのである。フィレンツェの発明は、良い考え以上のものである。それらは、動的に重複するネットワーク間の再生産のフィードバックに根ざした不連続のシステム臨界点である」（Padgett and MacLean, 2006 : 1544、「転移」の他の事例については、Padgett and Powell, 2012を参照）。

社会制度を交差させるもう一つの重要な側面は、行為者が一つの社会制度に由来する資源を別の制度において有利な立場を得るために転移することである。馴染みのある例は、既存の従業員のネットワークを通して人を雇う時である。雇用者は、友人や親戚が相互に助け合って最も適切な雇用を見つけ、新しい労働者は、いったん雇用されれば、彼らとの関係によって、自分の情報提供者／雇用主を当惑させないように行動するという義務感を持っているので、そうすることから利益を得る。重要な点は、雇用主が自分の採用戦略のために利益になる信頼や義務を作り出すために代金を支払わない、そして、原則として、実際には、支払うことができないのである。それは、これらが親族と友情関係の制度領域に由来し、結果的に生じたいかなる経済的効率も、経済活動がたまたま家族と友情関係の義務という活動と交差するやり方の副産物であるからである。

交差が重要である日常的状況は、参加者が制度セクターを分離する努力を特にせずに、主な目標が社交である状況において経済情報を交換するという理由で、社交的な場が経済的な意味を取り込む時である。アダム・スミス（Adam Smith）は、よく知られているように、同業の人々は「気晴らしや楽しみのためさえ一緒に会うことはめったにない。会話は、大衆に対する陰謀か、価格を上げる企みに終わる」（〔1776〕1976 : Book 1, Ch. 10, par. 82）と苦情をいった。私たち自身の時代には、人々は、楽しい時間以外の何も心に持たずに通常パーティに出席する。彼らがパーティで盛り上がることを道具的な経済行動として想像するのは信じ難い。騒々しく熱心な社交から期待された経済的な利益は、誰にとっても出席するための主な理由ではないだろう。しかしながら、仕事に関する情報がパーティ出席者の間で伝わることが可能であり、実際に伝わるのである（Granovetter, 1995）。労働市場と表出的な社交上の習慣は、分離した制度であるが、その交差は、社会組織の構造的諸要素に依存し、社会組織の説明は個人の動因（incentives）の説明のずっと向こうに存在している。

従って、参加者が制度セクター間の資源の移動に気が付いていようといまいと、そのような移動が経済活動のコストをさらに著しく変更するだろう。その活動が汚職や超過利潤（レント）を得るための活動として符号化される時は、非経済的活動が経済的活動によって補助されるので、そのコストが増加するだろう。しかし、雇用主が事実上は経済的使用に供される非経済的資源にただ乗りする、あるいは、良い就職のあっせんがパーティへの出席から生じる時のように、反対のことがたびたび起こることは、それほど頻繁に気付かれないのである。

セクター間の資源の移動は、私が第4章の権力で考察した特異的な現象の一般的な事例である。すなわち、その特異的な現象は、一つの社会的状況から比較的に安価で資源を獲得し、それを使って、かかったコスト以上の利益を別の社会的状況で得ることから優位に立つというものである。古典的な事例は、連結されていない市場間の裁定取引であり、それは、オートリアの経済学者が「起業家」の典型的事例と考えるものである。

この文脈では、私は、交換の「領域」、あるいは、「回路」を横切る裁定取引を行うバースの起業家の観念について触れた。最も単純な事例では、原則としては、その間で交換することに考えも及ばない連結されていない領域は、私たちがここで「制度」と呼ぶものとはまったく似ていないかもしれない。それらは、ファース（Firth）がカツオの釣り針を食べ物と交換するという観念を理解できないというティコピア人を記述するように、お互いならば交換可能であるが、別の領域のものでは交換できないと集団が考えている財のセットであるだけかもしれない（本書の第4章を参照）。しかし、実際には、制度を考察することは、まさに領域の定義――領域間の差異は、通常、儀式に関する考察、あるいは、道徳的判断に関与するもの――について詳しく調べることであり、そこでは、貨幣、あるいは、物々交換の領域は、通常、親密な関係や儀式により関係する他の領域よりも劣るものとして位置付けられる。これは、現金の価格が簡単に算出できるとしても、現代人が自分の子供をどれくらいの額で売るのかという質問の理解に苦しむ、あるいは、政治的便宜の販売に価格を設定することを大目に見ることが困難である時と同じような状況である。そのような計算に対する抵抗は、異なる種類の活動には異なるセットの規範が伴い、それが、本章において私が考察する制度的な選択と枠組み（frames）に次第に変化することを示す(3)。

これは、アラブ商人に関するバースの事例において明らかである。その商人は、分離した経済領域を橋渡しして、フール族によって育てられたトマトのコストとその市場価値の間の差を利用し、賃金労働が恥ずべきことであった経済において伝統的であるように、フール族の人々にビールで支払ったのである。外部の商人の権力は、ビールが儀礼的に支払われる家の建築の相互援助のような共同体の慣行、そして、食べ物がもっと純粋な経済取引によって現金で得られる市場取引の間の制度の分離から生じた。これらの制度的境界を行為への道徳的指針としてでなく、利益の可能な源泉として、理解することができる人々にとって有利な点は、第一に、適所に明確な制度的定義と境界が存在することに依存し、第二に、これらの境界を横断する裁定取引を彼らが考案することに依存し、最後に、「外部の人間」ならば通常しないように、どんな理由であれ、これらの制度的規則を定義する規範的構造によって自分たちが拘束されていると考えない人々の存在に依存する。

一つの制度的状況において資源を安価に確保し、一般化された裁定取引として、それを別の制度的状況において利益を上げるために使う活動について考えることは役立つだろう。分離した市場を横断する古典的な裁定取引は、市場の分離から入手できる機会が明らかにされるので、これが多くの商人を引き込み、市場の隙間と結果として生じる機会が消滅する。私は、第4章で、この標準的な期待とは反対に、起業家／裁定取引者が彼の活動から権力を持つようになり、その権力を使って、他の人々がこの機会に便乗することを阻止することを指摘した。実際に、彼らは、自分の権力を使って領域の分離を維持するのである。

領域が重要な社会制度と明らかに特定される時に、利益を得るための経済以外の資源を使用して、経済的活動と他の社会的活動の間のギャップを埋める必要がないことへの別の理由がまだ存在する。これは、私が以下のように論じる理由である。

異なる制度セクターは、それらのエネルギーを異なる源泉から引き込み、明確に異なった活動から構成されている。多くの著者は、経済活動が社会生活の他の部分に浸透し変化させると論じてきた。カール・マルクスは、（例えば、『共産党宣言（*The Communist Manifesto*）』の1章で）家族の紐帯と友情関係が近代資本主義の下で「現金関係（cash nexus)」に完全に従属させられると主張した。しかし、ソーシャルネットワークと近代の経済の間の緊密なつながりにもかかわらず、その二者は結合しなかったし、あるいは、同一のものにならなかった。実際には、セクターの結合を制限する規範がたびたび発達している。例えば、経済行為者が政治的影響力を売買し、政治制度と経済制度を結合させる恐れがある時には、これは、「汚職（corruption）」として非難される。そのような非難は、行政官は、自分を一番高く買ってくれる人ではなく、有権者に対して責任があり、政治の目標と手続きは、経済のそれとは異なり、分離し、また、そうあるべきであるという規範を発動させるのである（Granovetter, 2005 : 36）。

裁定取引が制度セクター間の時は、初期の、あるいは、先行する者が、古典的な裁定取引のように、莫大な利益を得るかも知れない。産業組織におけるいくつかの目覚しい成功はそのような活動の結果として理解することができるだろう。例えば、初期の米国の電力産業に関する私たちの研究は、二〇世紀初頭の有力な起業家（Granovetter and McGuire, 1998を参照）、サミュエル・インサル（Samuel Insull）が広範な社会関係をいくつかの分離する制度的に定義されるネットワーク（鋳掛屋／発明家、資本家、そして、政治家）を持つ点で、他の人々よりも卓越していた。彼のキャリアは、これらのネットワークと諸制度のセクターの間を彼が巧みに資源を前後に動かすことが特徴となっている。従って、彼は、自分の特定の産業モデルのために政治資源を動員した最初の人であった。そのモデルとは、大規模な統合された中央発電会社であり、電気を遠距離に亘って送るものであった（彼の拠点が、政治とビジネスとの間の浸透しやすい境界で依然として伝説的であるシカゴであったのは、不都合なことではなかった）。合衆国と彼の出身の英国における彼の金融のコンタクトによって、彼は、自分の計画に融資するだけでなく、彼の特別優遇の技術的経路[4]を支持するために、バルーン型の減価償却（balloon depreciation）のように以前にはこの産業では使用されなかった革新的な金融商品や会計技術も移動することができたのである。

インサルは、また、ボランティア協会セクターにおいても影響を及ぼし、国家レベルで公益事業統制を進め、投資家によって所有される公益事業によって提供される権力に対して公権力を不利な位置に置くために、具体的に党派に属さない全国市民連合（National Civic Federation）による地方自治体、および、私的に所有された電力会社の研究を具体化した（Granovetter and McGuire, 1998：165-166. そして、より詳細には、McGuire and Granovetter, 1998）。インサルは、彼の革新を比較的閉鎖されたサークルの内部で共有していたが、彼は、例えば、分離した発電、分散したシステム、そして、地方自治体の所有の出資者のような、そのサークルの外部の人々の努力と積極的に戦った――すなわち、彼は、原型的な起業家であり、他の人々が彼の足跡を踏むことを阻止するためにできることは何でもやったのである。そして、インサルは、彼の世代で最も強力な経済人の一人として広く認められていたが、まったくそうであるので、サンフランシスコのコモンウェルス・クラブにおける一九三二年のフランクリン・ルーズベルト（Franklin Roosevelt）による有名な選挙運動の演説において非難された（Roosevelt, 1932）。

別の興味深い事例は、シリコンバレーにおけるベンチャー・キャピタルによる融資の起こりである。融資の革新の古いモデルにおいて、投資家は、彼らが投資する産業から距離を置き、技術的な詳細についてほとんど知らず、その社会的、専門的職業のサークルにはつながっていなかった。融資と産業は、特定の貸借取引を除けば、主に、非連結（decoupled）であった。これは重要ではなかった。それは、正当な注意義務（due diligence）は、融資を返済する能力の評価だけを必要としたからであり、その評価は、貸借対照表の分析と安定的な市場が進んでいるという想定から集めることができた。しかしながら、これらの標準的な金融ツールは、急速な技術的な変化を受ける産業においては不安定であったが、一九六〇年代の初めに新しいモデルが出現した。自分たちの革新的な製品から巨大な富を築いたシリコンバレーの企業のエンジニアとマーケティングの専門家は、自分の資金を使って新しいタイプの資本家――広範な技術的知識と個人的ネットワークによって新しい考えを素早く評価できる「ベンチャーキャピタリスト」――になった。自分たちの技術があるので、彼らは、かなりの資金を出資し、役員会に出席し、経営において積極的な役割を果たすという、伝統的な銀行家が通常回避する役割すべてを担うことを嫌がらなかった。

事実上、彼らは自分たちの資源を、それらが蓄積されてきた産業と家族の領域から、彼らがそれらを展開して何倍にも増やす新しく組織化された金融セクターに移動したのである。そして、彼らの早期の成功が、技術的なサークルとはつながりのない年金基金や裕福な個人たちのような限られたパートナーたちから莫大な新しい流入を呼び込むのに役に立った（Kaplan, 1999 ; ch. 6 and ch. 7を参照）。この制度的な発達は、ニューイングランドに銀行を創設し、家族ではない源泉からの資金を引き込むことによって、産業の拡大に資金を出した一九世紀初頭のビジネス一家の活動に似ていた（Lamoreaux, 1994）。資源を制度セクターを横断して動かすというこの特別な事例では、多くの新しいベンチャーキャピタルの投資家が出現し続けたが、伝統的な融資は、その支配を再び主張することはまったくできなかった。それは、ベンチャーキャピタル・セクターが資源と情報の複製できない複雑なネットワークを発達させたからである。従って、早い時期に比べて多くの新しい投資家が存在するが、そのセクターは、これらの産業において多少とも自己完結し支配的なままである（Ferrary and Granovetter, 2009を参照）。そして、ベンチャーキャピタルにおけるトップの人物は、よく知られ、少なくともハイテク企業の運命を決定する際に非常に権力を持つと考えられている。

3 実用主義的行為者のための資源としての多数の制度枠組み

私は、個人が自分の行為を導く一つの制度枠組みをどのように選択するのかについて語っているが、「選択する（choose）」は、より意識的な思考を暗示することを繰り返し述べたい。どちらの規範が支配するかは、どんな認知的スキーマが引き起こされるかに依存するので、そのようなスキーマは、それが本当に行為の指針であるならば、積極的に熟考されるものではないだろうし、もしそうならば、知覚を構造化する際にそれほど強力なものではないからである。葛藤するヴィジョンや利害の一部として、フレーム同士がぶつかる時は、意識（awareness）がよりふさわしい。ある場合には、個人は、どんなフレームが関連するかに関するアンビバレンスや多義性から利益を得るかもしれないし、日常生活では、制度は相互に浸透するので、それが純粋で分離した形態で起こることはめったにないので、そのような多義性が典型的なものである。

私は、第4章で考察しているように、チェスのプレーヤーの研究においてレファー（Leifer, 1991）によって考案され、一九世紀中世フィレンツェの政治を支配するようになったコジモ・デ・メディチの非常に大きな政治的達成を説明するパジェットとアンセル（Padgett and Ansell, 1993）によって発展された「断固たる行動（robust action）」という概念に戻ることにする。コジモが利害、そして、ピーター・ホールが述べるように、複数の制度的文脈——財政、家族、政治の領域——におけるアイデンティティを持っていた。パジェットとアンセルは、「スフィンクス」のようなものであり、「多義的（multivocal）」であり、あらゆる状況において、これらの利害のどれを彼が追求しているのかをあいまいにすることによって、彼は自分自身のための柔軟性を維持し、他の人々のそれを減少させるのであると論じる。そして、各制度領域からの彼の支持者のネットワークは、相互に連合することができない。それは、彼らの多様な出自が彼らを社会的に相容れないもの、そして、相互に相手を見下したものにさせたからである。従って、コジモは、これらの変化するフレームをまたがって位置し、一つのフレームに完全に身を委ねることをしなかった。彼は、意識的にというよりも、本能的にそのようにしたように思われる。究極の実用主義的行為者は、自分の様々な問題を解決するために、できるだけどこからでも資源を集め、自分の活動にはっきりとしたラベルを付けると、攻撃されやすくなるので、そうしなかった。

デヴィッド・スターク（David Stark, 1996, 2009）は、このテーマを移行期にある経済において精緻化している。資本主義への転換後（post-transition）のハンガリーでのフィールドワークとボルタンスキーとテヴノ（Boltanski and Thevenot, 2006）による「正当化の様式（modes of justification）」の考えを利用して、彼は、環境が不確実である企業の行為者は、どの原理、あるいは、どの論理によって結果を判断すればいいのかはっきりしない状況に直面するだろうと指摘する。あなたの「成功、そして、自分が使える資源があなたの市場占有率によって判断され、決定される時もあれば、あなたが雇用している労働者の数によって判断され、決定されることもある。……あなたは、自分の有価証券目録（portfolio）を多様化し、自分の口座を変更可能であることに気づくだろう。……策略のための余地を得るために、行為者は多義性を求め、多義性を創造さえする。彼らは、複数の単位で測定し、様々な言葉で話すのである」（Stark. 1996：1014-1015）。

スタークは、行為者が正当化の原理や評価のフレームから戦略的に操作することを強調する時に、これらのフレームが単に分かりにくくなることを意味していない。反対に、このように操作することが理解できる唯一の理由は、人々がフレームを真剣に受け止めるので、もし自分の好むフレームが適切であると彼らを説得できれば、あなたが優位になるということである。さらに、課題（agenda）を再定義する能力は、第4章で記述された権力の側面の典型的な例であり、説得する人々によって好まれる規範が、強制力よりもずっと効果的に他の人々の行動を導くフレームを作り出すことによって、どのように権力が規範と相互作用するのかについて示すのである。私は、次巻の汚職に関する章でこのテーマを再び論じる。

後の研究で、スタークは、この議論を一般化し、効率的な組織はしばしば「ヘテラルキー（heterarchy）」という戦略を採用すると提案する。ヘテラルキーとは、彼にとって、「何が価値のあるものなのか、何がするに値することなのか、何が重要なのかに関する選択的な諸観念」（Stark. 2009：5）をはっきりと述べ、主張することを意味する。発動するために入手可能な多数の実行基準（performance criteria）を持つことによって、機知に富んだ不協和（dissonance）を作り出すことができるし、特に、組織の環境が乱れている時に、組織が起業家的であるとはどのような意味なのかということが、組織が「評価の多数の原理を働かせておき、生産的な摩擦から利益を得るということである」（6）。彼は、実行基準の間の競争が「習慣化した無分別な活動によって閉じ込められた状態（lock in）を突破することを可能にする」（9）と提案する。これは、「価値に関する異なる観念の主唱者たちが相互に闘う時に」、騒々しい衝突をもたらすことである。「この不協和の潜在的結果は、価値フレームの多様性が企業の資源の新しい組み合わせを生み出すのである」(27)。

異なる制度的複合体と正当化の原理は、個人がそれらの間の葛藤に気がつかないとしても、結果的として生じる方法で衝突するだろう。例えば、ジョージ・ストラウス (George Strauss, 1955) が出来高払いで玩具に絵を描く女性の作業集団を研究した。その作業集団の生産性 (従って、その賃金) は、コンサルタントが彼女たちに自分たちの仕事を好きなやり方でやる自由を与えた時に、著しく改善した。しかし、その工場の他の部門では彼女たちの夫、男性の親族や友人が多数働いていたので、その集団は、女性の賃金が飛躍的に増加したことを知ると、これがこの組織の集団の既存の地位の序列を乱したので、激しく反対した。社会関係によってパターン化された情報の流れと基本的な社会的区別に根ざした賃金格差における公平さ (fairness) の観念は、新しい経済的発達を維持できないものにし、新しい革新は放棄された。ガートレル (Gartrell, 1982) は、マサチューセッツ州ケンブリッジのゴミ収集作業員が自分たちの賃金の公正さをどのように評価したのかに関する考察において、すぐ近くの街の自分の友人や親族に彼らが相談することの重要性を指摘し、そのような仕事と居住地の社交の交差が賃金上昇への圧力に対して持つ重要性を示唆した (1982 : 134-136)。

これらの二つの例の労働者は、親族／友人／居住地と経済と仕事との制度的交差が自分たちの賃金の公正さに影響を与える方法について簡単にはっきりと述べることが起こりそうには思われないし、多くのそのような交差はかなりの意識下で作用するのである。例えば、ブラウォイ (Brawoy, 1979) は、シカゴ地区の機械工場のエスノグラフィによる彼の研究で、労働者階級の文化における地域の男らしさの観念が無意識のうちに雇用主のための価値を付加していたと論じる。二〇世紀初めにフレデリック・ウィンズロー・テーラー (Frederick Winslow Tayler) とその他によって先駆けられた「科学的管理法」は、時間動作研究を用いて、労働者がさらに早く作業できることが判明すれば、作業の割り当て (ノルマ) を上げることによって、労働者の生産性を加速させる方法を決定した。一九三〇年代の著名な産業関係に関する研究の多くは、そのような戦略に対する労働者の抵抗を記録し、労働者が非公式にどれくらい生産すべきかについて上限を設定し、「上限の生産量を超えた人（rate buster）」を罰し、仲間外れにした（Homans, 1950を参照）。しかし、ブラウォイの機械工場においてこの種のことは何も起こらなかった。それは、男性の機械工の地位通貨が、機械工の課題を素早く楽々と遂行することによって明示されるまさに技術であったからである。それを近くで観察するためにこの工場で働いていたブラウォイは、彼が「あたかも自分には時間がたっぷりあり、（経営者によって与えられた割り当てを）まだもう少し作ることができるように見せかけて、経験の最も浅い者はへりくだった態度で自分と会話するくらい、経験豊かなオペレーターのように、床を気取って歩くことができる」（Brawoy, 1979 : 64）と指摘する。

ブラウォイは、この地位システムが労働者に経営者側に協力させ、「大きな余剰価値を生み出した」（64）というマルクス主義者の嘆きを明らかにしている。これは、特定の男性の労働階級の文化がたまたま産業システムのニーズと交差するから起こるのである。雇用主は、これらの価値を創り出すために投資しなかったし、どちらの側も文化が収益性を支持する方法について十分に気づいているということはなさそうである。しかしながら、雇用主が自分の目標をその地域の文化が支持することを実際に理解するならば、彼にはソーシャルネットワークを通じて労働者を雇用するさらにもう一つの理由がある。それは、その文化が多くの合意と強さを持つ凝集性の高い作業集団において作用するからである。

最後に、私は、行為者が問題の解決を試みる時に一つ以上のセットの制度的規則やパターンを利用する場合には、それらのいくつかはその努力の結果として定義されるようになるので、私たちが見るように、意図性（intentionality）の範囲が存在するといっておこう。いくつかの事例では、スタークがハンガリーの工場マネージャーについて示唆するように、彼らは、正当化にもとづく支持を得る最良の機会を持つために、自分の行為を正当化する可能な方法の多様な「目録」を多少意図的に集めるかもしれない。しかし、また、行為者は、異なる制度枠組みから少しずつばらばらに集めることもあるだろう。それは、実用主義の哲学者と社会科学者が主張するように（Dewey, 1939 ; Joas, 1996 ;

Whitford, 2002)、ほとんどの行為者は、制度デザインの純粋性よりも、自分の置かれた状況を解決することに関心があり、これが、純粋主義者にはフランケンシュタインのように見えるが、彼らの文脈ではうまくいく解決をもたらすからである。

私は、「国民文化（national culture）」についていくつかの歴史的で、比較分析的な議論を発達させる際に、この点をさらに明確に主張することができる。第5章において記述されたビガートとギーエン（Biggart and Guillen, 1999）の議論は、特定の国々の「論理」が、ＯＥＭ、あるいは、部品の生産としての自動車組立のどちらかを好む可能性が高いことを提案している。しかしながら、問題になっている論理は、主に、車に関与するわけではなく、特定の国の個人が組立工場のような大きな階層的な業務に配属されるのか、あるいは、ファッションや自動車部品におけるように、必要条件が素早く変化するサプライチェーンの外部の行為者の要求に迅速に適応できるかに関与することに留意すべきである。従って、彼らは、例えば、世襲主義（patrimonialism）が韓国の社会において深く根ざし、これが、「競争するエリートによる集権化された統制を正当化し、発展のための産業を標的にする正当な権利を国家に与える」（1999：733）制度論理を創造する。台湾では、対照的に、企業は拡大することによってではなく、事業の一部を独立させ、別会社を設立することによって成長するので、結果として、密度の高いネットワークで結ばれた同族会社の集まりをもたらし、「自動車組立のような資本集約的企業には適さない。しかしながら、それは、資本をそれほど必要としないが、知識集約的製品には理想的である」（735）と彼らは論じる。

そのような主張に関する興味深い点の一つは、その主張が特定の社会のための文化例外論にもとづくものでなく、むしろ、類似する制度や論理を持つ社会はいかなるものも類似する経済的結果を持つということを意味するので、問題になっている制度がいったん考慮されると、その時には、そのような結果を説明する韓国的、あるいは、中国的な独特なものは何もないだろう。故に、各々の国が結果を決定する特定の文化を持つという考え、すなわち、たとえあるとしてもごく僅かな一般化しか許さない考えを超えて、私たちは、原則としては、いかなる国にも類似する効果を持って現れる特定の種類の制度論理を見つけることができるという位置に至るのである。実際に、ビッガートとギーエンの議論は、国の文化的特性（peculiarities）が特定の制度論理につながる限りにおいて重要であることを認めるというかもしれないが、いったん所定の位置に就けば、そのような論理が結果を決定するのである。この一般的な考え方は、有限で識別できる数の「様々な種類の資本主義（varieties of capitalism）」（特に、Hall and Soskice, 2001、そして、そのような研究全体の要約には、Streeck（2011）、そして、*Business History Review*, 2010 の「様々な種類の資本主義」に関する研究についての重要なシンポジウムを参照）が存在するという抽象的な理論的議論の方法と類似している。

ホールとソスキスは、様々な名前の下で、この研究において一般的である区別を行い、おおまかにいって二つの主要な「様々な種類の」資本主義が存在すると論じ、彼らは、それらを「自由主義市場経済（Liberal Market Economies：LMEs）」と「調整市場経済（Coordinated Market Economies：CMEs）」と名付けている（Hall and Soskice, 2001：23）。調整市場経済は、多くの形態の非市場による企業間の調整に関与し、忍耐強い資本（patient capital）が緊密に結び付いた企業ネットワークに依存し、それらのネットワークは、「投資家たちに会社の成長に関する内部情報を提供することが可能であり、その情報によって彼らが四半期の貸借対照表や公的に入手可能な情報に依存せずに融資することができる」（29）のであり、また、それらのネットワークは、投資家たちに、社会的連帯や伝統的な義務に関係する非市場経済的な目標にかなり注目させるのである。従って、例えば、「忍耐強い資本」への接近は、景気の悪化において企業が労働者を雇っておき、すぐに利益をもたらさない長期の投資をすることを可能にする。通常の典型的な例は、ドイツと日本である。自由主義市場経済では、市場関係が調整問題を解決し、企業ネットワークは、緊密なつながりではなく、「株主価値（shareholder value）」がより重大な検討事項であり、その他の利害関係者は残余の要求者でしかない。

私は、関係する話題について次巻の企業統治の章でより詳細に論じる。しかし、差し当たり、ここでの論点は、実用主義者、あるいは、「構成主義者（constructivist）」の視点を持つ学者がそのようなタイポロジーに挑戦し、経済制度についてのこのような考え方は、単純すぎる描写を提供するので、荒れた経済の海を自分たちの行動が特定の制度的命令にかなうかどうかを気にせずに航行する大部分の経済行為者の能力を公平に評価しないと論じる。社会の制度的能力や論理と整合性のない国家の経済政策が成功できないと提案することが理にかなっているように見えるかもしれないが、私は、この議論を支持するために引用された事例が既知の成功と失敗という選択バイアスという弱点があるかどうかについて私たちは検討すべきであることを加えるだろう。反例は、国家政策が見かけ上の能力にもかかわらず進行し、どういうわけか成功した事例であろう。従って、私が上述したように、西欧の経済学者は、韓国を鉄鋼や化学のような重工業における有力な存在にした一九六〇年の朴正熙（パク・チョンヒ）の影響を異様に誤った方向に導かれ、国の知られた能力とは両立しないものであると理解したが、しかしながら、それに続く成功物語は今やよく知られ、これは、社会が一つの物語だけしか語らない、あるいは、いくつかのパターンにはまると私たちが想定するのを躊躇させる（Amsden, 1989; Kim, 1997 を参照）。

資本主義に関する少数の理念型の有効性に対する要求は、他の国々とは異なる、諸制度のコレクション、あるいは、「メニュー」と私が呼びたいものを作り出したかもしれない特定の国の国民文化と歴史的特性が、いったん私たちが観察している資本主義がどのタイプであるのかを理解すると、重要ではなくなることを想定するのである。これらの問題に関する議論が、日本とドイツの経済に関する編集された二つの論文集、シュトレークとヤマムラの二〇〇一年の巻、『非自由主義の資本主義の起源――ドイツと日本の比較（*The Origins of Non-Liberal Capitalism: Germany and Japan in Comparison*）』（Streeck and Yamamura, 2001）、そして、ヤマムラとシュトレークの二〇〇三年の巻、『多様性の終焉？――ドイツと日本の資本主義の前途（*The End of Diversity?: Prospects for German and Japanese Capitalism*）』（Yamamura and Streeck, 2003）にまとめられている。これらの論文集には、様々な論文が掲載されており、それらは、編者からのコメントから構成され、日本とドイツの資本主義を「非自由主義的（non-liberal）」、あるいは、「連帯主義的（solidaristic）」な種類であると考えているが、これらは、ホールとソスキスが行った「調整」と「自由主義」市場経済との間の区別と密接に関係している。特に、シュトレークとヤマムラは、「非自由主義」経済は、自由主義経済よりも高いレベルの「埋め込み」が特徴であり、「それが作られている取引が、経済的目的以外の目的を果たす（いいかえれば、社会的凝集性、または、国防のような非経済的目的によって制約される）と想定されるか、あるいは、非経済的な社会的紐帯によって支持されるか」を意味すると指摘する（Streeck and Yamamura : 2001 : 2）。二〇〇三年の巻では、著者たちは、ドイツと日本に対する自由主義モデルに同調すべきであるという非常に大きな圧力に焦点を絞り、そこでは、これは起こりそうもないという合意が存在し、ドイツと日本は、「それらの制度が支持するようにデザインされている価値を守ることが可能であり続けるだろう。これらは、ドイツの場合には、政治的に交渉された社会的凝集性と高い社会的平等、日本の場合には、急速な近代化に伴う社会的混乱を避け、西欧と平等な地位を確実にする、政治的に導かれた経済発展による、内部の連帯の保護、そして、外部からの独立」（39）を含んでいる。

シュトレークとヤマムラの論文集に関するレビュー・セッションでは、ゲーリー・ヘリゲル（Gary Herrigel）は、著者たちが「多くの構成主義者が……長い間強調してきた社会行為と変化の諸次元」を指摘することについて称賛している。すなわち、それは、「行為者は、かなりの不確実性に直面し、これが規則の意味を曖昧なものにするので、そのため、解釈と創造性が社会行為と制度変化の避けられない諸次元となる」（Herrigel, 2005 : 560）ということである。ヘリゲルは、制度を「律則（constraining rules）の静的なシステム」として扱うよりも、むしろ現実の行為者がそれらを「一般的に定義された問題に対する暫定的な解決」（560）として扱っていると理解する。しかしながら、ヘリゲルは、次に、「自由主義的」経済と「連帯主義的」経済の間の区別そのものが問題となると不満を述べる。その理由は、それが「自由主義でも分節主義的（segmentalist）でも連帯主義的でもない制度的選択肢をめぐる様々の他の種類の争い」（562）から注意をそらすからであり、具体的には、ドイツにおける争いとして、産業の小規模と中規模の企業の間の争い、集権化、統治権、そして地方の異質性をめぐる中央と地方の争い、職業と地域コミュニティに関するカトリック的考えと社会民主的考え、そして、組合と社会党における急進的な無政府主義者（Syndicalist）の考えの争いが挙げられている。彼は、これが問題の核心であるが、これらの選択肢が「連帯主義的、あるいは、分節主義的フレームのどちらにもぴったり合わないし、それらは、まったく自由主義的ではない。それらが、ドイツのシステムについて個々の著者が提供する描写から抜け落ちていることが問題である」（563）と論じる。もし「自由主義の限界、あるいは、連帯主義と分節主義への転機だけを探すならば、進行中の借用（borrowing）、再組成（recomposition）、そして、混成（hybridization）という他に取りうる別の過程を常に見落とすことになる」（564）。

同じ論文集をレビューして、オサリバン（O'Sullivan, 2005）は、米国と英国を「自由主義」資本主義の典型例として引証するのは誤解を招く恐れがあることを指摘し、技術の振興、軍事支援の歴史、そして、非経済的目的の重要性における米国政府の重要な役割を私たちに思い出させ、「資本主義のこれらの類型が資本主義の自由主義制度とつなぐ急進的革新のような結果のいくつかは、実際には、明らかに非自由主義制度の産物である」（554）と結論付けている。ペンペルは、同様に、制度的結果の政治的説明を無視しているのでその論文集を批判し、日本よりもドイツにおいて労働組合の政治的権力がずっと大きいことを例として挙げている（Pempel, 2005）。

これらの批判に応えて、シュトレークは、制度的タイプが非常に緩やかなやり方で概念化されねばならないし、「自由主義」経済と「非自由主義」経済の間の区別が確かに非常に誤解を招く恐れがあるかもしれないことに同意する。しかし、彼は、ヘリゲルの観念において、制度がまったく存在しないこと、そして、社会行為が「完全に主意主義的でなければならない」ことを非常に懸念している。制度化された規則は、何もかも決定するというものではないが、それらは、「それら自身を防衛するために効果的に適用される社会的制裁によってまだ守られている」（Streeck, 2005 : 584）。

それでは、私たちは、体系的で筋の通った理論的な議論によって、（実用主義的伝統における）問題を解決する行為に対応する必要性、そして、制度の統一性を過剰評価しない必要性のバランスを取り、それでも、シュトレークが明確にしている関心事に応じるような位置をどのように見つけることができるだろうか。私は、以下のように論じる。

この針に糸を通すように難しいことを成し遂げる方法は、国や地域にとって、経済活動を組織化する際に行為者が選択する可能性が高く、概念的に入手可能である、ありそうな選択的なフレーム、あるいは、「論理」が何であるのかを分析し、それらが相互に分離し、自律する、あるいは、重複する程度を決定し、どのように諸選択肢のこの特定の範囲や「メニュー」が生じるのかを説明し、行為者がこれらの入手可能な材料から自分が直面する経済問題に対する解決策を組み合わせる過程について理論化する、すなわち、その社会的、経済的な環境における何が行為者を自分の選んだフレームや論理に適合させるのかを理解することである。これらのいかなる段階でも地域や国の文化的特殊性が重要になる可能性がある。この戦略は、規範を含む文化が行為にとって柔軟性のない処方箋（recipe）というよりもむしろ「道具箱（tool-kit）」であるという理論的議論、および、国家がその可能性に関する典型的なステレオタイプの考えを前提とすると、意外な方法で行為することも珍しくないという経験的な観察に一致するものである。

例えば、日本は、しばしば、調和および集団の個人への支配に向かわせる非常に独特な文化を有すると考えられている。終身雇用やQCサークルのような日本の制度は、たびたびこれらの内在する傾向の「自然の（natural）」帰結と考えられている。しかし、観察者は、「終身雇用」が深刻な不況においてすぐに消えてしまい、系列という協同的な企業集団の形態への組織化のような他の要素は、形態においては変化するが、新自由主義イデオロギーにおいて創造されるもの以上に持久力を有しているのを見て困惑している（詳細はLincoln and Gerlach, 2004を参照）。その描写は、最近の「特徴的な」日本の労働制度が二〇世紀半ばになって始まっただけであり、一九二〇年代のような早い時期には、転職率が高く、かなりの労使間の紛争があったことを示す歴史的な考察によってさらに困惑させられるのである（例えば、Taira, 1970を参照）。

4　制度的な選択肢が混乱、戦争、そして革命からどのように出現するのかに関する比較歴史的な事例研究

私は、国の経済的、政治的システムが、衝撃的な歴史的条件の下で、劇的な再建を経験する事例を調べることによってこれらのテーマを追求したい。それは、そのような事例が、広範な歴史的な力、戦略的行為、そして、制度の間の相互作用について多くのことを明らかにし、いかなる時の現場の事例でも、それらの残留物が個人的ならびに制度的記憶を通じて運ばれた歴史的記録における事例でも、現時点での問題に取り組むための妥当なモデルとしてそれらを利用できるものにするからである。私がすべての入手可能な源泉を利用して、広範で、総合的なやり方でそのような考察を行うことは可能であろうが、そのテーマは、非常に大きいので、それを扱うだけで一冊の本を必要とするだろう。その代わりに、私は、二冊の本との対話を通じて、これらの問題をやや異なる角度から取り上げ、多くの役に立つ洞察を提供していこうと思う。それらは、アーント・ゾルゲの『グローバルとローカル――ビジネス・システムの対話を理解する（*The Global and the Local : Understanding the Dialectics of Business Systems*）』（Arndt Sorge, 2005）、そして、ゲーリー・ヘリゲルの『可能性を作り出す――米国、ドイツ、日本における創造的行為と産業の再構成（*Manufacturing Possibilities : Creative Action and Industrial Recomposition in the United States, Germany, and Japan*）』（Gary Herrigel, 2010）である。

ゾルゲの分析は、ドイツにもっぱら焦点を合わせ、現代の制度を中世の時代まで遡る。しかし、中世の制度と現代のパターンの間の単純で、決定論的な関係を主張する（例えば、Putnam, 1993）よりもむしろ、ゾルゲは、長期間に亘る経済と政治の歴史が制度的パターンの多様性を引き起こすと論じる。その多様性は、諸個人が、進行中の問題を解決するために、部分的には、自分たち自身と外国の政府の政治的、そして、軍隊の権力の行使に対応して作り出したものである。この多様性は、豊かで、混乱させるもので、相反するものであるが、でたらめで、制約を受けないもの

ではなく、特定の別々の形態を取り、それらは、長い歴史的な期間に亘って、混合され、適合され、調整市場経済対自由主義市場経済のようなタイポロジーの領域に入らない場合もある。ヘリゲル（Herrigel, 2010）は、第二次世界大戦の終わりから現在までのずっと圧縮された時期にその戦争によって深刻な影響を受けた三つの国々——米国、ドイツ、日本——について考察し、個人と集団の戦略的行為、技術と市場、そして、長期の制度史の背景が経済制度に与えるインパクトを比較している。

ヘリゲルは、まず、三つの国々の鉄鋼産業に焦点を置き、グローバル化の圧力が「先進政治経済を横断して慣行、規則と統治形態における収斂を引き起こすか」（Herrigel, 2010：1）という論争を中心にして彼の考察を組み立てている。彼は、彼自身の実用主義的、あるいは、「構成主義的（constructivist）」な見解を、一方で、原子化された個人的な合理的計算を新自由主義が強調することに対する不満、他方で、制度主義が「産業変化を形作る際の抑制律則と制裁」（2）を強調することに対する不満を反映するものとして組み立てる。彼は、第二次世界大戦後の鉄鋼産業における米国、ドイツ、そして日本がすべて、新自由主義者が予測するように、「非常に類似する戦略」を追求したと指摘するが、それらの国々は、政治経済間の差異を「作り直す、あるいは、再現する」（28）異なる方法でそうしたと論じる。彼は、制度を行動に対して強力で抵抗できない影響を与えるものにする「制度主義（institutionalism）」による説明に反論し、「創造的な行為者主体性（agency）が制度的な拘束をうまく回避することをもたらす」（28）と指摘する。ここでは、私は、どのように制度が作用するかに関する私自身の説明は、本章と前章において展開されるように、ヘリゲルが批判する「様々な種類の資本主義（varieties of capitalism）」のような説明よりも穏やかな（softer）ものであり、私は、制度が行動を導く「輝く線（bright line）」を創造すると論じるのではなく、制度は、行為者が自分の状況についてどのように考えるのかを形作り、行為者が自分の問題の解決方法を考え出す時に、自分が自明であると考えている背景の一部である特定のやり方で行為するように規範的圧力を作り出すものであると論じるだけである。しかしながら、この穏やかな説明は、行為者が制度とは関係を持たずに経済的問題に直面する、すなわち、行為者の自身の局所的な社会的文脈が何を彼がするのかに何のインパクトも与えず、その状況の技術的、経済的なパラメータに内在するコストと利益によってだけ影響されるという考えとはまったく異なるものである。私は、後述の経験的事例において、これを明確にしたいと思う。

鉄鋼のような特定の産業を含んで、日本とドイツの経済が一九四五年以降にどのように展開したのかを理解する際に重要なのは、これらの国々の米国による占領という単純な事実である。この占領は、民主主義制度が欠けている、あるいは、破壊された社会において、民主主義を回復させる、あるいは、創造するという一般的な目標の範囲内で、経済への政府の支配の制限という米国の観念を強いることを意味している。それに応じて、ドイツと日本は、「連合国が望む国家と経済の相互の制限」を創造したが、それは、「米国人が課したカテゴリーと関係に関する彼ら自身の独特の理解によって、必然的に、そして、知らぬ間に与えられた情報にもとづく方法によってであった」(Herrigel, 2010 : 32-33)。特に、米国人は、自由主義‐民主主義の多元主義における市場競争の一部分としての私有財産の重要性を強調するが、ドイツの産業家は、私有財産を社会における特定の地位、そして、他の社会集団、国民、そして、国家への様々な相互の義務を必然的に伴うと考え、財産の所有について権威を伴うものであると信じた(62)とヘリゲルは観察している。さらに、彼らは、自分たちを国家ではなく国民の偉大さに貢献する企業集団であると考えたので、労働者に対する彼ら自身の権力が義務によって制限されるように、国家の権力が財産に関して制限されるべきであると考えた。従って、これらの産業家は、国家権力を制限する際に民間組織が果たす重要な役割のような「米国人の見解と共感を呼ぶ自分たちの伝統的な見解の要素を強調した」(63)。しかしながら、彼らは、「社会が、地位、資格、そして、相互の義務の複雑な観念に関与する深く根付いた機能集団から構成されている」(64)という伝統的なドイツの見解を維持していた。従って、「ドイツ人と米国人は、彼らが同意することの内容がまったく根本的に異なる時に、互いに同意してうなずいていた」(64)。ドイツ人にとっては、産業における私有財産は、「社会秩序の維持、従って、尊敬と承認に値するために、決定的に重要であるとまだ理解されていた。米国人の見解は、民間の行為者の間で地位と資格の区別が政治的につけられることを認めなかったが、適合されたドイツ人の見解がこれを産業の民間統制が意味することの基礎を成す次元であると想定した。しかしながら、両方の形態の理解において、私有財産は、国家の権威に対する対抗力を構成したので、これが連合国の同意にとって非常に重要であった」(64)。

従って、他の産業におけるように、鉄鋼において、一九五〇年代を通して、アメリカ人が理解し、望んだこととは反対に、ドイツにおける労使双方は、「自分たちを広範な社会における社会的で政治的な地位を持ち、相互の義務と責任を認める企業集団であると理解した」(69)。実際に、これが米国の工場が持たないやり方で鉄鋼における柔軟性をもたらし、労働者と工場所有者の間の共同決定の制度を含むものであり、それは、「戦後の大きな好景気の間に鉄鋼製造者にとって非常に優位な点であり、鉄鋼製造者に仕事と生産における著しい柔軟性を与えた」(66)。それで、ドイツの生産者は、「米国主義の言葉使いと慣行、そして、多元主義を受け入れたが、そうする際に、それらを創造的に組み立て直し、そのやり方は、彼ら自身の以前の理解や米国主義と多元主義の慣行と一致するか、あるいは、米国には存在しない、あるいは、連合国の改革派によって予測されなかった方法で、受け取った原則を拡大したのである」(70)。従って、その産業は、市場の秩序と生産という米国の原則を「採用した、あるいは、強制的に採用させられ、この出会いによって非常に変化させられたが、これは、鉄鋼の生産におけるドイツ独特の特徴が抹消されることを決してもたらさなかった」(70)。

私は、上記の引用された部分が、制度――この場合には、所有者や労働者のような地位集団の役割や責任に関する伝統的なドイツの理解――が、ドイツ人たちが自分たちの慣行を米国の占領軍の要求に適応させる概念枠組みを作り出し、その過程で、産業組織を転換させるが、それでもやはり、それがドイツ的であるとすぐにわかるようなままであったことを示すと解釈する。これは、制度というものが行動やフレーミングに重大な影響を与えるが、それは個人の行動を厳しく、あるいは、完全に統制することなくそうするのであり、個人は、外的な力が可能であるものを強く形作る文脈において、自分の問題に新しい解決策を作り出すことができるものとして私が描きたい方法と一致する。

日本の場合には、ドイツのように、「敗北と改革が、戦時中の体制が抑圧していた、過去からの社会的、そして、産業の秩序に関する放棄され、敗れた、あるいは、まだ実現されていない観念の再明瞭化（rearticulation）のための論争の空間を形成した」（70）。そこで、日本人は、鉄鋼産業の行為者間の協同と競争を混ぜることによって、「寡占的競争に関する米国の理解を再解釈し、組み立て直した」。戦前において典型的であった企業間、企業と政府官僚制度の間の協同的交換を放棄するよりはむしろ、彼らは、「協同の方法を……国家独占と広範囲に多角化した持ち株会社から、相対的に対等な競争相手同士である鉄鋼会社間の協同に作り直したのである」（75）。戦前の慣行へのこの復帰は、経済における民主主義に関する米国の考えに一致するものである。

ヘリゲルの説明は、どのような時も明確に定義された制度的枠組みが存在するということを当たり前であると考えている。しかしながら、私たちは、そのような枠組みはどこから来るのか尋ねるべきであるし、これは、通常は、長期の歴史的な発達の物語であり、ゾルゲ（Sorge, 2005）がドイツの事例について語ろうとするものである。制度に対するゾルゲの態度は、それらを真剣に受け止めることであるが、また、ヘリゲルがするように、それらは「通常切り離され、新しい形態と集まりに組み替えられる」（28）ので、

> 従って、至るところに広がる制度を多数の行為者、諸状況、そして諸部分を横断する全体社会を覆うものという型にはめることは非常に限られた価値しかない。制度は、諸領域間、そして、諸状況間で非常に異なる。（実際には）ごく近いところでも非常に区別できるもので、互いに異なった正反対のパターンが存在するかもしれない。（故に、基本的な価値は、）一つの社会における異なるタイプの人々のための全範囲の行動のレパートリーに対する意味を提供するために用いられる初期近似（initial approximation）にすぎない（38）。

いいかえれば、人々は、「生まれながらの混合主義者（syncretists）であり、新しい信念、考え、活動、技術などを自

分たちが既に持っているものに適合させることを意味する。彼らは、ある段階で、あるいは、一見して根本的に異なるように見えるものを適合させる驚くべき能力を持っている」(11)。そこで、ゾルゲは、「権威主義的な父親像を崇拝し、足を高く上げたまま行進し、軍隊のすべてのことを賞賛し、家族において体罰を与えることで知られている国であるドイツが……その後に、少ない上司と水平的調整と労使の共同決定を特徴とする会社と作業組織を発達させることが可能であるのか」(23)と尋ねる。私が上記で考察したように、制度を横断する同型、あるいは、諸制度を横断する転移という考えに対する強い制限を示唆して、彼は、実際には、社会が「多くの領域、諸制度、背景、状況を横断して一様な方法で物事を行うことはない。その代わりに、社会は、状況的に分化した相互に反対のものを混ぜ合わせる優れた能力を持っている」(25)と論じる。部分的には、このような理由から、行為者に行動の指針を与える価値と規範は、「本質的に多義的(ambiguous)である。相互作用論者が強調するように、行為は常に選択的な解釈と規範と他の知識の活性化の上に築かれる」(53)のである。

　これは、私に、人々がいかなる時も利用することができる可能な制度すべて——そのうちのいくつかは、行為者がなんとか組み合わせようとしても、それらの純粋な形態において相互に対立するけれども——について、混合され、適合されることが可能な制度の諸形態の「メニュー」として特徴付けるように導くのである。しかし、そのようなメニューを理論化する際に歴史主義に陥る恐れがあり、そこでは、あらゆる事例が唯一無二であり、何でも起こり得るのである。これを避けるためには、私たちは、制度的なメニューがどこから由来し、どんなメカニズムによって生じたのかを説明しなければならない。ここで、ゾルゲは、中世の歴史パターンを、現在のドイツ人が諸問題に対する制度的解決の近代的コレクションである認識するものが生じる原初的スープであると指摘する。例えば、封建制度のドイツは、それ自身が、中央の支配者たち、彼らの多少独立している臣下たち、そして、他の権力者たちの間の競争の古典的パターンを持っていた(84)。封建制度の規則は、「ギルドによる同輩統制のような社会的調整という古い手段」(88)を含んでいたので、歴史的なドイツの傾向は、「上からの命令ではなくむしろ、水平であるが、『同輩』間の拘束的な連合によって調整を達成し」(89)、支配者は、不安定な状態でそのような協定を統治するのである。従って、制限された専制政治とギルドによる統制の混合を持ち、そして、南ドイツの社会秩序の独特な性質は、「階層的な規則は常に存在するが、それは、ギルドによる自治という対抗的で古い原則を密接に組み込み」(92)、それが「制度空間の分割」をもたらし、統治者は一般的な政治と外部との関係に焦点を絞り、経済制度はギルドによる自治を特徴とした――「専制支配と同輩統制、……『支配の神権（divine rights to rule）』を持つ『民主的』あるいは共和的正当性の独特の融合」(94)である。故に、これは、南ドイツの「メタ伝統（metatradition）」をもたらし、それが「二つの対立する形態の統制、すなわち、専制支配と同輩集団を密接により合わせたのである」(97)。これは、近代の始まりから、ドイツの社会経済的な歴史は、自由主義的、そして、協調組合主義的（corporatist）な経済制度――階層的な従属と水平的連合――の再結合によって特徴付けられてきたが、いくつかの時期には、そのどちらか――一九世紀の前半と末期と第二次世界大戦後には社会経済政策の自由化（liberalization）、第三帝国を含む様々な時期における協調組合主義（corporatism）――が主流となった。

ゾルゲは、また、社会が「独特の社会的制度と文化を持つようになる決定的に重要な方法」は、国際化――特定の社会に対する他の諸社会のインパクト――である。私は、これが正しい限りでは、外部に言及することなしに、社会の本質を特徴付けることを意味する「例外主義」の説明に反するものであることを指摘する。確かに、しばしば「例外的」とみなされている国家、米国について考えると、その諸制度は、部分的には、かつての親、英国との最終的には暴力的な相互作用から作り出されたことは明らかである。そして、ヘリゲルは、日本とドイツの経済的、そして、政治的制度が、自分たちの制度的意図を持ち込んだ占領している連合軍との相互作用によって作りかえられた重要なやり方を指摘する。ドイツの場合には、その「国民性」が長年に亘って考察のもとであったが、ゾルゲは、それが「米国やオーストラリアと同じ程度に移民の国である」(25)ことを忘れるのがいかに容易であるのかについて指摘する。国際化のインパクトは、三十年戦争を終わらせた一六四八年のウェストファリア条約の後で特に明らかであり、最も顕著な事例が一世紀半後のナポレオンの侵略に対する対応であった。

特に、ナポレオンの軍によって征服された地域は、ナポレオン法典の厳しさに従い、その法典は、市民の法的平等を確立し、従って、ギルドと荘園領主、つまり、協調組合主義の権力を減少させるという形態の自由化を課した。ナポレオン以前は、プロシアは、荘園によって厳格に分割され、ユンカース（他の場所では「ジェントリー」として知られているが）が支配階級であった。しかし、協調組合集団の内部において、同輩による統制が典型的であった。ナポレオンの代表者たちは、封建制の特権を廃絶し、市民権という概念を導入し、農奴制を廃止した。ゾルゲは、フランスと闘う際に、軍隊は、「市民の権利と義務、そして、商業の自由」（113）を含むフランスの特性を身に付けた。その後に、自由化、そして、協調組合主義の秩序の再表明の間を揺れ動く「一進一退（seesawing）」が繰り返された。プロシアの経済自由化は、英国の町のように徐々に出現する（115）というよりはむしろ過激なものであり、その理由は、それが上から来たものであり、最初だけでなく、後の時期も、ナポレオンのフランスとの紛争の結果とその影響によるものであり、こういうわけで、それは、政治の自由化と関係しなかった。一九世紀をすべて通して、プロシアは、自由主義と協調組合主義の間を一進一退し、ゾルゲは、「人間が試行錯誤を必要とする」（120）ので、そのような一進一退を繰り返すことが典型的であると示唆する。

一八七〇年から一八七一年の普仏戦争の後で、プロシアは、押し付けられた自由主義の時期に入り、自由貿易によって不利な影響を受けた特に小規模な職人や企業の下方からの協調組合主義の噴出、そして、協調組合主義へ戻る「草の根（grassroots）」の動きがあった（123）。そして、一九世紀末のドイツ経済の象徴的な特徴であるカルテル化は、ビジネスが「古いギルドの道具箱から重要な道具、すなわち、価格協定、そして、需要と利益の安定化を選び取り、法定の特権よりもむしろ公式の協定や契約によってそれらを制定することが可能であり」（124）、これがまん延する自由主義への反作用である事例であった。結局、これは、「資本主義、協調組合主義、そして、重要主義の新しい総合化」（128）をもたらし、これは、相互に両立するようには見えない伝統の集まりであり、「社会の空間内部の階層的統制と密接に連結した水平の同輩の統制」（140）という継続するテーマを持ち、すべてが紛争、戦争、そして、その直後の影響と密接に関係しているのである。

そして、これらの伝統のいくつかは、ナチスの時代を生き残ったので、ゾルゲは、一九五〇年代初頭のハービソン（Harbison）によるインディアナとドイツにおける鉄鋼工場に関する研究が「ドイツでは、作業の社会的調整は、明らかに、より水平的であり、専門職の自律性と熟練労働者間の相互の調整に根付くものであった」（154）ことを示し、そのような調整が、第三帝国の間の抑圧にもかかわらず、ドイツのレパートリー、あるいは、「メタ伝統」において残ったと指摘する。

しかし、長い空白の後で再び自己主張する休眠中の制度的要素に関する別の驚くべき事例は、中国の最近の歴史において見出すことができる。資本主義は、一九四九年の共産党の政権獲得の後、特に、一九六六年から一九七六年までの文化革命における資本主義の残りの形跡に対する容赦ない攻撃の後は身を潜めていた（Esherick et al. 2006 を参照）。しかし、一九七〇年代末の鄧小平の政策において暗黙である市場過程の有名な開始の後に、資本主義の活動が再び活性化し、中国をほぼ間違いなく世界で最も完全に資本主義の先進産業国家にしたのである。これが可能である理由の一部は、市場資本主義の重要な要素には、特に、東南沿岸部に沿って、中国では長い歴史があり、フリードマンの論文は、この地域の市場参加者の金融の高度な知識が自分たちに地域的、および、海外の両方において計り知れない強みを与えたことを明らかにしている（Freedman. 1959、そして、東南アジアの中国人に関するより一般的説明は、Lim and Gosling. 1983 を参照）。そして、おそらく、長期の休止状態の伝統への逆行としてのさらに驚くべき点は、現在の中国の起業家が自分たちの活動の主張される正当化としてビジネスを行う過程に儒教的原理を引き合いに出すことを好むことである。これは、儒教の考えが共産主義の下では非難されていたからだけではなく、儒教の世界観において、商業と金儲けは、明確に次善の種類の活動であり、学問の領域よりもずっと下であると考えられ、あるいは、理論的に儒教的原理の吹き込まれた思慮深い経営さえも同様に考えられたので、驚くべきことである。そこで、これは、行為者たちが自分たちの環境が呈示する問題をどのように解決しようとするのか、諸原理と社会における自分自身の位置の間の一貫性、あるいは、明らかな矛盾にあまりこだわらずに、様々な源泉から諸原理や慣行をどのように集めるのかというもう一つの例として役立つだろう。

従って、私の議論は、これらの事例によって部分的に示されているが、規範、文化、そして、制度は経済行為に対する重要な影響を与えるものであるが、しばしば描かれるほど首尾一貫したものではなく、より変化しやすいものであるということである。経済的慣行の複雑な組み合わせは、容易に予測されないが、決して無作為ではないやり方で、行為者によって形成されるのである。すべての構造のように、経済制度は既存の材料から作られねばならず、特定の表明された目的に対する最良の可能な解決についての私たちの理論化から新たに（*de novo*）発明することができるという簡単な話ではない。私たちは、行為者が経済問題を解決する際に要求する知覚された実行可能な選択肢の特定のセット、あるいは、「メニュー」を長期間に亘って創造する過程、そして、行為者が解決策を組み合わせる時にどのようにネットワークを用いるのか、そして、これらの解決策自体がどのように戻って規範、文化、そして、行為にインパクトを与えて将来の活動を形成するのか、これらのことにずっと多くの注意を払う必要がある。

最後に、特定の理論的主張をするために選択された事例における選択的偏り（selection bias）の危険性に関する私の頻繁な警告にもかかわらず、ここでは、ドイツ、日本、中国に関する厳選された事例と説明を私が頼りにするのはどういうことかと人は尋ねるかもしれない。同様な問いは、そのような事例に支持されて、私の議論は、行為者が自分たちの状況で知覚する制度的要素のメニューがどのように制度的進化を実際に決定するのかについての十分に満足な理論に向けてどれくらい進むのだろうかというものであろう。そして、その答えは、明らかに、これがそのような理論的な議論の始まりに過ぎないということであり、確かに、役に立つ始まりであるが、より広い範囲の事例によって支持されるずっと多くの研究を必要とするものである。

そして、さらに注意書きを加えるならば、これらの特定の事例から、そして、実用主義者、あるいは、構成主義者の理論の論調から、行為者が通常は制度的解決策をあちこちからばらばらに集める際に非常に創造的であるので、行為者は自分の問題を創造的で融合した方法で常にほとんど解決すると結論するかもしれない。しかし、そのようなても楽観的な想定の誤りを立証するのはとても容易である。例えば、アフリカ人の社会が植民地大国の侵略に対してどのように反応するかについて考えてみよう。植民地化される人々が既存の制度的な見本（template）を創造的に組み合わせて、自分たちの問題に新しい制度的な解決を作り出したように見えるという説明を想像するのは難しい。そして、もしこれが起こらなかったならば、彼らの歴史において、必要とされる要素が存在しなかったからというわけではない。それは、前千年間において、アフリカ大陸にはかなりの政治的、そして、経済的な発展があったし、多くの物語で名高く強力な帝国の場所――短い説明については、https://en.wikipedia.org/wiki/African_empires を参照――であったからである。その代わりに、なぜ先住民の集団が植民地主義者によって課された問題に対する創造的な制度的解決に取り組まなかったのかという問いに対する明らかな答えは、占領国がいかなるそのような試みを圧倒的な軍事力によって鎮圧したというものである。

そして、なぜ彼らがそうしたのかについては、自分が征服した領地におけるナポレオン・ボナパルトの目標とアフリカにおける植民地主義の占領者の目標の間の違いを考えてみよう。もちろん、軍事征服が常にナポレオンの最初の目標であった。しかし、征服された領土を統治する際に、彼は、占領者としてだけではなく、啓蒙思想の申し子としても行為し、協調組合主義が保護したような種類の凝り固まった利害からの干渉なしに自分たちの事業や活動を追求する市民の権利を強調したナポレオン法典に盛り込まれているように、農奴制を廃止し、法や慣行を自由主義化し、ギルドと市民と国家の間を仲介する他の権力者を廃止した。植民地支配者は、自分たちの植民地にまったく異なる態度を持ち、植民地を主に安い労働力と豊富な原材料の源泉としてみなし、また、一方で、アフリカ人を欧州の開発の基準を達成することができない未開で劣った人種であると考えていた。この組み合わせが、ある程度の多様性はあるが、下からの経済的、そして、政治的な制度の自律的な発展を支持しない植民地支配を作り出した。

そして、ほとんど例外なく、以前のアフリカの植民地のすべては、現在、独立国家であり、従って、植民地支配者に支配されている状態から脱しているが、これらの新しい国家は、内的に生産的であり、現代の産業化された世界において競争力の高い経済制度を組み合わせることにまれにしか成功しなかった。私たちが引用するかもしれない一つの理由は、多くのそのような国々が、当然ながら相互にあまり関わりがない諸部族の多少とも恣意的な融合の結果であり、加えて、キリスト教、イスラム教、そして、より地域的な先住民の宇宙観の宗教的な紛争によって分裂しているということである。しかし、現在私たちがドイツと呼んでいる国における状況がヴェストファーレン条約後の一六四八年とあまり変らないと私たちが気づけば、これは、それ自体、説得力のあるようには思えない。その当時のこの地域の歴史地図は、多数の公国と他の種類の政治的単位を示し、それらのどれも特に前もって経済資源を集める能力を持たず、三十年戦争が導いたが取り去らなかった宗教紛争を継続することによって分裂したのである。皮肉なことに、これらの単位の多くをまとめた主要な力の一つは、ナポレオン戦争、そして、フランスと英国との継続する対立状態であったが、これは、結局、二つの世界大戦に波及したのである。紙幅の関係で、そして、私の能力を超えるけれども、多くの理由で、同様な発展がアフリカにおいて起こりそうには見えない。

ナポレオン・ボナパルトの例は、また、多くの個人が自分たちの遭遇する問題への解決策の寄せ集めを制度的要素の入手可能なメニューから創造的に組み合わせるという実用主義的／構成主義的なイメージに対する限界を示唆する。行為者は多くの状況でそうすることが明らかであるが、非常に重要な時に、オーウェル（Owell, 1945 : ch. 10）を引用すると、ある行為者は他の行為者よりもさらに平等であるので、ナポレオンと彼の目標は、彼の代表者たちが統治する地域の法制度、政治制度、経済制度に継続的で複雑なインパクトを与えた。彼らの法令と介入は、既存の制度的要素を混ぜ合わせて利用したが、彼らは、要素だけでは十分に予測できない、あるいは、決定できないようなやり方でそうしたのである。一九六一年から一九七九年の彼の暗殺までの韓国の朴正熙（パク・チョンヒ）の事例は、明らかに、入手可能な制度的な原材料のセットが重要であるが、専門家が不可能であると考えた経済的結果を達成するために朴正煕が伝統的な韓国のパターンを用いたので、それは、それだけでは、特定の結果を予測したり、不可能にしたりしないことを示している。

5　経済行為、ネットワーク、そして制度における信頼、規範、権力の動態

本書のこの点において、終章において、すべての主要な議論を要約し、それらすべてがどのように一貫したやり方でまとまっているのかを示そうとする結論を持つのが慣例である。私は、そうすることに抵抗する。それは、一つには、私が存在しない首尾一貫性（coherence）をあるように装いたくないからであり、一つには、次巻において、汚職、組織形態、そして、企業統治のようなテーマを扱うことを約束したという弁解を読者にできるからであり、次巻では、本書で発達させた枠組みが、より標準的な理論が行わない方法でどのように理解を容易にするのかを示そうと思う。一貫性については、信頼、権力、規範、そして、制度のテーマは、ほとんどすべての経済活動に関係し、これらの考慮がなければ、ほとんどのテーマは十分に満足できるように分析ができないと私は論じてきた。

しかしながら、特定の事例において、経済生活、そして、実に、すべての社会生活のこれらの要素が、正確には、どれくらい相互に作用するのかについて、私は、利用すべき完成した一般的な指針を何も提示しなかった。次巻では、特定のテーマに関する章の文脈において、関係するテーマの集まりにとってそのような大きな一般化がどんなものであるのかを探索したい。私は、十分に実証主義者であるので、究極的には、良い理論の目標は、経済生活への主要な影響が相互に作用し、結果をもたらすという方法で、斉一性（regularity）という形態において一般的な指針をまさに発達させることであると考えている。その方向にさらに進むことが次巻の目標である。しかし、完全な一般論としてそうすることは、非常に大きな目標であり、それは、その反対が頻繁に主張されているにもかかわらず、現代経済学と社会学理論が扱ってきた範囲をはるかに超えるところに私たちを連れていくものである。従って、私が本書で行い

たかったのは、将来の理論に関する情報を提供する一般化を創造するという大きな目標を持って、特定の事例が決定付ける方法で組み合わせられる非常に重要な概念の集まりを博識な研究者に提示することである。非常に重要であり続ける典型的なデータの統計分析に加えて、これが必要とする詳細な歴史的、文化的、そして、時折の民族誌的な研究は、抽象的な原則から抽象的なモデルを紡いで、一つの事例からの関連するデータが数学的技能によってそのモデルに適合されることが可能であると主張するよりも困難な作業である。私は、経済生活の理解を容易にすることに役立つ、独創的で、精巧に作成されたモデルの価値を過小評価するわけではない。というのは、これは非常に明らかであり、十分に示されているからである。しかしながら、結局のところ、経済について私たちが理解するためには、これらのスタイルの研究の両方を組み合わせ、どのようにしてそれらが相互に情報を伝えることができるのかを学ぶことが必要である。本書とその次巻がこのような種類の創造的で総合的な活動を促進するのであれば、それが私の望むすべてである。

註

第1章　経済社会学における説明の問題

（1）一九世紀と二〇世紀に亘って社会学と経済学の関係がどのように発達してきたのかに関する歴史的説明は、グラノヴェターとスウェドバーグの序論（Granovetter and Swedberg, 2011）、また、グラノヴェター（Granovetter, 1990）を参照。

（2）近代経済学は、それを抽象化する際にロビンズを模範とし、しばしば経済的動機を持つ行為者たちが合理的な計算を「あたかも（as if）」するかのように論じる。たとえそのように主観的な状態が彼らのせいにできない時、例えば、難しい計算が明らかに彼らの能力を越える、あるいは、意識的な意思決定において何の役割も果たしていないことを経験的に示すことができる場合でさえも、上記のように論じるのである。私は、これらの論点について扱う機会が何回かあるだろうし、この「あたかも」という立場にどんな正当化が与えられるのかに特に関心がある。差し当たり、私は、「個人の経済行為」を以下のように簡単に定義する。それは、経済状況、あるいは、彼の計算の程度についての行為者の主観的な理解に対する立場をはっきりさせずに、希少性の状況において、個々の経済行為者によって定義された「必要なもの（needs）」の供給に志向する行為であるというものである。ウェーバーとロビンズの立場のこのような混合は、発見的問題解決（heuristic）の目的に役立つだろう。以下において、行為は手段‐目的の枠組みにおいて研究されるべきであるという、この立場の含意には、デューイ（Dewey, 1939）のような実用主義哲学者（pragmatist）たちと彼らの現代の信奉者が論じるように、重要な限界がないかどうかに関する重要な問題について、私は、より多くを語るであろう。

（3）そのような議論、そして、二元論あるいは神秘主義への傾向に関する簡単な説明はコントプロスによって提供されている（Kontopoulos, 1993 : 23-24）。

（4）経済生活は、ソーシャル・ネットワークに注目することだけによって、研究し説明することができるという考えは、明らかに退けられるべきであり、実際に、今までに誰かがそのような極端な立場で論じたかどうかは疑問である。しかしながら、「新しい経済社会学」の提唱者によって頻繁にソーシャルネットワークに焦点が置かれるので、時折、批判者はその結論に誘導されるのである。クリップナーと共同研究者とのやりとりを参照のこと（Krippner et al., 2004）。

（5） 有限責任の慣行を実際にもたらした特定の状況、偏狭な利害、そして、それが非生産的である状況について Marchetti and Ventoruzzo（2001：2804-2805）に詳述されている。

（6） このレトリックは、容易に姿を変えて、「経済学者は、路上に二〇ドル紙幣を見つけても、もしそれが実際に二〇ドル紙幣であるなら、誰かがそれをすでに拾っただろうという理由で、それを無視する人である」という冗談になる。これは、実際には何かが真実であることを知っているが、理論ではそれがどのように真実であるのか分からないので、疑念を払拭できない人として、経済学者が定義されるものの特別な場合である。

（7） 最近の制度経済学の思想史が一八九〇年から一九四〇年までの期間の社会人類学における思想史を再演するのは興味深い。一九三〇年代と一九四〇年代の構造機能主義の人類学者は、（時には多少推測的な）歴史に根ざした初期の人類学的説明を非難し、社会システムがどのようにまとまるのかということを十分に緻密に理解するために、社会的パターンを首尾一貫した社会的統一体の部分として説明する必要があるという根拠によって静的な機能分析を擁護した。従って、マリノフスキーは、いくつかの社会的パターンが初期の痕跡のある「生存物」であるという観念を非難した。「『生存』の例を挙げれば、主張されている文化的『残存物』の生存の性質が主に事実の不完全な分析のせいであることが何よりもまず分かるだろう。……この概念によってなされる実質的な損害は、効果的なフィールドワークを遅らせることである。文化的事実の現代の機能を探索する代わりに、観察者は、厳格で、自己完結的な存在に達することだけに満足した」（Malinowski, 1944：30-31）と彼は挑戦した。

（8） 進化論的議論を妥当なものにするかなり厳格な競争的条件は、Nelson and Winter, 1982 によって慎重に提示されている。Meyer and Zucker, 1989 によって「恒久的に失敗する組織（*Permanently Failing Organizations*）」に関する警告的な話も参照のこと。

（9） 「説明されるもの」に対するラテン語。科学哲学における代表的な用法。

（10） 私は「信頼」の例を第3章において詳細に扱う。

(11) パーソンズは経済学者として徹底的に訓練され、古典的そして新古典的文献に精通していたが、功利主義の伝統についてそれほど訓練されていなかったので、彼は、経済学における哲学的立場が功利主義の伝統のルーツから必然的に由来したと考え、従ってその立場を後方に投影したと私は推測する。

(12) 従って、リカードの『経済学および課税の原理 *Principles*』は、二〇世紀の新古典の著作のように、くまなくスタイル化されている。社会関係の影響のために空けてあるのは一カ所だけで、それは国際貿易を扱う場所である。同じ財の生産の効率においてどのように国々が異なるのかを説明する必要性に直面して——もし資本と労働が完全に移動可能であれば、ありえないが——彼は次のようにコメントする。「資本の想像上あるいは現実の不安定さは、所有者が直接の制御ができず、自分が生まれ、知り合いのいる国を去り、自分のすべての習慣が定着した状態で見知らぬ政府や新しい法律に身を委ね、資本の流出をチェックすることを嫌がるという自然の性向と共にある時に存在することを経験が示すのである。これらの感情が弱められるのを見るのは私には残念だが、これらの感情は、海外の富のためのより有利な活動を求めるよりも、むしろ資産家を自国における低い利益率に満足させるのである」(Ricardo, 1821 : 143)。リカードがこの例外を彼の理論システムに受け入れるのは、彼がその結果を認めるからである。国際貿易における完全に競争的な市場は、愛国心、あるいは、家庭、家族、国家への愛着の不在、すなわち、古典的自由主義の軌道の範囲外にあるものへの欲求の不在を意味するのである。

(13) これは、パーソンズ (Parsons, 1937) が功利主義的な思想のせいであると考えた欠点に対して彼が提供した解決は、彼が攻撃した位置から彼の想定するほど根本的には離れていないことを意味している。

(14) 百科全書的で詳細が豊富な標準的参考図書は、Wasserman and Faust, 1994 がある。初学者への優秀な手引書は Scott (2010)、そして、より詳細なものとして Scott (2013) がある。ソーシャルネットワークの原理に関する役に立つオンラインの説明は、Hanneman and Riddle, 2005 がある。ネットワークの発想に関する一般的な手引書とネットワーク分析と視覚化解析を行うソフトウェアが欲しい読者は、de Nooy, Mrvar, and Batagelj, 2011 を参照のこと。ソーシャルネットワーク分析を用いた経済学モデルに関心がある人は、Jackson, 2010、そして、Easley and Kleinberg, 2010 が役に立つだろう。多くの社会的ネットワークのテーマに関する論文からなる包括的なハンドブックは、Scott and Carrington, 2011 を参照のこと。

(15) ソーシャルネットワークの「密度」、入手できるものの中で最も単純で多分最も重要な数量的な測度は、ネットワークに

おける n 個のノード（node：原点）を連結可能である $n(n-1)/2$ 紐帯のうち実際に存在する紐帯の割合である。ノードは個人あるいは組織のような集合体であり、紐帯は、友情関係、敵対、支配、あるいは、会社取締役の共有のように、分析者が定義するあらゆる関係を表す。社会的ネットワークの技術的側面に関する詳細は Wasserman and Faust, 1994 を参照のこと。

（16）経済学者がこの分離を理解するようになったのは、有識者、政府高官、そして、一般大衆の一部が経済活動を経済的動機付けだけに関与するものとして思い描くようになった一般的な過程の一部である。これは、デュモン（Dumont, 1977）が「経済的イデオロギーの勝利」、レディ（Reddy, 1984）が「市場文化の興隆」と呼ぶ過程である。一八世紀と一九世紀のフランスの繊維市場に関するレディの説明は、特に啓蒙的である。その説明によれば、労働者も所有者も伝統的な非経済的動機によってまだ強く影響を受けていたという十分な証拠にもかかわらず、繊維産業が市場原理に従うという役人の想定に同調するように、自分たちのデータ収集の手続きを改訂した。これらの動機は、新しい形態の経済データによって覆い隠された。

（17）リチャード・スウェドバークとの私信によれば、サミュエルソンは、このコメントがパレートの影響を反映していることを認めている。

第2章　経済行為に対する精神的構成物のインパクト――規範、価値、そして道徳経済

（1）感情は、規範に同調するかどうかを決定する時に計算される追加的なコストに過ぎない、そして、一般的に、規範は、「実際には、仮面をかぶった最適化メカニズム」であるという議論の考察と拒否については、エルスター（Elster, 1989a：130ff）を参照。

（2）「近親相姦（incest）」の定義は国によって大きく異なるので、この出現は部分的に誤解を招きやすいものであるが、普遍的な基本的中核が存在するように思われ、それは、きょうだい間、あるいは、子供と親との間の性的関係の禁止である。

（3）これらの実験の結果は、『人間の社会性の基礎 *Foundations of Human Society*』（Henrich et al., 2004）というやや壮大なタイトルがつけられ、詳細に提示され分析され、Henrich et al.（2005）に簡潔に要約されている。

（4）ＵＧ研究における一つの特別な知見は、「自閉症である子供と大人の約三分の一がＵＧで何も提供しない……おそらく、応答する人の反応を想像することができないことによって，彼らは，皮肉なことに，規範的モデルに従ってそのように行動するのであろう」（Henrich et al. 2005：799）ということである。著者は，自閉症の個人だけが合理的行為者モデルに従うと結論付けてはいないが，この見解を保持する新古典経済学の批評家もいる。一つの異端の組織は，「ポスト－自閉症経済学」ネットワークであり，「ポスト－自閉症経済学レヴュー」と呼ばれるオンラインの雑誌を出版した。www.pecon.net を参照。その雑誌は，その後，冷笑的ではない「現実世界の経済学レヴュー」と名付けられたが，賛助組織はその最初の名前を持ち続けている。

（5）この定義は明らかに曖昧であるという弱点があるが，さらに重大なのは，それが，概念が必要とするように，ネットワーク構造の観点から密接につながっていることが実際に何を意味するのかに関してよりも，むしろ密接につながっているという結果から循環的に定義されていることである。さらに，権力分布の平等性は構造にとって外部からのものであり，ここではただ単にそれに接木されている。

（6）しかし，マクアダムス（McAdams, 1997：357n85）による反論を参照。私たちは，また，他の人々に授与するために入手可能な時間と感情の限界——いわゆる，社交性の「塊り（lump）」と「資金（fund）」，例えば，Nelson, 1966 を参照——に関する二〇世紀半ばの社会学研究に言及することによって，評価のコストのかからない授与について疑問を持つだろう。

第3章　経済における信頼

（1）「意思決定ジレンマ」は，相互作用的な状況であり，そこでは，諸個人が，同時，あるいは，逐次に行動して，行為を選択しなければならない。選択する行為は，様々な程度で，利己的，あるいは協同的なものである。ジレンマは，合理的（すなわち，利己的）に意思決定する各個人は，各個人が合理的ではなく，代わりに，協同的な行為を選択するよりも，悪い結果を生むように構成されている。しかしながら，協同的な行為を選択した場合には，相手もまた協同するだろうと「信頼」できる場合にのみ，利益が得られる。

（2）パレート最適の結果は，他の誰かがより悪い状態になることなしには，誰もより良い状態になれない結果である。

（3）私は，信頼が相互に知っている人々にかかわる時，それには，明示的にはめったに指摘されないが，私は重要であると思う別の側面が存在する。相手を信頼することは、相手が自分をだます、あるいは、裏切ることはしないだろうと期待することである。ごまかしや裏切りは、感情的な憤りを引き起こし、それが生じ、人々を手段的な説明をするのがむずかしい反応に導く時に特に重要であることを私は示唆する。それは、復讐の行為は、コストと利益に関する明確な計算を欠き、その代わりに、感情から生じるからである（Elster, 1999 を参照）。

（4）以下のサイトを参照（日本語版）。https://ja.wikipedia.org/wiki/%E3%83%A6%E3%83%BC%E3%83%BB%E3%82%AA%E3%83%BC%E3%83%AB%E3%82%A6%E3%82%A7%E3%82%A4%E3%82%BA%E3%83%BB%E3%83%8F%E3%83%BC%E3%83%88%E3%83%BB%E3%82%B6%E3%83%BB%E3%83%AF%E3%83%B3%E3%83%BB%E3%83%A6%E3%83%BC%E3%83%BB%E3%83%A9%E3%83%96

（5）社会心理学では、交換関係における「コミットメント」の研究がローラーとユーン（Lawler and Yoon, 1996）の後に続いている。サーリンズ（Sahlins, 1972: ch. 5）は、通常、親族の距離にもとづく、「自由に与えられた贈与からごまかしまで」（196）という「原始的（primitive）な」交換の範囲について考察している。

（6）従って、ダイアモンド取引は、数多くの広く報道されている「内部」の窃盗、そして、悪名高い一九八二年のニューヨークの「ＣＢＳ殺人」の現場でもあった。この場合には、ダイアモンド会社の所有者が架空の売上の請求書を出すことによって売掛債権買取業の会社に詐欺行為を行っていた。その陰謀は、彼の会計職員の協力が必要であり、そのうちの一人は、捜査員に接近され、共犯証言者になった。そこで、その所有者は、不忠な従業員と彼女の助手の殺人契約をした。殺人が起こった駐車場に助けに来た三人のＣＢＳ技術者も射殺された（Shenon, 1984）。

（7）信頼のための構造的埋め込みの重要性は、ハーディン（Hardin, 2002: 14, 22）が「密集的（thick）」集団、あるいは、社会の（societal）関係と呼ぶものに相当するが、この「密集性（thickness）」が作用するメカニズムが解明される必要がある。

（8）しかしながら、経済学者の内部において、家族経営の企業のコストと利益に関して論争が続き、それは、多くの場合、分析のために結果の測度として何が選択されるのか、および、どんな制度的な制約が考慮されるのかに依存する。例えば、Bennedsen et al.（2007）、および、中国の特別な状況について、Bennedsen et al.（2015）を参照。

（9）これらの概念をまとめる体系的な試みは、「強制的な信頼（enforced trust）」に関するアレハンドロ・ポルト（Alejandro

Portes）と彼の共同研究者による研究である（例えば、Portes and Sensenbrenner, 1993）。

第4章　経済における権力

（1）翻訳に関わる問題についての徹底的な考察は、ウェーバー（Weber,〔1921〕1968：61-62）のロス（Roth）による注31（note31）を参照。

（2）組織理論では、チェスター・バーナード（Chester Barnard, 1938）によって同様な立場が取られ、彼は、役員の権威は、命令が与えられる人々の協同的な態度にまったく依存すると論じている。この議論は、ペロー（Perrow, 1986）によって退けられている。彼は組織における権力の重要性を強調し、上位権限（superior authority）は、「命令に従わずに解雇されるならば、あるいは、（戦場で）命令に従って前進しなければ射たれるならば、ほとんどフィクションではない」（1986：71）と論じる理論家である。

（3）ウェーバーが「利害の集まり」にもとづく権力というテーマに相対的に興味がなかった一つの理由は、彼がそのような集まりを重要にする資源の必要性が多少客観的な与件であると想像したからではないかと私は思う。

（4）一貫したものであるために、ウェーバーは、おそらく、この考察において、支配よりもむしろ、二つのまったく正反対に対照的なタイプの権力について語るべきであっただろう。利害の集まりの力に関する彼の議論は、上記に引用された「支配」に関する彼の定義におけるように、権力の特別な事例として誰かが実際に命令を発することを明示的に必要としないのである。実際に、彼の議論の間に、ウェーバーは、「支配」という用語を「権力のまったく一般的な意味」、すなわち、「自分の意思を他の人の行動に押し付ける可能性」と呼んでいる（Weber,〔1921〕1968：942）。後者の考察は、実際には最初に書かれたものであり、定義の章は後で書かれたが、諸概念を集め、系統立てるために、ウェーバーが原稿を完成し、あるいは、可能性のある非一貫性を選び出す前に亡くなった後で、細々とした情報を集めた編者によって『経済と社会』の最初に置かれたことを私は指摘しておく。

（5）これは、スティーブン・ルークス（Steven Lukes）の第三の「権力の顔」に大体比較可能である。

（6）ボナシッチ（Bonacich, 1987）は、権力の測度においてパラメータβを導入し、この議論を要約し定式化している。正の値は、権力のある他の人々に連結することがあなたの権力を強くすることを示し、負の値は、それがあなたの権力を弱くすることを意味する。後者は、「負に連結している（negatively-connected）ネットワーク」に相当する。

（7）交渉された交換と互酬的交換の区別、および、それと交換理論の早期の古典的な定式との関係の重要性は、最初に、モム（Molm）によって明確に指摘され（Molm, 2003 の彼女の要約を参照）、その研究は、その二つの種類の交換の間の区別を強調している。

（8）仮名が「Altneustadt」と称されるこのドイツの都市は、キリスト教民主党（Christian Democratic: CDU）とドイツ社会民主党（Social Democratic: SPD）という党派によって定義される派閥を持っていた。

（9）例えば、ネビンズの啓蒙的な一九五三年のジョン・D・ロックフェラーの伝記を参照。メディチ家は、彼らがまたがっていた分離したネットワークが、無数に序列づけされた社会的区別を有する、中世のフィレンツェの高度の社会的に分化した状況において、自然に相互に敵対していたので、「スフィンクスのような」存在になれたのである。一九世紀の米国のもっと同質的な社会的状況においては、スフィンクスのような行動は、「泥棒男爵（robber barons）」が、他の人々が集団で自分たちを攻撃するのを避けようとするなら、ほとんど持つ余裕がなかった贅沢かも知れない。

（10）これは、一九一四年のクレイトン法（Clayton Act）が相互に競争する企業間の連結（interlocks）を禁止した理由である。

（11）長期に亘る歴史的視点によって社会的権力の様々な源泉を年代順に記録するという野心的な試みについて、Mann, 1986, 1993 を参照。奴隷制（slavery）の定義に関する扱いについて、Patterson, 1982 を参照。

第5章　経済と社会制度

（1）表題の「中範囲」という用語の私の使い方は、おそらく、ロバート・マートン（Robert Merton, 1957）による「中範囲の理論（theories of the middle range）」の使い方に対するそれほど意味ありげではない（not-so-sly）同意である。中範囲の理論は、グランド・セオリー（大理論）と小規模な近距離の観察から、社会学を、実り多く、実行可能な理論的位置へ動かす彼の方法であった。

（2）社会運動の研究もまた、フリグスタインとマクアダム（Fligstein and McAdam, 2012）のように、「戦略的行為フィールド」を特に強調して組織「フィールド」の観念を使っている。

（3）ブリコラージュ（*bricolage*）については、https://en.oxforddictionaries.com/definition において bricolage と入力すると

——オックスフォード英語辞書ウェブサイト——が次のように記載している。「多様な範囲の物質、あるいは、源泉からの、構築、あるいは、（文学的、あるいは、芸術的）創造。故に、そのように創造された対象、あるいは、概念。種々雑多なものから成る集まり」

（4）しかし、Herrigel（1996）は例外である。

（5）しかし、合衆国における二〇世紀になって始まったと著者が信じる大量株式の不在についての複雑な議論は、Becht and deLong, 2007を参照。米国の政治文化が重要であることについては、彼らは、ローに同意するが、彼らは、また、一連の他の因果的な要因を紹介し、この結果の不可避性について疑問を投げかける。

（6）しかし、「破壊的」イノベーションに関するレポー（Lepore, 2014）の懐疑的な見解を参照。

（7）これらの試験の詳細は以下を参照。http://www.eurocap.com/en

第6章　個人の行為と社会制度の相互作用

（1）私は、これらの差異が、日本と中国に関するマリオン・レビー（Marion Levy, 1954）による重要な論文においてずっと以前に指摘されたが、今ではしばしばなおざりにされていることを指摘する。

（2）しかし、貧困な人々が自分の子供たちを裕福な人々の家庭の使用人として住まわせ、販売にある程度類似する取引によって補償された多くの歴史的時期が存在した。ゼライザー（Zelizer, 2005）が詳細に指摘するように、親密性が関係する取引は、たびたび金銭の移動も関与し、これらが存在するからといって親密性を強く感じさせなくするものではない。

（3）例えば、マリノフスキーによって研究されたトロブリアンド島民を参照。その島民は、「クラ（kula）」交易において貝の腕輪と首飾りの儀礼的交換に彼らのエネルギーの多くを集中し、これらの交換を適切な礼儀作法と儀礼的機微によって行わない誰かに対する辛辣な軽蔑の念は、彼らは「それをあたかもギムワリ（*gimwali*）（barter：物々交換）のように交換する（Malinowski,［1922］2014：103）」ということによって表現された。

（4）しかしながら、そのような移動はリスクがない訳ではなかった。例えば、インサルのバルーン型の減価償却は、一九三〇年代を通じて一連の裁判において、彼を巨額の詐欺事件で責任を問うための根拠の一部として使われた。インサルに関するマグドナルド（Forrest McDonald, 1962）の一九六二年の伝記における詳細（ではあるが、聖人伝的）な説明を参照。

参考文献

Abbott, Andrew. 1983. "Professional Ethics." *American Journal of Sociology* 88 : 855–885.

Abend, Gabriel. 2014. *The Moral Background: An Inquiry into the History of Business Ethics*. Princeton: Princeton University Press.

Aberle, D. F., A. K. Cohen, A. K. Davis, M. J. Levy Jr., and F. X. Sutton. 1950. "The Functional Prerequisites of a Society." *Ethics* 60(2) : 100–111.

Aghion Philippe, Yann Algan, Pierre Cahuc, and Andrei Shleifer. 2010. "Regulation and Distrust." *Quarterly Journal of Economics* 125 : 1015–1049.

Amsden, Alice. 1989. *Asia's Next Giant: South Korea and Late Industrialization*. Oxford: Oxford University Press.

Anderson, Ronald C., and David M. Reeb. 2003. "Founding-Family Ownership and Firm Performance: Evidence from the S&P 500." *The Journal of Finance* 58 : 1301–1328.

Ardener, Shirley. 1964. "The Comparative Study of Rotating Credit Associations." *Journal of the Royal Anthropological Institute* 94 : 202–229.

Arrow, Kenneth. 1974. *The Limits of Organization*. New York: W. W. Norton.（ケネス・J・アロー著、村上泰亮訳『組織の限界』岩波書店、一九七六年）

Arthur, W. Brian. 1989. "Competing Technologies and Lock-In by Historical Events." *Economic Journal* 99 : 116–131.

Atran, Scott, and Robert Axelrod. 2008. "Reframing Sacred Values." *Negotiation Journal* 24 (3 July) : 221–246.

Avent-Holt, Dustin. 2012. "The Political Dynamics of Market Organization: Cultural Framing, Neoliberalism, and the Case of Airline Deregulation." *Sociological Theory* 30 : 283-302.

Bachrach, Peter, and Morton Baratz. 1962. "The Two Faces of Power." *American Political Science Review* 56 : 947-952.

Baldwin, Carliss, and Kim Clark. 1997. "Managing in an Age of Modularity." *Harvard Business Review*, September-October Issue, 75(5) : 84-93.

Baldwin, Carliss, and Kim Clark. 2000. *Design Rules, Volume 1, The Power of Modularity*. Cambridge, MA: MIT Press.（カーリス・Y・ボールドウィン、キム・B・クラーク著、安藤晴彦訳『デザイン・ルール――モジュール化パワー』東洋経済新報社、二〇〇四年）

Banfield, Edward. 1958. *The Moral Basis of a Backward Society*. New York: The Free Press.

Barabasi, Albert-Laszlo. 2002. *Linked: How Everything is Connected to Everything Else*. New York: Perseus.（アルバート＝ラズロ・バラバシ著、青木薫訳『新ネットワーク思考――世界のしくみを読み解く』日本放送出版協会、二〇〇二年）

Barnard, Chester. 1938. *The Functions of the Executive*. Cambridge, MA: Harvard University Press.（C・I・バーナード著、山本安次郎・田杉競・飯野春樹訳『経営者の役割』ダイヤモンド社、一九六八年）

Baron, James, Frank Dobbin, and P. Deveraux Jennings. 1986. "War and Peace: The Evolution of Modern Personnel Administration in U. S. Industry." *American Journal of Sociology* 92 : 350-383.

Barth, Fredrik. 1967. "Economic Spheres in Darfur." pp. 149-174. In *Themes in Economic Anthropology*, edited by Raymond Firth. London: Tavistock.

Baum, Joel, Andrew Shipilov, and Tim Rowley. 2003. "Where Do Small Worlds Come From ?" *Industrial and Corporate Change* 12 : 697-725.

Bebchuk, Lucian, and Mark Roe. 2004. "A Theory of Path Dependence in Corporate Ownership and Governance." pp. 69-113 In *Convergence and Persistence in Corporate Governance*, edited by Jeffrey Gordon and Mark Roe. New York : Cambridge University Press.

Becht, Marco, and J. Bradford deLong. 2007. "Why Has There Been So Little Block-holding in America ?" pp. 613-666 In *A History of Corporate Governance around the World: Family Business Groups to Professional Managers*, edited by

Randall Morck. Chicago: University of Chicago Press.

Becker, Gary. 1976. *The Economic Approach to Human Behavior*. Cambridge, MA: Harvard University Press.

Ben-Porath, Yoram. 1980. "The F-Connection: Families, Friends, and Firms in the Organization of Exchange." *Population and Development Review* 6 : 1-30.

Bendix, Reinhard. 1956. *Work and Authority in Industry*. New York: Wiley.（ラインハルト・ベンディクス著，大東英祐・鈴木良隆訳『産業における労働と権限——工業化過程における経営管理のイデオロギー』東洋経済新報社，一九八〇年）

Bendor, Jonathan, and Piotr Swistak. 2001. "The Evolution of Norms." *American Journal of Sociology* 106 : 1493-1545.

Benedict, Ruth. 1946. *The Chrysanthemum and the Sword: Patterns of Japanese Culture*. Boston: Houghton-Mifflin.（ルース・ベネディクト著，長谷川松治訳『菊と刀——日本文化の型』社会思想社，一九七二年）

Bennedsen, Morten, Casper Nielsen, Fransisco Perez-Gonzalez, and Daniel Wolfenzon. 2007. "Inside the Family Firm: The Role of Families in Succession Decisions and Performance." *Quarterly Journal of Economics* 122 : 647-691.

Bennedsen, Morten, Joseph P. H. Fan, Ming Jian, and Yin-Hua Yeh. 2015. "The Family Business Map: Framework, Selective Survey, and Evidence from Chinese Family Firm Succession." *Journal of Corporate Finance* 33 : 212-226.

Berger, Peter and Thomas Luckmann. 1966. *The Social Construction of Reality: A Treatise in the Sociology of Knowledge*. Garden City, NY: Doubleday.（ピーター・バーガー，トーマス・ルックマン著，山口節郎訳『現実の社会的構成——知識社会学論考』新曜社，二〇〇三年）

Berle, A. A., and G. Means. 1932. *The Modern Corporation and Private Property*. New York: Macmillan.（A・A・バーリ，G・C・ミーンズ著，森杲訳『現代株式会社と私有財産』北海道大学出版会，二〇一四年）

Bewley, Truman. 1999. *Why Wages Don't Fall during a Recession*. Cambridge, MA: Harvard University Press.

Biernacki, Richard. 1997. *The Fabrication of Labor: Germany and Britain 1640-1914*. Berkeley, CA: University of California Press.

Biggart, Nicole, and Mauro Guillen. 1999. "Developing Difference: Social Organization and the Rise of the Auto Industries of South Korea, Taiwan, Spain and Argentina." *American Sociological Review* 64 : 722-747.

Blau, Peter. 1964. *Exchange and Power in Social Life*. New York: Wiley.（ピーター・M・ブラウ著、間場寿一ほか共訳『交換と権力——社会過程の弁証法社会学』新曜社、一九七四年）

Bloch, Marc. [1939] 1961. *Feudal Society*. Chicago: University of Chicago Press.（マルク・ブロック著、新村猛ほか訳『封建社会』みすず書房、一九七三〜一九七七年）

Blumer, Herbert. 1969. *Symbolic Interactionism: Perspective and Method*. Berkeley, CA: University of California Press.（ハーバート・ブルーマー著、後藤将之訳『シンボリック相互作用論——パースペクティヴと方法』勁草書房、一九九一年）

Bohannan, Paul, and George Dalton, editors. 1962. *Markets in Africa*. Evanston, IL: Northwestern University Press.

Boltanski, Luc, and Laurent Thévenot. 1999. "The Sociology of Critical Capacity." *European Journal of Social Theory* 2: 359–377.

Boltanski, Luc, and Laurent Thévenot. 2006. *On Justification: Economies of Worth*, translated by C. Porter, Princeton, NJ: Princeton University Press.（リュック・ボルタンスキー、ローラン・テヴノー著、三浦直希訳『正当化の理論——偉大さのエコノミー』新曜社、二〇〇七年）

Bonacich, Philip. 1987. "Power of Centrality: A Family of Measures." *American Journal of Sociology* 92(5): 1170–1182.

Boorman, Scott A. 1975. "A Combinatorial Optimization Model for Transmission of Job Information through Social Networks." *Bell Journal of Economics* 6: 216–249.

Burawoy, Michael. 1979. *Manufacturing Consent: Changes in the Labor Process under Monopoly Capitalism*. Chicago: University of Chicago Press.

Burt, Ronald S. 1992. *Structural Holes: The Social Structure of Competition*. Cambridge, MA: Harvard University Press.（ロナルド・S・バート著、安田雪訳『競争の社会的構造——構造的空隙の理論』新曜社、二〇〇六年）

Burt, Ronald S. 2002. "Bridge Decay." *Social Networks* 24: 333–363.

Burt, Ronald S. 2005. *Brokerage and Closure: An Introduction to Social Capital*. New York: Oxford University Press.

Business History Review. 2010. " 'Varieties of Capitalism' Roundtable." 84: 637–674.

Camic, Charles. 1979. "The Utilitarians Revisited." *American Journal of Sociology* 85: 515–550.

Carruthers, Bruce. 1996. *City of Capital: Politics and Markets in the English Financial Revolution.* Princeton, NJ: Princeton University Press.

Carruthers, Bruce. 2013. "From Uncertainty Toward Risk: The Case of Credit Ratings." *Socio-Economic Review* 11(3): 525-551.

Castilla, Emilio, Hokyu Hwang, Mark Granovetter, and Ellen Granovetter. 2000. "Social Networks in Silicon Valley." pp. 218-247 in *The Silicon Valley Edge,* edited by C.-M. Lee, W. Miller, M. Hancock, and H. Rowen. Stanford, CA: Stanford University Press.

Chandler, Alfred. 1962. *Strategy and Structure.* Cambridge, MA: MIT Press.（アルフレッド・D・チャンドラー・ジュニア著、三菱経済研究所訳『経営戦略と組織――米国企業の事業部制成立史』実業之日本社、一九六七年）

Chandler, Alfred. 1977. *The Visible Hand: The Managerial Revolution in American Business.* Cambridge, MA: Harvard University Press.（アルフレッド・D・チャンドラーJr.著、鳥羽欽一郎・小林袈裟治訳『経営者の時代――アメリカ産業における近代企業の成立』東洋経済新報社、一九七九年）

Chang, Dukjin. 1999. "Privately Owned Social Structures: Institutionalization-Network Contigency in the Korean Chaebol." Ph. D. dissertation, Department of Sociology, University of Chicago.

Chang, Dukjin. 2000. "Financial Crisis and Network Response: Changes in the Ownership Structure of the Korean Chaebol since 1997." Working Paper: Ewha Women's University, Seoul, Korea.

Chang, Sea-jin. 2003. *Financial Crisis and Transformation of Korean Business Groups: The Rise and Fall of Chaebols.* New York: Cambridge University Press.

Chase, Ivan. 1974. "Models of Hierarchy Formation in Animal Societies." *Behavioral Science* 19(6): 374-382.

Chase, Ivan. 1980. "Social Process and Hierarchy Formation in Small Groups: A Comparative Perspective." *American Sociological Review* 40 (4: August): 905-924.

Christensen, Clayton. 1997. *The Innovator's Dilemma: The Revolutionary Book That Will Change the Way You do Business.* Cambridge, MA: Harvard Business School Press.（クレイトン・クリステンセン著、伊豆原弓訳『イノベーション

のジレンマ——技術革新が巨大企業を滅ぼすとき』翔泳社、二〇〇一年）

Christensen, Johan. 2013. "Bureaucracies, Tax Reform, and Neoliberal Ideas in New Zealand and Ireland." *Governance* 26(4): 563-584.

Christensen, Johan. 2017. *The Power of Economists within the State*. Stanford, CA: Stanford University Press.

Chu, Johan, and Gerald Davis. 2015. "Who Killed the Inner Circle: The Decline of the American Corporate Interlock Network." SSRN paper uploaded October 23, 2015: http://papers.ssrn.com/sol3/papers.cfm?abstract_id=2061113. Forthcoming, *American Journal of Sociology*.

Chung, Chi-Nien. 2000. "Markets, Culture and Institutions: The Formation and Transformation of Business Groups in Taiwan, 1960s-1990s." Doctoral dissertation, Department of Sociology, Stanford University, Stanford, CA.

Coase, Ronald. 1960. "The Problem of Social Cost." *Journal of Law and Economics* 3: 1-44.

Cole, Robert. 1979. *Work, Mobility and Participation: A Comparative Study of American and Japanese Industry*. Berkeley, CA: University of California Press.

Coleman, James. 1990. *The Foundations of Social Theory*. Cambridge, MA: Harvard University Press.（ジェームズ・コールマン著、久慈利武監訳『社会理論の基礎』青木書店、二〇〇四年）

Colfer, Lyra, and Carliss Baldwin. 2016. "The Mirroring Hypothesis: Theory, Evidence, and Exceptions." Working paper 16-124, Harvard Business School.

Collins, Randall. 1980. *The Credential Society: A Historical Sociology of Education and Stratification*. New York: Academic Press.（R・コリンズ著、大野雅敏・波平勇夫共訳『資格社会——教育と階層の歴史社会学』東信堂、一九八四年）

Cook, Karen, and Richard Emerson. 1978. "Power, Equity, and Commitment in Exchange Networks." *American Sociological Review* 43: 721-739.

Cook, Karen, Richard Emerson, and Mary Gillmore. 1983. "The Distribution of Power in Exchange Networks: Theory and Experimental Results." *American Journal of Sociology* 89(2): 275-305.

Cook, Karen, and Russel Hardin. 2001. "Norms of Cooperativeness and Networks of Trust." pp. 327-347 in *Social Norms*, edited by M. Hechter and K.-D. Opp. New York: Russell Sage Foundation.

Cook, Karen, and Eric R. W. Rice. 2001. "Exchange and Power: Issues of Structure and Agency." pp. 699-719 in *Handbook of Sociological Theory,* edited by Jonathan Turner. New York: Kluwer Academic/Plenum Publishers.

Cook, Karen, and Eric R. W. Rice. 2003. "Social Exchange Theory." Chapter 3 in *Handbook of Social Psychology,* edited by J. Delamater. New York: Kluwer/Plenum.

Cook, Karen S., Russell Hardin, and Margaret Levi. 2005. Cooperation Without Trust? (Russell Sage Foundation Series on Trust Book 9) New York: The Russell Sage Foundation.

Cook, Karen S., Margaret Levi, and Russell Hardin, editors. 2009. *Whom Can We Trust?: How Groups, Networks, and Institutions Make Trust Possible.* New York: The Russell Sage Foundation.

Cooter, Robert. 2000. "Economic Analysis of Internalized Norms." *Virginia Law Review* 86: 1577-1601.

Crenson, Matthew. 1971. *The Un-Politics of Air Pollution: A Study of Non-Decision-making in the Cities.* Baltimore: The Johns Hopkins Press.

Cushman, Fiery, Liane Young, and Joshua Greene. 2010. "Multi-System Moral Psychology." pp. 47-71 In *The Moral Psychology Handbook,* edited by John Doris. Oxford: Oxford University Press.

David, Paul. 1986. "Understanding the Necessity of QWERTY: The Necessity of History." pp. 30-49 In *Economic History and the Modern Economist,* edited by W. N. Parker. London: Blackwell.

Davis, Gerald. 2009a. "The Rise and Fall of Finance and the End of the Society of Organizations." *Academy of Management Perspectives* August: 27-44.

Davis, Gerald. 2009b. *Managed by the Markets: How Finance Re-shaped America.* New York: Oxford University Press.

Davis, Gerald, Mina Yoo, and Wayne Baker. 2003. "The Small World of the American Corporate Elite, 1982-2001." *Strategic Organization* 3: 301-326.

Deane, Phyllis. 1978. *The Evolution of Economic Ideas.* Cambridge, UK: Cambridge University Press.（フィリス・ディーン著、奥野正寛訳『経済思想の発展』岩波書店、一九八二年）

de Nooy, Wouter, Andrej Mrvar, and Vladimir Batagelj. 2011. *Exploratory Social Network Analysis with Pajek*. 2nd ed. New York: Cambridge University Press.（ウオウター・デノーイ、アンドレイ・ムルヴァル、ヴラディミール・バタゲーリ著、安田雪監訳『Pajekを活用した社会ネットワーク分析』東京電機大学出版局、二〇〇九年）

Dewey, John. 1939. *Theory of Valuation*. Chicago: University of Chicago Press.（ジョーン・デュウイー著、磯野友彦訳『評価の理論』関書院、一九五七年）

DiMaggio, Paul. 1997. "Culture and Cognition." *Annual Review of Sociology* 23 : 263–287.

DiMaggio, Paul, and Walter Powell. 1983. "The Iron Cage Revisited: Institutional Isomorphism and Collective Rationality in Organizational Fields." *American Sociological Review* 48 : 147–160.

Dobbin, Frank. 1994. *Forging Industrial Policy: The United States, Britain and France in the Railway Age*. New York: Cambridge University Press.

Dodds, Peter S., R. Muhamad, and D. S. Watts. 2003. "An Experimental Study of Search in Global Social Networks." *Science* 301(5634) : 827–829.

Domhoff, G. William. 2013. *Who Rules America? The Triumph of the Corporate Rich*. 7th ed. New York: McGraw Hill.

Dumont, Louis. 1977. *From Mandeville to Marx: The Genesis and Triumph of Economic Ideology*. Chicago: University of Chicago Press.

Durkheim, Emile. [1893] 1984. *The Division of Labor in Society*, translated by W. D. Halls. New York: The Free Press.（E・デュルケム著、井伊玄太郎訳『社会分業論』講談社、一九八九年）

Easley, David, and Jon Kleinberg. 2010. *Networks, Crowds, and Markets: Reasoning about a Highly Connected World*. New York: Cambridge University Press.（D・イースリー、J・クラインバーグ著、浅野孝夫・浅野泰仁訳『ネットワーク・大衆・マーケット――現代社会の複雑な連結性についての推論』共立出版、二〇一三年）

Eggertsson, Thrain. 2001. "Norms in Economics, with Special Reference to Economic Development." pp. 76–104 In *Norms*, edited by M. Hechter and K.-D. Opp. New York: Russell Sage Foundation.

Eisenstadt, Shmuel. 1963. *The Political Systems of Empires: The Rise and Fall of the Historical Bureaucratic Societies*.

New York: The Free Press.

Eisenstadt, Shmuel N., and Luis Roniger. 1984. *Patron, Clients, and Friends: Interpersonal Relations and the Structure of Trust in Society*. New York: Cambridge University Press.

Ellickson, Robert. 1991. *Order without Law: How Neighbors Settle Disputes*. Cambridge, MA: Harvard University Press.

Ellickson, Robert. 1998. "Law and Economics Discovers Social Norms." *Journal of Legal Studies* 27 : 537-552.

Ellickson, Robert. 2001. "The Evolution of Social Norms: A Perspective from the Legal Academy." pp. 35-75 In *Social Norms,* edited by M. Hechter and K.-D. Opp. New York: Russell Sage Foundations.

Elster, Jon. 1983. *Explaining Technical Change*. New York: Cambridge University Press.

Elster, Jon. 1989a. *The Cement of Society: A Study of Social Order*. New York: Cambridge University Press.

Elster, Jon. 1989b. "Social Norms and Economic Theory." *Journal of Economic Perspectives* 3 : 99-117.

Elster, Jon. 1990. "Norms of Revenge." *Ethics* 100 : 862-885.

Elster, Jon. 1999. *Alchemies of the Mind: Rationality and the Emotions*. Cambridge, UK: Cambridge University Press.

Elster, Jon. 2000. "Rational Choice History: A Case of Excessive Ambition." *American Political Science Review 94* (3 : September) : 685-695.

Emerson, Richard. 1962. "Power-Dependence Relations." *American Sociological Review* 27 : 31-41.

Esherick, Joseph, Paul Pickowicz, and Andrew Walder, editors. 2006. *The Chinese Cultural Revolution as History*. Stanford, CA: Stanford University Press.

Espeland, Wendy, and Mitchell Stevens. 1998. "Commensuration as a Social Process." *Annual Review of Sociology* 24 : 313-343.

Evans, Peter. 1995. *Embedded Autonomy: States and Industrial Transformation*. Princeton, NJ: Princeton University Press.

Farrell, Henry. 2009. *The Political Economy of Trust: Institutions, Interests, and Inter-Firm Cooperation in Italy and Germany*. New York: Cambridge University Press.

Fehr, Ernst, and Simon Gaechter. 2000. "Fairness and Retaliation: The Economics of Reciprocity." *Journal of Economic*

Perspectives 14 : 159-181.

Fernandez, Roberto, and Roger Gould. 1994. “A Dilemma of State Power: Brokerage and Influence in the National Health -Policy Domain.” *American Journal of Sociology* 99 : 1455-1491.

Ferrary, Michel, and Mark Granovetter. 2009. “The Role of Venture Capital Firms in Silicon Valley's Complex Innovation Network.” *Economy and Society* 38 : 326-359.

Festinger, Leon, Stanley Schachter, and Kurt Back. 1948. *Social Pressures in Informal Groups*. Cambridge, MA: MIT Press.

Fine, Gary A., and Sheryl Kleinman. 1979. “Rethinking Subculture: An Interactionist Analysis.” *American Journal of Sociology* 85 : 1-20.

Firth, Raymond. [1939] 1975. *Primitive Polynesian Economy*. London: Routledge.

Fligstein, Neil. 1990. *The Transformation of Corporate Control*. Cambridge, MA: Harvard University Press.

Fligstein, Neil, and Doug McAdam. 2012. *A Theory of Fields*. New York: Oxford University Press.

Foddy, Margaret, and Toshio Yamagishi. 2009. “Group-Based Trust.” pp. 17-41 In *Whom Can We Trust ?,* edited by Karen Cook, Margaret Levi, and Russell Hardin. New York: The Russell Sage Foundation.

Forcade, Marion, and Kieran Healy. 2007. “Moral Views of Market Society.” *Annual Review of Sociology* 33 : 285-311.

France, Anatole. 1984. *The Red Lily*. London: John Lane.（アナトール・フランス著、杉本秀太郎訳『赤い百合』臨川書店、二〇〇一年）

Frank, Robert. 1985. *Choosing the Right Pond*. New York: Oxford University Press.

Freedman, Maurice. 1959. “The Handling of Money: A Note on the Background to the Economic Sophistication of Overseas Chinese.” *Man* 19 : 65.

Friedland, Roger, and Robert Alford. 1991. “Bringing Society Back In: Symbols, Practices, and Institutional Contradictions.” pp. 232-263 In *The New Institutionalism in Organizational Analysis,* edited by W. W. Powell and P. J. DiMaggio. Chicago: University of Chicago Press.

Friedman, Milton. 1953. "The Methodology of Positive Economics." In *Essays in Positive Economics*. Chicago: University of Chicago Press.

Frigant, Vincent, and Damien Talbot. 2005. "Technological Determinism and Modularity: Lessons from a Comparison between Aircraft and Auto Industries in Europe." *Industry and Innovation* 12 : 337-355.

Fukuyama, Francis. 1995. *Trust*. New York: Free Press.（フランシス・フクヤマ著、渡部昇一訳『歴史の終わり』三笠書房、二〇〇五年）

Gambetta, Diego. 1988. "Can We Trust Trust?" pp. 213-237 In *Trust: Making and Breaking Cooperative Relations*, edited by D. Gambetta. New York: Basil Blackwell.

Gambetta, Diego, and Heather Hamill. 2005. *Streetwise: How Taxi Drivers Estatlish Their Customers' Trustworthiness*. New York: The Russell Sage Foundation.

Gartrell, David. 1982. "On the Visibility of Wage Referents." *Canadian Journal of Sociology* 7 : 117-143.

Geertz, Clifford. 1978. "The Bazaar Economy: Information and Search in Peasant Marketing." *American Economic Review* 68 : 28-32.

Gerlach, Michael. 1992. *Alliance Capitalism: The Social Organization of Japanese Business*. Berkeley, CA: University of California Press.

Gladwell, Malcolm. 2014. "Sacred and Profane: How Not to Negotiate with Believers." *The New Yorker*（March 31）. Accessed at http://www.newyorker.com/magazine/2014/03/31/sacred and profane-4

Glaeser, Edward, David Laibson, Jose Scheinkman, and Christine Soutter. 2000. "Measuring Trust." *Quarterly Journal of Economics* 115（August）: 811-846.

Goffman, Erving. 1974. *Frame Analysis: An Essay on the Organization of Experience*. Cambridge, MA: Harvard University Press.

Gould, Roger V. 1989. "Power and Social Structure in Community Elites." *Social Forces* 68 : 531-552.

Gould, Roger, and Roberto Fernandez. 1989. "Structures of Mediation: A Formal Approach to Brokerage in Transaction

Networks." *Sociological Methodology* 19 : 89–126.

Gould, Steven Jay, and Richard Lewontin. 1979. "The Spandrels of San Marco and the Panglossian Paradigm: A Critique of Adaptationist Programme." *Proceedings of the Royal Society of London* B205 : 581–598.

Grace, Randolph C., and Simon Kemp. 2005. "What Does the Ultimatum Game Mean in the Real World ?" *Behavioral and Brain Sciences* 28 : 824–825.

Graeber, David. 2001. *Toward an Anthropological Theory of Value*. New York: Palgrave.

Granovetter, Mark. 1973. "The Strength of Weak Ties." *American Journal of Sociology* 78 : 1360–1380.（M・グラノヴェター著、大岡栄美訳「弱い紐帯の強さ」野沢慎司編監訳『リーディングス　ネットワーク論――家族・コミュニティ・社会関係資本』勁草書房、二〇〇六年）

Granovetter, Mark. 1983. "The Strength of Weak Ties: A Network Theory Revisited." *Sociological Theory* 1 : 201–233.

Granovetter, Mark. 1985. "Economic Action and Social Structure: The Problem of Embeddedness." *American Journal of Sociology* 91 : 481–510.（M・グラノヴェター著、渡辺深訳「経済行為と社会構造――埋め込みの問題」『転職――ネットワークとキャリアの研究』ミネルヴァ書房、一九九八年）

Granovetter, Mark. 1990. "The Old and the New Economic Sociology: A History and an Agenda." pp. 89–112 In *Beyond the Marketplace: Rethinking Economy and Society*, edited by R. Friedland and A. F. Robertson. New York: Aldine.

Granovetter, Mark. 1992. "The Nature of Economic Relations." pp. 21–37 in *Understanding Economic Process: Monographs in Economic Anthropology, No. 10*, edited by Sutti Ortiz and Susan Lees. Lanham, MD: University Press of America.

Granovetter, Mark. 1995. *Getting a Job: Study of Contacts and Careers*. 2nd ed. Chicago: University of Chicago Press.（M・グラノヴェター著、渡辺深訳『転職――ネットワークとキャリアの研究』ミネルヴァ書房、一九九八年）

Granovetter, Mark. 2002. "A Theoretical Agenda for Economic Sociology." pp. 35–59 In *The New Economic Sociology: Developments in an Emerging Field*, edited by M. F. Guillen, R. Collins, P. England, and M. Meyer. New York: Russell Sage Foundation.

Granovetter, Mark. 2003. "Ignorance, Knowledge, and Outcomes in a Small World." *Science* 301(5634) : 773–774.

Granovetter, Mark. 2005. "The Impact of Social Structure on Economic Outcomes." *Journal of Economic Perspectives* 19 : 33-50.

Granovetter, Mark. 2007. "The Social Construction of Corruption." pp. 152-172 In *On Capitalism,* edited by Victor Nee and Richard Swedberg. Stanford, CA: Stanford University Press.

Granovetter, Mark. 2009. "Comment on 'Capitalist Entrepreneurship' by T. Knudsen and R. Swedberg." *Capitalism and Society* 4(2) : 1-11.

Granovetter, Mark, and Charles Tilly. 1988. "Inequality and Labor Processes." pp. 175-221 In *Handbook of Sociology,* edited by N. Smelser. Newsbury Park, CA: Sage Publications.

Granovetter, Mark, and Patrick McGuire. 1998. "The Making of an Industry: Electricity in the United States." pp. 147-173 in *The Laws of the Markets,* edited by Michel Callon. Oxford: Blackwell.

Granovetter, Mark, and Richard Swedberg. 2011. *The Sociology of Economic Life,* 3rd ed. Boulder, CO: Westview Press.

Grusky, David, and Jesper Sorensen. 1998. "Can Class Analysis be Salvaged?" *American Journal of Sociology* 103(5) : 1187-1234.

Guiso, Luigi, Paolo Sapienza, and Luigi Zingales. 2006. "Does Culture Affect Economic Outcomes?" *Journal of Economic Perspectives* 2 : 23-48.

Guiso, Luigi, Paolo Sapienza, and Luigi Zingales. 2008. "Trusting the Stock Market." *Journal of Finance* 63 : 2557-2600.

Guiso, Luigi, Paolo Sapienza, and Luigi Zingales. 2011. "Civic Capital as the Missing Link." pp. 418-480 In *Handbook of Social Economics,* edited by Jess Benhabib, Alberto Bisin, and Matthew Jackson. North-Holland: Amsterdam.

Gulati, Ranjay, and Maxim Sytch. 2007. "Dependence Asymmetry and Joint Dependence in Interorganizational Relationships: Effects of Embeddedness on a Manufacturer's Performance in Procurement Relationships." *Administrative Science Quarterly* 52 : 32-69.

Gulati, Ranjay, and Maxim Sytch, and Adam Tatarynowicz. 2012. "The Rise and Fall of Small Worlds: Exploring the Dynamics of Social Structure." *Organization Science* 23(2) : 449-471.

Haidt, Jonathan, and Selin Kesebir. 2010. "Morality." pp. 797–832 In *Handbook of Social Psychology*, 5th ed., edited by S. Fiske, D. Gilbert, and G. Lindzey. Hoboken, NJ: Wiley.

Hall, Peter. 2010. "Historical Institutionalism in Rationalist and Sociological Perspective." pp. 204–224 in *Explaining Institutional Change,* edited by James Mahoney and Kathleen Thelen, New York: Cambridge University Press.

Hall, Peter, and David Soskice. 2001. *Varieties of Capitalism: The Institutional Foundations of Comparative Advantage.* Oxford: Oxford University Press.（ピーター・A・ホール、デヴィッド・ソスキス編、遠山弘徳ほか訳『資本主義の多様性――比較優位の制度的基礎』ナカニシヤ出版、二〇〇七年）

Hamilton, Gary. 2000. "Reciprocity and Control: The Organization of Chinese Family-Owned Conglomerates," pp. 55–74 In *Globalization of Chinese Business Firms,* edited by H. W.-C. Yeung and K. Olds. New York: St Martin's.

Han, Shin-Kap. 2008. "Breadth and Depth of Unity among Chaebol Families in Korea." *Korean Journal of Sociology* 42 : 1–25.

Hanneman, Robert A., and Mark Riddle. 2005. *Introduction to Social Network Methods.* Riverside, CA: University of California, Riverside.（published in digital form at http://faculty.ucr.edu/~hanneman/）

Hansmann, Henry, and Reinier Kraakman. 2004. "The End of History for Corporate Law." pp. 33–68 In *Convergence and Persistence in Corporate Governance,* edited by Jeffrey Gordon and Mark Roe. New York: Cambridge University Press.

Hardin, Russell. 2001. "Conceptions and Explanation of Trust." pp. 3–39 In *Trust in Society,* edited by K. Cook. New York: Russell Sage Foundation.

Hardin, Russell. 2002. *Trust and Trustworthiness.* New York: Russell Sage Foundation.

Haveman, Heather, and Hayagreeva Rao. 1997. "Structuring a Theory of Moral Sentiments: Institutional and Organizational Coevolution in the Early Thrift Industry." *American Journal of Sociology* 102 : 1606–1651.

Hedstrom, Peter. 2005. *Dissecting the Social: On the Principles of Analytical Sociology.* New York: Cambridge University Press.

Hedstrom, Peter, and Richard Swedberg, editors. 1998. *Social Mechanisms: An Analytical Approach to Social Theory.* New York: Cambridge University Press.

Hempel, Carl. 1965. *Aspects of Scientific Explanation.* New York: Free Press.

Hendry, Joy. 1996. "The Chrysanthemum Continues to Flower: Ruth Benedict and Some Perils of Popular Anthropology." pp. 106–121 In *Popularizing Anthropology,* edited by J. MacClancy and C. McDonaugh. London: Routledge.

Hendrich, Joseph, Robert Boyd, Samuel Bowles, Colin Camerer, Ernst Fehr, and Herbert Gintis. 2004. *Foundations of Human Sociality: Economic Experiments and Ethnographic Evidence from Fifteen Small-Scale Societies.* Oxford: Oxford University Press.

Hendrich, Joseph, Robert Boyd, Samuel Bowles, Colin Camerer, Ernst Fehr, Herbert Gintis, Richard McElreath, Michael Alvard, Abigail Barr, Jean Ensminger, Natalie Smith Henrich, Kim Hill, Francisco Gil-White, Michael Gurven, Frank W. Marlowe, John Q. Patton, and David Tracer. 2005. "'Economic Man' in Cross-Cultural Perspective: Behavioral Experiments in 15 Small-Scale Societies." *Behavioral and Brain Sciences* 28 : 795–855.

Herrigel, Gary. 1996. *Industrial Constructions: The Sources of German Industrial Power.* New York: Cambridge University Press.

Herrigel, Gary. 2005. "Institutionalists at the Limits of Institutionalism: A Constructivist Critique of Two Edited Volumes from Wolfgang Streeck and Kozo Yamamura." *Socio-Economic Review* 3 : 559–567.

Herrigel, Gary. 2010. *Manufacturing Possibilities: Creative Action and Industrial Recomposition in the United States, Germany, and Japan.* New York: Oxford University Press.

Hirschman, Albert. 1977. *The Passions and the Interests.* Princeton: Princeton University Press.（アルバート・O・ハーシュマン著、佐々木毅・旦祐介訳『情念の政治経済学』法政大学出版局、一九八五年）

Hirschman, Albert. 1982. "Rival Interpretations of Market Society: Civilizing, Destructive, or Feeble." *Journal of Economic Literature* 20 : 1463–1484.

Hirshleifer, Jack. 1985. "The Expanding Domain of Economics." *The American Economic Review* 75(6) : 53–68.

Homans, George C. 1950. *The Human Group*. New York: Harcourt, Brace and Company.（ジョージ・C・ホーマンズ著、橋本茂訳『ヒューマン・グループ――人間集団についての考察』ミネルヴァ書房、二〇一八年）

Homans, George C. 1971. *Social Behavior: The Elementary Forms*. New York: Harcourt, Brace and Jovanovich.（ジョージ・C・ホーマンズ著、橋本茂訳『社会行動――その基本形態』誠信書房、一九七八年）

Hucker, Charles. 1975. *China's Imperial Past: An Introduction to Chinese History and Culture*. Stanford, CA: Stanford University Press.

Jackson, Matthew. 2010. *Social and Economic Networks*. Princeton, NJ: Princeton University Press.

Jacobides, Michael and John Paul MacDuffie. 2013. "How to Drive Value Your Way." *Harvard Business Review* 91 : 92–100.

Jacobides, Michael and John Paul MacDuffie, and C. Jennifer Tae. 2016. "Agency, Sructure, and the Dominance of OEMs: Change and Stability in the Automotive Sector." *Strategic Management Journal* 37 : 1942–1967.

James, Harold. 2006. *Family Capitalism*. Cambridge, MA: Harvard University Press.

Joas, Hans. 1996. *The Creativity of Action*. Chicago: University of Chicago Press.

Johnson, Simon, and James Kwak. 2010. *13 Bankers: The Wall Street Takeover and the Next Financial Meltdown*. New York: Pantheon.

Kahneman, Daniel. 2011. *Thinking, Fast and Slow*. New York: Farrar, Straus and Giroux.

Kahneman, Daniel, Jack Knetsch, and Richard Thaler. 1986a. "Fairness as a Constraint on Profit-Seeking: Entitlements in the Market." *American Economic Review* 76 : 728–741.

Kahneman, Daniel, Jack Knetsch, and Richard Thaler. 1986b. "Fairness and the Assumptions of Economics." *Journal of Business* 59 : S285–S300.

Kaplan, David A. 1999. *The Silicon Boys and Their Valley of Dreams*. New York: William Morrow.（デイビッド・A・カプラン著、中山宥訳『シリコンバレー・スピリッツ――起業ゲームの勝利者たち』ソフトバンクパブリッシング、二〇〇〇年）

Kaplan, Sarah. 2008. "Framing Contests: Strategy Making under Uncertainty." *Organization Science* September–October: 729–752.

Katz, Elihu, and Paul Lazarsfeld. 1955. *Personal Influence: The Past Played by People in the Flow of Mass Communications*. New York: Free Press.（E・カッツ、P・F・ラザースフェルド著、竹内郁郎訳『パーソナル・インフルエンス――オピニオン・リーダーと人びとの意思決定』培風館、一九六五年）

Keister, Lisa. 2000. *Chinese Business Groups: The Structure and Impact of Interfirm Relations during Economic Development*. New York: Oxford University Press.

Kennedy, David M. 1975. "Overview: The Progressive Era." *The Historian* 37(3): 453-468.

Kim, Eun Mee. 1997. *Big Business, Strong State: Collusion and Conflict in South Korean Development 1960-1990*. Albany, NY: SUNY Press.

Kiong, Tong Chee. 1991. "Centripetal Authority, Differentiated Networks: The Social Organization of Chinese Firms in Singapore." In *Business Networks and Economic Development in East and Southeast Asia*, edited by G. Hamilton. Hong Kong: Centre of Asian Studies, University of Hong Kong.

Kirzner, Israel. 1973. *Competition and Entrepreneurship*. Chicago: University of Chicago Press.（カーズナー著、江田三喜男ほか共訳『競争と企業家精神――ベンチャーの経済理論』千倉書房、一九八五年）

Kontopoulos, Kyriakos. 1993. *The Logics of Social Structure*. New York: Cambridge University Press.

Krippner, Greta, Mark Granovetter, Fred Block, Nicole Biggart, Tom Beamish, Youtien Tsing, Gillian Hart, Giovanni Arrighi, Margie Mendell, John Hall, Michael Burawoy, Steve Vogel, and Sean O'Riain. 2004. "Polanyi Symposium: A Conversation on Embeddedness." *Socio-Economic Review* 2: 109-135.

Krueger, Anne. 1974. "The Political Economy of the Rent-Seeking Society." *American Economic Review* 64(3): 291-303.

Kuhn, Thomas. 1962. *The Structures of Scientific Revolutions*. University of Chicago Press（トーマス・クーン、中山茂訳『科学革命の構造』みすず書房、一九七一年）

Kurlansky, Mark. 2002. *Salt: A World History*. New York: Walker.（マーク・カーランスキー著、山本光伸訳『塩の世界史――世界を動かした小さな粒』上下、中央公論社、二〇一四年）

Lamoreaux, Naomi. 1994. *Insider Lending: Banks, Personal Connections, and Economic Development in Industrial New*

England. New York: Cambridge University Press.

LaPorta, Rafael, Florencio Lopez-de-Silanes, and Andrei Shleifer, and Robert Vishny. 1997. "Trust in Large Organizations." *American Economic Review* 87(2): 333-338.

LaPorta, Rafael, Florencio Lopez-de-Silanes, and Andrei Shleifer. 1999. "Corporate Ownership around the World." *Journal of Finance* 54(2): 471-517.

Lawler, Edward, and Jeongkoo Yoon. 1996. "Commitment in Exchange Relations: A Test of a Theory of Relational Cohesion." *American Sociological Review* 61(1): 89-108.

Lazerson, Mark, and Gianni Lorenzoni. 1999. "The Firms That Feed Industrial Districts: A Return to the Italian Source." *Industrial and Corporate Change* 8: 235-266.

Leibenstein, Harvey. 1976. *Beyond Economic Man: A New Foundation for Microeconomics*. Cambridge, MA: Harvard University Press.

Leifer, Eric. 1991. *Actors as Observers: A Theory of Skill in Social Relationships*. London: Routledge.

Lepore, Jill. 2014. "The Disruption Machine: What the Gospel of Innovation Gets Wrong." June 23 (http://www.newyorker.com/magazine/2014/06/23/the-disruption-machine).

Levy, Marion J., Jr. 1954. "Contrasting Factors in the Modernization of China and Japan." *Economic Development and Cultural Change* 2: 161-197.

Lewis, Michael. 2010. *The Big Short: Inside the Doomsday Machine*. New York: W. W. Norton.

Lie, John. 2001. *Multiethnic Japan*. Cambridge, MA: Harvard University Press.

Light, Ivan. 1972. *Ethnic Enterprise in America*. Berkeley, CA: University of California Press.

Lim, Linda Y. C., and L. A. Peter Gosling. 1983. *The Chinese in Southeast Asia. Volume 1: Ethnicity and Economic Activity*. Singapore: Maruzen.

Lincoln, James, and Michael Gerlach. 2004. *Japan's Network Economy: Structure, Persistence, and Change*. New York: Cambridge University Press.

Lindquist, W. B., and I. D. Chase. 2009. "Data-Based Analysis of Winner-Loser Models of Hierarchy Formation in Animals." *Bulletin of Mathematical Biology* 71 : 556-584.

Locke, Richard. 1995. *Remaking the Italian Economy*. Ithaca, NY: Cornell University Press.

Locke, Richard. 2001. "Building Trust." Paper presented at annual meeting of the *American Political Science Association*.

Locke, Richard. 2013. *The Promise and Limits of Private Power: Promoting Labor Standards in a Global Economy*. New York: Cambridge University Press.

Lounsbury, Michael. 2007. "A Tale of Two Cities: Competing Logics and Practice Variation in the Professionalization of Mutual Funds." *Academy of Management Journal* 50 : 289-307.

Lukes, Steven. 1974. *Power: A Radical View*. London: Macmillan.（スティーヴン・ルークス著、中島吉弘訳『現代権力論批判』未來社、一九九五年）

Luo, Jar-Der. 2011. "Guanxi Revisited: An Exploratory Study of Familiar Ties in a Chinese Workplace." *Management and Organization Review* 7(2) : 329-351.

Lynch, Gerard. 1997. "The Role of Criminal Law in Policing Corporate Misconduct." *Law and Contemporary Problems* 60 : 23-65.

Macaulay, Stewart. 1963. "Non-Contractual Relations in Business: A Preliminary Study." *American Sociological Review* 28 : 55-69.

MacDuffie, John Paul. 2013. "Modularity-as-Property, Modularization-as-Process, and 'Modularity'-as-Frame: Lessons from Product Architecture Initiatives in the Global Automotive Industry." *Global Strategy Journal* 3 : 8-40.

MacDuffie, John Paul, and Susan Helper. 2006. "Collaboration in Supply Chains: With and Without Trust." pp. 417-466 in *The Firm as a Collaborative Community: Reconstructing Trust in the Knowledge Economy*, edited by Charles Heckscher and Paul Adler. New York: Oxford University Press.

Mahoney, James, and Katherine Thelen, editors. 2009. *Explaining Institutional Change: Ambiguity, Agency, and Power*. New York: Cambridge University Press.

Malinowski, Bronislaw.〔1922〕2014 *Argonauts of the Western Pacific*. New York : Routledge.（ブロニスワフ・マリノフスキ著、増田義郎訳『西太平洋の遠洋航海者』講談社、二〇一〇年）

Malinowski, Bronislaw. 1944. *A Scientific Theory of Culture and Other Essays*. Chapel Hill, NC: University of North Carolina Press.（B・マリノフスキー著、姫岡勤・上子武次共訳『文化の科學的理論』岩波書店、一九五八年）

Mann, Michael. 1986. *The Sources of Social Power: A History of Power from the Beginning to a. d. 1760*. Cambridge, UK: Cambridge University Press.（マイケル・マン著、森本醇・君塚直隆訳『先史からヨーロッパ文明の形成へ』ＮＴＴ出版、二〇〇二年）

Mann, Michael. 1993. *The Sources of Social Power: The Rise of Classes and Nation-States, 1760-1914*. Cambridge, UK: Cambridge University Press.（マイケル・マン著、森本醇・君塚直隆訳『階級と国民国家の「長い一九世紀」』ＮＴＴ出版、二〇〇五年）

March, James G., and Herbert Simon. 1993. *Organizations*. 2nd ed. New York: Wiley.（ジェームズ・G・マーチ、ハーバート・A・サイモン著、高橋伸夫訳『オーガニゼーションズ――現代組織論の原典』ダイヤモンド社、二〇一四年）

Marchetti, P., and M. Ventoruzzo. 2001. "Corporate Law." pp. 2803–2810 in *International Encyclopedia of the Social and Behavioral Sciences*, edited by N. Smelser and P. Baltes. London: Elsevier.

McAdams, Richard. 1997. "The Origin, Development, and Regulation of Norms." *Michigan Law Review* 96 : 338–433.

McCloskey, Donald. 1983. "The Rhetoric of Economics." *Journal of Economic Literature* 21 : 481–517.

McDonald, Forrest. 1962. *Insull*. Chicago: University of Chicago Press.

McEvily, William, and Marco Tortoriello. 2011. "Measuring Trust in Organizational Research: Review and Recommendations." *Journal of Trust Research* 1 : 23–63.

McGuire, Patrick, and Mark Granovetter. 1998. "Business and Bias in Public Policy Formation: The National Civic Federation and Social Construction of Electric Utility Regulation, 1905–1907." Paper presented at the 1998 meeting of the American Sociological Association.

Merton, Robert K. 1947. *Social Theory and Social Structure*. Glencoe, IL: Free Press of Glencoe.

Merton, Robert K. 1957. *Social Theory and Social Structure.* Rev ed. Glencoe, IL: Fress Press of Glencoe.（ロバート・K・マートン著、森東吾ほか訳『社会理論と社会構造』みすず書房、一九六一年）

Meyer, John, and Brian Rowan. 1977. "Institutionalized Organizations: Formal Structure as Myth and Ceremony." *American Journal of Sociology* 83 : 340–363.

Meyer, John, John Boli, George Thomas, and Fransisco Ramirez. 1997. "World Society and the Nation-State." *American Journal of Sociology* 103 : 144–181.

Meyer, Marshall, and Lynne Zucker. 1989. *Permanently Failing Organizations.* Newbury Park, CA: Sage Publications.

Mills, C. Wright. [1956] 2000. *The Power Elite.* New York: Oxford University Press.（C・W・ミルズ著、鵜飼信成・綿貫譲治訳『パワー・エリート』上下、東京大学出版会、一九六九年）

Mintz, Beth, and Michael Schwartz. 1985. *The Power Structure of American Business.* Chicago, IL: University of Chicago Press.（B・ミンツ、M・シュワーツ著、浜川一憲・高田太久吉・松井和夫訳『企業間ネットワークと取締役兼任制――金融へゲモニーの構造』文眞堂、一九九四年）

Mizruchi, Mark. 2010. "The American Corporate Elite and the Historical Roots of the Financial Crisis of 2008." In *Markets on Trial: The Economic Sociology of the U. S. Financial Crisis,* edited by Michael Lounsbury and Paul Hirsch. *Research in the Sociology of Organizations* 30 : 103–139.

Mizruchi, Mark. 2013. *The Fracturing of the American Corporate Elite.* Cambridge, MA: Harvard University Press.

Mizruchi, Mark, and Blyden Potts. 1998. "Centrality and Power Revisited: Actor Success in Group Decision Making." *Social Networks* 20 : 353–387.

Mokyr, Joel. 2005. "Long-Term Economic Growth and History of Technology." pp. 1113–1180 In *Handbook of Economic Growth,* Vol. 1, Part B, edited by Philippe Aghion and Steven Durlauf. Amsterdam: Elsevier.

Molm, Linda. 2001. "Theories of Social Exchange and Exchange Networks." pp. 260–272 In *Handbook of Social Theory,* edited by George Ritzer and Barry Smart. London: Sage Publications.

Molm, Linda. 2003. "Theoretical Comparisons of Forms of Exchange." *Sociological Theory* 21（1 : January）: 1–17.

Mnookin, Robert, and Lewis Kornhauser. 1979. “Bargaining in the Shadow of the Law: The Case of Divorce.” *Yale Law Journal* 88(5): 950-997.

Nagel, Ernest. 1961. *The Structure of Science*. New York: McGraw Hill.

Nelson, Joel. 1966. “Clique Contacts and Family Orientations.” *American Sociological Review* 31: 663-672.

Nelson, Richard, and Sidney Winter. 1982. *An Evolutionary Theory of Economic Change*. Cambridge, MA: Harvard University Press.（リチャード・R・ネルソン、シドニー・G・ウィンター著、後藤晃・角南篤・田中辰雄訳『経済変動の進化理論』慶應義塾大学出版会、二〇〇七年）

Nishiguchi, Toshihiro, and Alexandre Beaudet. 1998. “The Toyota Group and the Aisin Fire.” *Sloan Management Review* 40: 49-59.

Obstfeld, David. 2005. “Social Networks, and the *Tertius Iungens* Orientation, and Involvement in Innovation.” *Administrative Science Quarterly* 50: 100-130.

Obstfeld, David, Stephen Borgatti, and Jason Davis. 2014. “Brokerage as a Process: Decoupling Third-Party Action from Social Network Structure.” *Research in the Sociology of Organizations* 40: 135-159.

Okun, Arthur. 1980. *Prices and Quantities*. Washington D. C.: Brookings Institution.（A・M・オーカン著、藪下史郎訳『現代マクロ経済分析——価格と数量』創文社、一九八六年）

Orwell, George. 1945. *Animal Farm*. London: Secker and Warburg.（ジョージ・オーウェル著、高畠文夫訳『動物農場』角川書店、二〇一一年）

Ostrom, Elinor. 2003. “Toward a Behavioral Theory Linking Trust, Reciprocity and Reputation.” pp. 19-79 In *Trust and Reciprocity: Interdisciplinary Lessons from Experimental Research*, edited by E. Ostrom and J. Walker. New York: Russell Sage Foundation.

O'Sullivan, Mary. 2005. “Typologies, Ideologies, and Realities of Capitalism.” *Socio-Economic Review* 3: 547-558.

Ouchi, William. 1981. *Theory Z*. Reading, MA: Addison-Wesley.（ウィリアム・G・オオウチ著、徳山二郎訳『セオリーZ——日本に学び、日本を超える』エムオン・エンタテインメント、一九八一年）

Padgett, John, and Christopher Ansell. 1993. "Robust Action and the Rise of the Medici." *American Journal of Sociology* 98 : 1259-1319.

Padgett, John, and Paul MacLean. 2006. "Organizational Invention and Elite Transformation: The Birth of Partnership Systems in Renaissance Florence." *American Journal of Sociology* 111 : 1463-1568.

Padgett, John and Walter Powell. 2012. *The Emergence of Organizations and Markets*. Princeton, NJ: Princeton University Press.

Parsons, Talcott. 1937. *The Structure of Social Action: A Study in Social Theory with Special Reference to a Group of Recent European Writers*. Glencoe, IL: Free Press of Glencoe.（タルコット・パーソンズ著，稲上毅・厚東洋輔訳『社会的行為の構造』木鐸社，一九七六～一九八九年）

Parsons, Talcott. 1959. "General Theory in Sociology." In *Sociology Today: Problems and Prospects,* edited by R. K. Merton, L. Broom, and L. S. Cottrell Jr. New York: Basic Books.

Parsons, Talcott. 1961. "An Outline of the Social System." pp. 30-79 In *Theories of Society,* edited by Talcott Parsons, Edward Shils, Kaspar Naegele, and Jesse Pitts. Glencoe, IL: Free Press of Glencoe.

Parsons, Talcott. 1963. "On the Concept of Political Power 107 (3 : June 19) : 232-262." *Proceedings of the American Philosophical Society* 107 : 232-262.

Parsons, Talcott, and Neil J. Smelser. 1956. *Economy and Society: A Study in the Integration of Social and Economic Theory*. Glencoe, IL: Free Press of Glencoe.（T・パーソンズ，N・J・スメルサー著，富永健一訳『経済と社会――経済学理論と社会学理論の統合についての研究』岩波書店，一九五八年）

Patterson, Orlando. 1982. *Slavery and Social Death: A Comparative Study*. Cambridge, MA: Harvard University Press.（オルランド・パターソン著，奥田暁子訳『世界の奴隷制の歴史』明石書店，二〇〇一年）

Pempel, T. J. 2005. "Alternative Capitalisms Confront New Pressures to Conform." *Socio-Economic Review* 3 : 569-575.

Penrose, Edith.〔1959〕1995. *The Theory of the Growth of the Firm*. Oxford: Oxford University Press.（エディス・ペンローズ著，日高千景訳『企業成長の理論』ダイヤモンド社，二〇一〇年）

Perrow, Charles. 1986. *Complex Organizations: A Critical Essay*. 3rd ed. New York: Random House.

Pettit, P. 2001. "Consequentialism Including Utilitarianism." pp. 2613-2618 In *International Encyclopedia of the Social and Behavioral Sciences*, edited by N. Smelser and P. Baltes. New York: Elsevier.

Pfeffer, Jeffrey. 1981. *Power in Organizations*. Boston: Pitman.

Pfeffer, Jeffrey, and Gerald Salancik. 1978. *The External Control of Organizations: A Resource Dependence Perspective*. New York: Harper and Row.

Piore, Michael, and Charles Sabel. 1984. *The Second Industrial Divide: Possibilities for Prosperity*. New York: Basic Books.（マイケル・J・ピオリ、チャールズ・F・セーブル著、山之内靖・永易浩一・石田あつみ訳『第二の産業分水嶺』筑摩書房、一九九三年）

Popkin, Samuel. 1979. *The Rational Peasant: The Political Economy of Rural Society in Vietnam*. Berkeley, CA: University of California Press.

Portes, Alejandro, and Julia Sensenbrenner. 1993. "Embeddedness and Immigration: Notes on the Social Determinants of Economic Action." *American Journal of Sociology* 98: 1320-1350.

Posner, Eric. 1996. "Law, Economics, and Inefficient Norms." *University of Pennsylvania Law Review* 144: 1667-1744.

Posner, Eric. 2000. *Law and Social Norms*. Cambridge, MA: Harvard University Press.（エリク・ポズナー著、藤岡大助ほか訳『法と社会規範――制度と文化の経済分析』木鐸社、二〇〇二年）

Posner, Richard. 1998. "Social Norms, Social Meaning, and Economic Analysis of Law: A Comment." *Journal of Legal Studies* 37(2: Pt. 2): 553-565.

Prehalad, C. K., and Gary Hamel. 1990. "The Core Competence of a Corporation." *Harvard Business Review* 68: 79-91.

Putnam, Robert. 1993. *Making Democracy Work: Civic Traditions in Modern Italy*. Princeton, NJ: Princeton University Press.（ロバート・D・パットナム著、河田潤一訳『哲学する民主主義――伝統と改革の市民的構造』NTT出版、二〇〇一年）

Rao, Hayagreeva, Philippe Monin, and Rodolphe Durand. 2003. "Institutional Change in Toque Ville: Nouvelle Cuisine as an Identity Movement in French Gastronomy." *American Journal of Sociology* 108 : 795-843.

Reagans, Ray, and Ezra Zuckerman. 2008. "Why Knowledge Does Not Equal Power: The Network Redundancy Tradeoff." *Industrial and Corporate Change* 17 : 903-944.

Reddy, William. 1984. *The Rise of Market Culture: The Textile Trade and French Society, 1750-1900*. Cambridge, UK: Cambridge University Press.

Ricardo, David. 1821. *On the Principles of Political Economy and Taxation*. 3rd ed. London: John Murray, Albemarle-Street.（D・リカード著、竹内謙二訳『経済学及び課税の原理』千倉書房、一九八一年）

Robbins, Lionel. 1932. *An Essay on the Nature and Significance of Economic Science*. London: Macmillan.（ライオネル・ロビンズ著、辻六兵衛訳『経済学の本質と意義』東洋経済新報社、一九五七年）

Roe, Mark. 1994. *Strong Managers, Weak Owners: The Political Roots of American Corporate Finance*. Princeton, NJ: Princeton University Press.（マーク・ロー著、北條裕雄・松尾順介訳『アメリカの企業統治（コーポレート・ガバナンス）――なぜ経営者は強くなったか』東洋経済新報社、一九九六年）

Roosevelt, Franklin D. 1932. "Campaign Address on Progressive Government at the Commonwealth Club in San Francisco, California." Text at http://www.heritage.org/initiatives/first-principles/primary-sources/fdrs-commonwealth-club-address

Rosenberg, Nathan. 2000. *Schumpeter and the Endogeneity of Technology: Some American Perspectives*. London: Routledge.

Rostow, W. W. 1960. *The Stages of Economic Growth: A Non-Communist Manifesto*. Cambridge, UK: Cambridge University Press.（W・W・ロストウ著、木村健康・久保まち子・村上泰亮訳『経済成長の諸段階――一つの非共産主義宣言』ダイヤモンド社、一九六一年）

Rousseau, Denise, Sim Sitkin, Ronald Burt, and Colin Camerer. 1998. "Not So Different after All: A Cross-Discipline View of Trust." *Academy of Management Review* 23 : 393-404.

Sabel, Charles. 1982. *Work and Politics: The Division of Labor in Industry*. New York: Cambridge University Press.

Sabel, Charles. 1993. "Studied Trust: Building New Forms of Cooperation in a Volatile Economy." *Human Relations* 46: 1133-1171.

Sahlins, Marshall. 1972. *Stone Age Economics*. Hawthorne, NY: Aldine.（マーシャル・サーリンズ著，山内昶訳『石器時代の経済学』法政大学出版局，一九八四年）

Samuelson, Paul. 1947. *Foundations of Economic Analysis*. Cambridge, MA: Harvard University Press.（P・A・サミュエルソン著，佐藤隆三訳『経済分析の基礎』勁草書房，一九八六年）

Saxenian, Annalee. 1994. *Regional Advantage: Culture and Competition in Silicon Valley and Route 128*. Cambridge, MA: Harvard University Press.（アナリー・サクセニアン著，山形浩生・柏木亮二訳『現代の二都物語――なぜシリコンバレーは復活し，ボストン・ルート128は沈んだか』日経BP社，二〇〇九年）

Schotter, Andrew. 1981. *The Economic Theory of Social Institutions*. New York: Cambridge University Press.

Schumpeter, Joseph. 1911. *The Theory of Economic Development*. Leipzig: Duncker and Humblot.（シュムペーター著，塩野谷祐一・中山伊知郎・東畑精一訳『経済発展の理論――企業者利潤・資本・信用・利子および景気の回転に関する一研究』上下，岩波書店，一九七七年）

Scott, James C. 1976. *The Moral Economy of the Peasant: Rebellion and Subsistence in Southeast Asia*. New Haven, CT: Yale University Press.（ジェームス・C・スコット著，高橋彰訳『モーラル・エコノミー――東南アジアの農民叛乱と生存維持』勁草書房，一九九九年）

Scott, John. 2010. *What Is Social Network Analysis?* London: Bloomsbury.

Scott, John. 2013. *Social Network Analysis*. 3rd ed. Newbury Park, CA: Sage Publications.

Scott, John, and Peter Carrington. 2011. *Sage Handbook of Social Network Analysis*. Newbury Park, CA: Sage Publications.

Scott, W. Richard. 2014. *Institutions and Organizations: Ideas, Interest, and Identities*. 4th ed. Los Angeles, CA: Sage Publications.

Sen, Amartya. 1977. "Rational Fools: A Critique of Behavioral Foundations of Economic Theory." *Philosophy and Public*

Affairs 6 : 317-344.

Shapiro, Susan. 1984. *Wayward Capitalists: Target of Securities and Exchange Commission.* New Haven, CT: Yale University Press.

Sheingate, Adam. 2010. "Rethinking Rules: Creativity and Constraints in the U. S. House of Representatives." pp. 168-203 In *Explaining Institutional Change: Ambiguity, Agency and Power,* edited by James Mahoney and Kathleen Thelen. New York: Cambridge University Press.

Shenon, Philip. 1984. "Margolies Is Found Guilty of Murdering Two Women." *New York Times* (June 1).

Silver, Allan. 1989. "Friendship and Trust as Moral Ideals: An Historical Approach." *European Journal of Sociology* 30 : 274-297.

Silver, Allan. 1990. "Friendship in Commercial Society: Eighteenth-Century Social Theory and Modern Sociology." *American Journal of Sociology* 95 : 1474-1504.

Simmel, Georg. 〔1908〕 1950. *The Sociology of Georg Simmel,* translated by K. Wolff. New York : The Free Press.

Simon, Herbert A. 1997. *Administrative Behavior.* 4th ed. New York: The Free Press.（ハーバート・A・サイモン著、二村敏子ほか訳『経営行動――経営組織における意思決定過程の研究』ダイヤモンド社、二〇〇九年）

Smith, Adam. 〔1776〕 1976. *An Inquiry into the Nature and Causes of the Wealth of Nations.* Oxford: Oxford University Press.（アダム・スミス著、竹内謙二訳『国富論』千倉書房、一九八一年）

Snow, David, D. Rochford Jr., S. Worden, and R. Benford. 1986. "Frame Alignment Processes, Micromobilization and Social Movement Participation." *American Sociological Review* 51 (August) : 464-481.

Solomon, Richard L. 1964. "Punishment." *American Psychologist* 19 : 237-253.

Sorge, Arndt. 2005. *The Global and the Local: Understanding the Dialectics of Business Systems.* New York: Oxford University Press.

Spence, A. Michael. 1974. *Market Signaling: Informational Transfer in Hiring and Related Screeining Processes.* Cambridge, MA: Harvard University Press.

Stark, David. 1986. "Rethinking Internal Labor Markets: New Insights from a Comparative Perspective." *American Sociological Review* 51 : 492-504.

Stark, David. 1996. "Recombinant Property in East European Capitalism." *American Journal of Sociology* January, Vol. 101 (No. 4) : 993-1027.

Stark, David. 2009. *The Sense of Dissonance: Accounts of Worth in Economic Life*. Princeton, NJ: Princeton University Press.（デヴィッド・スターク著，中野勉・中野真澄訳『多様性とイノベーション――価値体系のマネジメントと組織のネットワーク・ダイナミズム』日本経済新聞出版社，二〇一一年）

Sternberg, Robert J., and Karin Sternberg. 2017. *Cognitive Psychology*. 7th ed. Boston: Cengage Learning.

Stigler, George. 1946. *The Theory of Price*. New York: Macmillan.（G・J・スティグラー著，南部鶴彦・辰巳憲一訳『価格の理論』有斐閣，一九九一年）

Stinchcombe, Arthur. 1968. *Constructing Social Theories*. New York: Harcourt, Brace and World.

Stovel, Katherine, Benjamin Golub, and Eva Meyersson Milgrom. 2011. "Stablizing Brokerage." *PNAS* 108 : 21326-21332.

Stovel, Katherine, and Lynette Shaw. 2012. "Brokerage." *Annual Review of Sociology* 38 : 139-158.

Strauss, George. 1955. "Group Dynamics and Intergroup Relations." pp. 90-96 In *Money and Motivation: An Analysis of Incentives in Industry,* edited by William F. Whyte. New York: Harper and Row.

Streeck, W. 2005. "Rejoinder: On Terminology, Functionalism, (Historical) Institutionalism, and Liberalization." *Socio-Economic Review* 3 : 577-587.

Streeck, W. 2011. "E Pluribus Unum? Varieties and Commonalities of Capitalism." pp. 419-455 In *The Sociology of Economic Life*, 3rd ed., edited by M. Granovetter and R. Swedberg. Boulder, CO: Westview Press.

Streeck, W., and K. Yamamura. 2001. *The Origins of Non-Liberal Capitalism: Germany and Japan in Comparison*. Ithaca, NY: Cornell University Press.

Sturgeon, Timothy J. 2002. "Modular Production Networks: A New American Model of Industrial Organization." *Industrial and Corporate Change* 11 : 451-496.

Sunstein, Cass. 1996. "Social Norms and Social Roles." *Columbia Law Review* 96 : 903-968.

Swedberg, Richard. 2003. *Principles of Economic Sociology.* Princeton, NJ: Princeton University Press.

Swidler, Ann. 1986. "Culture in Action: Symbols and Strategies." *American Sociological Review* 51 : 273-286.

Taira, Koji. 1970. *Economic Development and the Labor Market in Japan.* New York: Columbia University Press.

Tarbell, Ida M. 1904. *The History of the Standard Oil Company.* New York: McClure, Phillips and the Company.

Thompson, E. P. 1971. "The Moral Economy of the English Crowd in the Eighteenth Century." *Past and Present* 50 : 76-136.

Thornton, Patricia, and William Ocasio. 1999. "Institutional Logics and the Historical Contingency of Power in Organizations: Executive Succession in the Higher Educational Publishing Industry, 1958-1990." *American Journal of Sociology* 105 : 801-843.

Thornton, Patricia, William Ocasio, and Michael Lounsbury. 2012. *The Institutional Logics Perspective: A New Approach to Culture, Structure, and Process.* Oxford: Oxford University Press.

Tocqueville, Alexsis de. 〔1856〕 1955. *The Old Regime and the French Revolution.* New York: Doubleday.（アレクシス・ド・トクヴィル著、小山勉訳『旧体制と大革命』筑摩書房、一九九八年）

Tolbert, Pamela, and Lynne Zucker. 1983. "Institutional Sources of Change in the Formal Structure of Organizations: The Diffusion of Civil Service Reform, 1880-1935." *Administrative Science Quarterly* 28 : 22-39.

Tversky, Amos, and Daniel Kahneman. 1981. "The Framing of Decisions and the Psychology of Choice." *Science* 211 (January 30) : 453-458.

Tyler, Tom. 2001. "Why Do People Rely on Others? Social Identity and Social Aspects of Trust." pp. 285-306 In *Trust in Society,* edited by K. Cook. New York: Russell Sage Publication.

Tyler, Tom. 2006. *Why People Obey the Law.* Princeton, NJ: Princeton University Press.

Useem, Michael. 1984. *The Inner Circle: Large Corporations and the Rise of Business Political Activity in the U. S. and the U. K.* New York: Oxford University Press.（マイケル・ユシーム著、岩城博司・松井和夫監訳『インナー・サークル

――世界を動かす陰のエリート群像』東洋経済新報社、一九八六年)
Vaisey, Steven. 2009. "Motivation and Justification: A Dual-Process Model of Culture in Action." *American Journal of Sociology* 114 (6 May): 1675-1715.
Veblen, Thorstein. 1899. *The Theory of the Leisure Class.* New York: Macmillan. (ヴェブレン著、小原敬士訳『有閑階級の理論』岩波書店、一九六一年)
Walker, James, and Elinor Ostrom. 2003. "Conclusion." pp. 381-387 In *Trust and Reciprocity,* edited by Elinor Ostrom and James Walker. New York: The Russell Sage Foundation.
Wasserman, Stanley, and Katherine Faust. 1994. *Social Network Analysis: Methods and Applications.* New York: Cambridge University Press.
Watts, Duncan and Steven Strogatz. 1998. "Collective Dynamics of 'Small-World' Networks." *Nature* 393 : 440-442.
Weber, Max. 〔1921〕 1968. *Economy and Society,* translated by Guenther Roth and Claus Wittich. New York: Bedminster Press.
Wellman, Barry. 1979. "The Community Question: The Intimate Networks of East Yorkers." *American Journal of Sociology* 84 : 1201-1231.
Whitford, Joshua. 2002. "Pragmatism and the Untenable Duality of Means and Ends." *Theory and Society* 31 : 325-363.
Whitford, Joshua. 2005. *The New Old Economy: Networks, Institutions, and the Organizational Transformation of American Manufacturing.* New York: Oxford University Press.
Whitford, Joshua. 2012. "Waltzing, Relational Work, and the Construction (or Not) of Collaboration in Manufacturing Industries." *Politics and Society* 40 : 249-272.
Whitford, Joshua, and Francesco Zirpoli. 2014. "Pragmatism, Practice and the Boundaries of Organizaion." *Organization Science* 25(6): 1823-1839.
Whitford, Joshua, and Francesco Zirpoli. 2016. "The Network Firm as a Political Coalition." *Organization Studies* 37 : 1227-1248.

Wiebe, Robert. 1967. *The Search for Order: 1877-1920*. New York: Hill and Wang.

Williamson, Oliver. 1975. *Markets and Hierarchies*. New York: Free Press.（O・E・ウィリアムソン著，浅沼萬里・岩崎晃訳『市場と企業組織』日本評論社，一九八〇年）

Williamson, Oliver. 1991. "Comparative Economic Organization: The Analysis of Discrete Structural Alternatives." *Administrative Science Quarterly* 36 : 269-296.

Williamson, Oliver. 1993. "Calculativeness, Trust and Economic Organization." *Journal of Law and Economics* 36 : 453-486.

Wilson, Edward O. 1975. *Sociobiology*. Cambridge, MA: Harvard University Press.（エドワード・O・ウィルソン著，坂上昭一ほか訳『社会生物学』思索社，一九八三年）

Woodward, Joan. 1965. *Industrial Organization: Theory and Practice*. New York: Oxford University Press.（ジョン・ウッドワード著，矢島鈞次・中村寿雄訳『新しい企業組織――原点回帰の経営学』日本能率協会，一九七〇年）

Wright, Gavin. 1999. "Can a Nation Learn? American Technology as a Network Phenomenon." pp. 295-326 In *Learning by Doing in Markets, Firms, and Countries*, edited by N. Lamoreaux, D. Raff, and P. Temin. Chicago: University of Chicago Press.

Wrong, Dennis. 1961. "The Oversocialized Conception of Man in Modern Sociology." *American Sociological Review* 26 : 183-196.

Wrong, Dennis. 1995. *Power: Its Forms, Bases and Uses*. New Brunswick, NJ: Transaction Publishers.

Yamamura, K., and W. Streeck. 2003. *The End of Diversity?: Prospects for German and Japanese Capitalism*. Ithaca, NY: Cornell University Press.

Zeitlin, Maurice, and Richard Ratcliff. 1988. *Landlords, and Capitalists: The Dominant Class of Chile*. Princeton, NJ: Princeton University Press.

Zelizer, Viviana. 2005. *The Purchase of Intimacy*. Princeton, NJ: Princeton University Press.

Zucker, Lynne. 1986. "Production of Trust: Institutional Sources of Economic Structure, 1840-1920." *Research in Organizational Behavior* 8 : 53-111.

訳者解説　グラノヴェターの「新しい経済社会学」

渡辺　深

1　「社会」に埋め込まれた「経済」

本書は、Mark Granovetter, *Society and Economy : Framework and Principles*, The Belknap Press of Harvard University Press, Cambridge, Massachusetts, and London, England 2017. の全訳である。

グラノヴェターが「経済は社会に埋め込まれている」というカール・ポランニーの命題を「新しい経済社会学」の中心命題とし、「埋め込み」概念を現代の経済現象の分析に適用できるように改訂し復活させたのは、一九八〇年代半ばであった。それから三五年ほど経過し、多くの研究者たちが長年待ち望んでいた待望の書が本書である。

本書のタイトルからわかるように、「経済と社会」ではなく、「社会と経済」という表現から「社会」の役割を重視する視点が明らかである。それは、社会と経済がどのように相互に関係しているのか、経済が他の領域から分離しているわけではなく、社会関係に深く埋め込まれており、宗教、科学、政治、法などと同じように、情緒、アイデアなどにも影響されることを意味している。

本書は、グラノヴェターが彼の広範な知識を駆使し、社会科学全体をも視野に入れ、いつものように、知的好奇心を刺激し、素晴らしい洞察力に満ちたものとなっている。

それでは、まず、今までのグラノヴェターの研究の流れについて簡単に紹介しよう。

ジョブ・マッチング過程に関する先駆的研究

グラノヴェターは、一九七〇年に米国ボストン郊外のニュートン市に在住の二八二人の男子ホワイトカラー（専門職、技術職、管理職）労働者を対象に面接法と郵送法によってジョブ・マッチング過程の研究を行った。調査目的は、実際に労働者が就業情報にどのように接近し、どのように労働者と職業のマッチングが生み出されるのか、その因果関係の連鎖を追跡し、そのメカニズムを解明することである。労働市場におけるジョブ・マッチング過程――異なる属性を持つ労働者を異なる収入や地位をもたらす職業に結び付ける過程――は、重要な研究領域であり、この過程に関する理論的論議は彼の他の論文で展開された（Granovetter, 1981, 1982; Granovetter and Tilly, 1988）。

労働者は、自分のソーシャルネットワーク（人的つながり）を通じて就業情報を入手する場合が多いので、情報は社会関係に埋め込まれていると考えられる。さらに、ネットワークを用いると望ましい仕事が見つかる場合が多い。また、情報の多くは、経済学の職探し理論が想定するような職探しによって得られるのではなく、職探しとは無関係な他の社会的相互作用を通じて、たまたま、その副産物として伝播される傾向がある。このように、労働者がどんなネットワークを持っているのか、すなわち、社会構造における労働者の位置が移動パターンに影響を与えるのである。要するに、労働者と職業を結び付ける就業情報は労働市場に広く行き亘っているのではなく、「就業情報は他の社会構造過程に深く埋め込まれている」（Granovetter, 1981 : 23）からであると論じられる。

弱い紐帯の仮説

それでは、どのようなコンタクト（就業情報の提供者）が情報への接近において有利な位置にいるのだろうか。グラノヴェターは、転職する際に、労働者は強い紐帯を持つ（いつも会う）人よりも、弱い紐帯を持つ（まれにしか会わない）人から役に立つ就業情報を得るという傾向を見つけた。この発見にもとづいて、グラノヴェターは「弱い紐帯の仮説」（Granovetter, 1973）を提唱する。すなわち、いつも会っている人々には、既に知られている同じ情報を共有するという社会構造的な傾向があるので、労働者は、かえって、たまに会う人から多くの新しい情報を入手する可能性があるという仮説である。これは、強い紐帯で結ばれる人々は同じ社会圏に属し、類似した情報を持ち、逆に、弱い紐帯で結ばれる人々は異なる社会圏に属し、異なる情報を持つ傾向があるという推論にもとづく。すなわち、図が示すように、弱い紐帯は、（集団の成員相互が皆知合いであるような）密度の高い集団の間を「橋渡し」する傾向があると想定する。弱い紐帯の仮説に関する理論的根拠は、「弱い紐帯の強さ」に関する彼の論文（Granovetter, 1973, 1982）で詳細に議論され、数多くの論文に引用された。

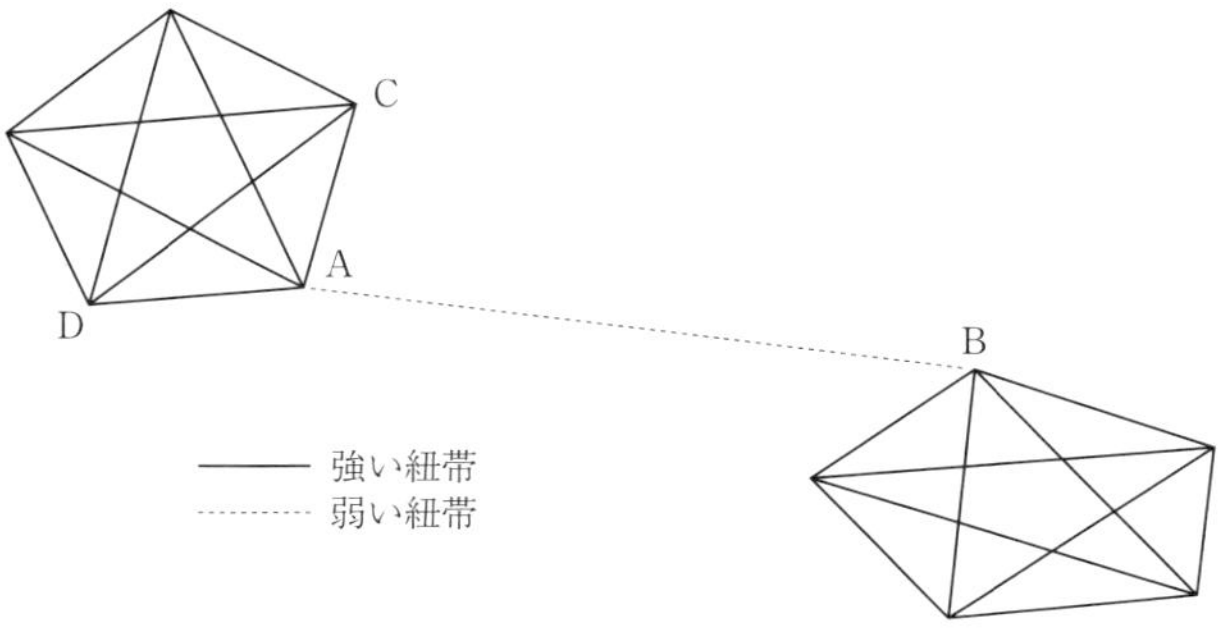

図　弱い紐帯の仮説

グラノヴェターの研究は、労働者が仕事を見つける過程（マッチング過程の供給サイド）の研究であるが、その後、雇用主が労働者を見つける過程（マッチング過程の需要サイド）の研究も数多く行われるようになった。多くの労働者が人的つながりによって就業情報を得ることは、同様に、多くの雇用主も人的つながりを用いて労働者に関する情報に接近することを意味し、実際に、多くの雇用主が労働者をネットワークを通じて採用する。さらに、ネットワークを通じての応募は、労働者にとっても、雇用主にとっても有利な採用方法であるという調査結果もある（Fernandez and Weinberg, 1997; Fernandez et al., 2000）。

上記のグラノヴェターによる労働市場に関するマッチングの研究は、*Getting A Job : A Study of Contacts and Careers*（初版）としてハーバード大学出版局より一九七四年に出版された。これは、彼が博士論文に加筆改訂したものである。

大変話題となった初版は、労働移動に関する多くの論文で頻繁に引用される重要な著書となった。特に、グラノヴェターの「弱い紐帯の仮説」(Granovetter, 1973) は、労働移動の様々な研究者によって経験的に追試されるとともに、ネットワークの観点からも多くの理論的研究を生み出すものとなった。

そして、その第二版は、一九九五年にシカゴ大学出版局から出版された。それは、翻訳され、一九九八年に『転職——ネットワークとキャリアの研究』マーク・グラノヴェター著、渡辺深訳としてミネルヴァ書房から出版された。第二版の「後書き一九九四——再検討と新しい課題」では、初版の出版以来およそ二〇年間の労働移動に関する研究成果を吟味し、総括的な結論が提供された。[1]

「埋め込み概念」と新しい経済社会学

さらに、グラノヴェターは、一九八五年に『アメリカン・ジャーナル・オヴ・ソシオロジー(*American Journal of Sociology*)』に掲載の論文「経済行為と社会構造——埋め込みの問題」(Granovetter, 1985) を発表し、その年の米国社会学会で「新しい経済社会学」と命名し、それが実質的な「新しい経済社会学」樹立の宣言となった。この論文は、*Getting A Job : A Study of Contacts and Careers*(第二版)の付記Dとして収録されている。グラノヴェターはこの論文に対して米国社会学会理論部会賞の受賞の栄に浴した。この論文も経済社会学の様々な分野で頻繁に引用され、彼が提唱する「埋め込み」アプローチが広く活用されるようになった。

一九八五年の「経済行為と社会構造」という論文では、グラノヴェターは、ポランニーの埋め込み概念を「新しい経済社会学」の中心概念として復活させ、経済行為が社会構造に埋め込まれていると論じる。その後、米国の多くの社会学者によって経済社会学の研究が蓄積され、経済社会学の研究がさらに進んでいる。グラノヴェターの提唱するアプローチの中心的概念である「埋め込み(embeddedness)」概念は、「人間の経済は、……経済的な制度と非経済的な制度に埋め込まれ、編み込まれているのである」と議論するカール・ポランニー(1975 : 268)によって用いられたものである。しかし、グラノヴェターは、一九八五年の論文において、その概念が先市場社会だけでなく、市場社会の経済の分析にも適用可能であり、すべての市場過程は社会学の分析対象であるので、市場過程の中核的な特性が社会学的分析によって明らかになると主張する。要するに、彼は「経済活動が社会的メカニズムを媒介して起こる」と論じる。

グラノヴェターが *Getting A Job*（第二版）の序で述べているように、上記の一九八五年の論文を読むと、一九七四年の初版にまとめられた労働市場行動の研究成果がいかに「新しい経済社会学」の基礎を提供するものなのかがよく理解できる。つまり、初版の労働市場行動の研究が、様々な概念と命題の形成を通じて、帰納的に「埋め込み」アプローチ（概念枠組み）を発達させ、今度は、一九八五年の論文が、演繹的にそのアプローチを労働市場だけでなく様々な市場（製品市場、金融市場など）や経済現象一般に適用可能であることを論じたのである。

このように、新しい経済社会学とは、グラノヴェター（Granovetter, 1990）が「埋め込み」概念にもとづき、一九八〇年代に社会学の専門領域として復活した経済社会学である。これは、経済と社会は有機的に相互に結び付いており、経済現象の説明にはその「社会構造」の理解が不可欠であると主張する視点である。ここでいう「社会構造」とは、主に、認知、文化、社会関係（ネットワーク）、権力を意味するが、もちろん、歴史や制度などのマクロな社会構造を含むものである。

2　新しい経済社会学

基本的な視点

それでは、ここで、「新しい経済社会学」についての基本的な視点について簡単な解説を行いたい。それは、今までグラノヴェターが様々な論文で繰り返し論じてきた視点であるからである。

新しい経済社会学は、経済と社会は有機的に相互に結び付いており、あたかもそれらが別の現象であるかのように分析することはできないと主張する視点である。新しい経済社会学は、それ以前の経済社会学と比較して、経済現象の周辺ではなく中核的な領域（製品、資本、労働に関するすべての市場構造と市場過程、生産、分配、交換、消費、価格、貨幣、契約など）を扱い、社会の様々なセクター（国家、組織、階層、職業、開発、文化、ジェンダー、家族、宗教、教育、福祉、都市、地域、エスニシティ、環境など）との関わりを通じて分析する研究領域である。主要な想定として、経済交換において個人は個々ばらばらの原子のように行動しないし、他の人々を同一のやり方で扱うこともしない、さらに、経済行為は経済的利害だけによって動機付けられるのではなく、「是認、地位、社交、勢力」などの社会的動機と密接に関係すると論じる。グラノヴェターは、経済の社会的埋め込み（social embeddedness）を「経済行為が、内容において非経済的な目標や過程である行為・制度に関係する、あるいは、依存する程度」と定義する（Granovetter, 2005a: 35）。

例えば、経済社会学と経済学を比較すると、二つのアプローチには以下のような違いが存在する。

まず、分析単位から見ると、まず、経済学の分析単位は個人である。経済社会学では、分析の出発点は、集団、組織、共同体、社会などの集合体である。社会学において分析が個人から始まる場合もあるが、それはあくまでも集合体の社会構造を理解するためである。

次に、行為者の概念について、経済学は行為者が個人として行動すると想定する。特定の集団のメンバーとしては行動しない。行為者は相互に関係を持たず、個々ばらばらの存在である。これは、「原子化された（atomized）」行為者と呼ばれ、行為者の意思決定は相互の社会関係に影響されないと想定される。このように、経済学では、行為者と利害は特定の社会関係から独立したもの（decontextualize）として扱われる。対照的に、経済社会学では、行為者は、ばらばらな個人としてではなく、個人的関係のネットワークの中に存在し、特定の集団、社会のメンバーとして相互作用する。社会学の人間モデルは、その場で完了するようなごく短期間の交換の後には何の関係も持たず、個々ばらばらな存在ではなく、他の行為者と様々な関係を取り結び、他者の行為から影響され、他者の行為に影響を与え、特定の関係の歴史を形成する存在である。

また、経済行為の動機においても経済学と経済社会学では異なる視点が存在する。経済学では、経済行為が効用の最大化という個人の経済的動機から説明され、常に合理性の存在が想定されている。合理的に行為する人は、選好にもとづき、効用を最大化する選択肢を選ぶ人である。重要なのは利益がもたらされるかどうかであり、誰と取り引きするかについては無関心である。要するに、行為者は個人として行動し、効用の最大化という個人の経済的動機から経済行為が説明される。しかし、経済社会学は、経済行為には経済的動機だけでなく、「是認、地位、社交、権力」などの非経済的動機も混在すること、すなわち、「混合された動機（mixed motives）」の存在を強調する（Granovetter, 1985）。これは、経済活動が個人的関係のネットワークの中で行われるからである。行為者間に何らかの関係が存在し、その関係にもとづいて経済行為が行われるので、取引相手が誰であるかは重大な関心事である。グラノヴェターは「人間の相互作用を『個人の』利害だけに限定して説明しようとすると、いかなる場合も、他の行為同様に経済行為を特徴付ける『関係』の基本的な側面から抽象化し分離してしまう」と指摘する（Granovetter, 2002：36）。経済社会学では、経済学のように合理性の存在が常に想定されているわけではなく、合理性の有無や合理性の程度は社会関係の性質や状況によって異なるので合理性は変数と考えられる。

要するに、新しい経済社会学は、経済学において「社会構造が無視されていること」を批判する。経済学では、経済行為者たちは、彼らのつながりから独立し、相互に分離して意思決定を行い、社会関係はスムーズな経済行為を阻害する周辺的な「摩擦」と想定される。すなわち、経済学では、人間行為は相互に分離し、原子化され、社会的な影響を受けない過小社会化（undersocialized）された存在となる。

反対に、デニス・ロング（Dennis Wrong, 1961）が批判した過剰社会化（oversocialized）された行為は、人々が習慣や規範を内面化し、それらに自動的に無条件に従う行為をいう。グラノヴェターは、過小社会化と過剰社会化のどちらも行為者が既存の具体的な社会関係によって影響されない——原子化されている——という点では共通するものであり、行為者が置かれている具体的な社会構造を無視する観念であると批判する（Granovetter, 1985）。実際には、どんな経済行為も抽象的な空間で生起するわけではないので、経済行為の結果に対する広範な社会構造の影響を無視することはできない。グラノヴェターは、「原子化（atomization）」の反対概念として「埋め込み」概念を導入し、過小社会化でも過剰社会化でもなく、行為者が置かれている具体的な社会構造を分析しようと提言する。

まとめると、「経済現象への社会構造のインパクト」を最初に論じたポランニー、および、それが現代の市場にも適用可能であると主張したグラノヴェターの埋め込み概念は、経済が社会（構造）に埋め込まれていること、すなわち、経済活動が社会的メカニズムを媒介して起こるという視点を提供する。

経済社会学において重視されるのは、社会的メカニズム（仕組み）の解明である。それには、「その時に、誰が重要な（複数の）行為者であり、どんな特定の歴史的背景あるいは既存の経済制度が存在し、どんな社会構造（ネットワーク、文化、政治など）が存在し、どんな資源が存在し、それらの資源を動員するためにどんな（集合）行動を行ったのか、その結果、何が起こったのか——どのようにそれが起こったのか」という「過程」の分析が重要である（Granovetter, 1990）。すなわち、過程分析に活用されるキー概念は「資源動員（resource mobilization）」であり、社会的メカニズムの解明には、行為者が社会構造に埋め込まれた資源をどのように動員するかという問いと関係する。社会的メカニズムの解明には、歴史分析が必須である。

以上の今までの論点をもとにして、本書では、さらに経済現象の分析を精緻化し、新しい次元に読者を導いてくれる。

個人の経済行為・経済的結果・経済制度

グラノヴェターは、個人の経済行為、経済的結果、経済制度という三つのレベルに経済現象を区別する。これらの三つのレベルは、ミクロ、メゾ、そしてマクロの分析レベルに対応する。特に、本書において明確にされている重要なことは、「これらすべてのレベルを共通の枠組みに至らせ、一つのレベルを他のレベルよりも因果的に優先することなしに、一つのレベルの影響が他のレベルにおける結果にどのように影響を与えるかについて明らかにする総合を試みるという視点である。すなわち、「研究対象となっている現象における様々なレベルの分析がどのように組み合わさるのかを理解し、そのどれもが説明において特権を与えられるわけでない」。要するに、本書の目的は、還元主義を越えて、三つのレベルを重層的に総合化する試みである。

加えて、本書では、ミクロレベルとマクロレベルの分析がどのように相互に連結し、メゾレベルと呼ばれる分析レベルがそのような関係の力学を把握する際に重要な意味を持つと論じられる。さらに、グラノヴェターは、ソーシャルネットワークがメゾレベルとして、極めて重要な役割を占めるが、その理由は、中間レベルの分析の重要性によるものであって、ネットワークが特権を与えられた因果的概念であるからではないことを明記している。

本書では、社会学に限定されず、生物学、哲学など、経済現象を説明するために役立つ知識やモデルを援用し、グラノヴェターの視野の広さとその博識ぶりがうかがえる。彼の全体を俯瞰する視点は、いつも新しい発見に導いてくれる。

本書では、第1章において、「経済社会学における説明の問題」を扱い、経済社会学の基本的視点を明らかにする。第2章以降から、経済が埋め込まれている社会構造を構成する各要因に関する議論を展開し、第2章では「経済行為に対する精神的構成物のインパクト――規範、価値、そして道徳経済」、すなわち、文化について、第3章では「経済における信頼」、第4章では「経済における権力」、第5章では「経済と社会制度」、最後に第6章では「個人の行為と社会制度の相互作用」へと進み、ミクロレベル、メゾレベル、そして、マクロレベルへのつながりを明らかにしている。

原著者の横顔

グラノヴェターの経歴は、一九四三年生まれで、現在スタンフォード大学社会学教授である。彼は、一九六五年にプリンストン大学で歴史学の研究によって学士号（B. A.）を得た後、一九七〇年にハーバード大学で社会学の研究によって博士号（Ph. D.）を得た。ジョンズ・ホプキンス大学、ハーバード大学で教鞭をとり、長らくニューヨーク州立大学ストーニー・ブルック校の社会学教授の職にあったが、ノース・ウェスタン大学社会学部をへて、一九九五年からスタンフォード大学で教えている。彼は、上記の一九八五年のＡＳＡ（アメリカ社会学会）理論部会賞受賞に加え、一九九六年にはストックホルム大学から名誉博士号を授与されている。いうまでもなく、グラノヴェターは、「新しい経済社会学」における指導的な社会学者であり、本書ならびに彼が着実な研究活動から生み出す多数の創意に満ちた論文は、常に注目を集めてきた。彼の主要な著書、論文は次の通りである。

1973. "The Strength of Weak Ties." *American Journal of Sociology* 78 : 1360–1380.（2006. M・グラノヴェター著、大岡栄美訳「弱い紐帯の強さ」『リーディングスネットワーク論――家族・コミュニティ・社会関係資本』野沢慎司編・監訳、勁草書房）

1974. *Getting A Job*, 1st ed. Cambridge, MA: Harvard University Press.

1978. "Threshold Models of Collective Behavior." *American Journal of Sociology* 83（May）: 1420–1443.

1981. "Toward a Sociological Theory of Income Differences." In Ivar Berg, ed., *Sociological Perspectives on Labor Markets*, pp. 11–47. New York: Academic Press.

1982. "Strength of Weakties: A Network Theory Revisited." In Peter Marsden and Nan Lin, eds., *Social Structure and Network Analysis*, pp. 105–130. Newbury Park, CA: Sage Publications.

1983. "The Strength of Weak Ties: A Network Theory Revisited." *Sociological Theory* 1: 201–233.

1984. "Small is Bountiful: Labor Markets and Establishment Size." *American Sociological Review* 49 (June): 323-334.

1985. "Economic Action and Social Structure: The Problem of Embeddedness." *American Journal of Sociology* 91: 481-580.（1998. マーク・グラノヴェター著、渡辺深訳「経済行為と社会構造——埋め込みの問題」『転職——ネットワークとキャリアの研究』ミネルヴァ書房）

1986. "Labor Mobility, Internal Markets and Job-Matching: Comparison of the Economic and Sociological Approaches." *Research in Social Stratification and Mobility*, 3-39.

1986. "Threshold Models of Interpersonal Effects in Consumer Demand（With Roland Soong）." *Journal of Economic Behavior and Organization* 7: 83-99.

1988. "Inequality and Labor Processes（With Charles Tilly）." In Neil Smelser, ed., *Handbook of Sociology*, pp. 175-221. Newbury Park, CA: Sage Publications.

1988. "The Sociological and Economic Approaches to Labor Market Analysis: A Social Structural View", In George Farkas and Paula England, eds., *Industries, Firms and Jobs: Sociological and Economic Approaches*, pp. 187-216. New York: Plenum Press.

1990. "The Old and the New Economic Sociology: A History and an Agenda". In R. Friedland and A. F. Robertson, eds., *Beyond the Marketplace: Rethinking Economy and Society*, pp. 89-112. New York: Aldine.

1992. "Economic Institutions as Social Constructions: A Framework for Analysis". *Acta Sociologica* 35(1): 3-11.

1992. "Problems of Explanation in Economic Sociology". In Nitin Nohria and Robert Eccles, editors, *Networks and Organizations : Structure, Form, Action,* pp. 25-56. Boston: Harvard Business School Press.

1992. "The Nature of Economic Relations". In Sutti Ortiz and Susan Lees, editors, *Understanding Economic Process : Monographs in Economic Anthropology, No. 10,* pp. 21-37. Lanham, MD: University Press of America.

1992. *The Sociology of Economic Life* (co-edited with Richard Swedberg). Boulder CO: Westview Press.

1993. "The Nature of Economic Relationships". In Richard Swedberg, editor, *Explorations in Economic Sociology,* pp. 3-41. New York: Russell Sage Foundation.

1993. "Thomas Edison and the Social Construction of the Early Electricity Industry in America". With Patrick McGuire and Michael Schwartz. In Richard Swedberg, editor, *Explorations in Economic Sociology,* pp. 213-246. New York: Russell Sage Foundation.

1994. "Business Groups". Chapter 22 of the *Handbook of Economic Sociology,* edited by Neil Smelser and Richard Swedberg. Russell Sage Foundation and Princeton University Press.

1995. "Coase Revisited: Business Groups in the Modern Economy". *Industrial and Corporate Change* 4(1): 93-130. Chicago Press.

1995. "The Economic Sociology of Firms and Entrepreneurs", pp. 128-165. In Alejandro Portes, editor, *The Economic Sociology of Immigration : Essays in Networks, Ethnicity and Entrepreneurship.* New York: Russell Sage Foundation.

1995. *Getting A Job,* 2nd ed. University of Chicago Press.（M・グラノヴェター著、渡辺深訳『転職――ネットワークとキャリアの研究』第2版、ミネルヴァ書房、一九九八年）

1997. "Social Networks, Organizational Politics and Governance Coalitions: The Relationship Between Industrial Associations and the American Electricity Industry: 1885-1910". With Chi-nien Chung. *Sun Yat-Sen Management Review* 6 1997 : 243-286.

1998. "The Making of an Industry: Electricity in the United States". With Patrick McGuire, pp. 147-173. In Michel Callon, editor, *The Laws of The Markets,* Oxford: Blackwell.

2000. "Social Networks in Silicon Valley". With Emilio Castilla, Hokyu Hwang and Ellen Granovetter, pp. 218-247. In Chong-Moon Lee, William F. Miller, Marguerite Gong Hancock, and Henry S. Rowen, editors, *The Silicon Valley Edge.* Stanford: Stanford University Press.

2001. *The Sociology of Economic Life* (co-edited with Richard Swedberg). Boulder CO: Westview Press.

2002. "A Theoretical Agenda for Economic Sociology", pp. 35-59. In Mauro Guillen, Randall Collins, Paula England and Marshall Meyer, editors. *The New Economic Sociology : Developments in an Emerging Field.* New York: Russell Sage Foundation.

2003. "Ignorance, Knowledge and Outcomes in a Small World". *Science* 301 (8 August 2003) : 773-774.

2005a. "The Impact of Social Structure on Economic Outcomes". *Journal of Economic Perspectives,* 19(1) Winter: 33-50.

2005b. "Business Groups and Social Organization", pp. 429-450. In N. Smelser and R. Swedberg, editors, *Handbook of Economic Sociology,* 2nd ed. Russell Sage Foundation and Princeton University Press.

2005c. "Shifting Boundaries and Social Construction in the Early Electricity Industry, 1878-1915". With Patrick McGuire. In Joseph Porac and Marc Ventresca, editors, *Constructing Industries and Markets,* Elsevier Press.

2005d. "Electric Charges: The Social Construction of Rate Systems". With Valery Yakubovich and Patrick

McGuire. *Theory and Society* 34 : 579-612.
2007. "The Social Construction of Corruption", pp. 152-172. In Victor Nee and Richard Swedberg, editors, *On Capitalism*. Stanford University Press.
2009. "The Role of Venture Capital Firms in Silicon Valley's Complex Innovation Network". With Michel Ferrary. *Economy and Society*, 38 (2 : May) : 326-359.
2011. *The Sociology of Economic Life* 3rd ed, co-edited with Richard Swedberg. Boulder, CO: Westview Press.
2013. "Attitudes towards Social Networking and Sharing Behaviors among Consumers of Direct-to-Consumer Personal Genomics". *Journal of Personalized Medicine* 3 (4) : 275-287. With Sandra Soo-Jin Lee, Simone Vernez and K. E. Ormond.

上記の文献リストからも明らかなように、彼の研究領域は多岐に亘るものであり、本書は、これらの研究から生まれたものである。経済社会学を初めて学ぶ人は、二〇〇一年、あるいは、二〇一一年の *The Sociology of Economic Life* の第二版、第三版に目を通してもらいたい。これは、新しい経済社会学の論文集であり、古典から最近の論文まで必読文献が収められ、それぞれに丁寧な解説がなされている(2)。是非一読をお勧めする。

本書に続く第二巻は、グラノヴェターが行った汚職、組織形態、企業統治のような様々な研究成果についてまとめられる予定であり、今からその出版が楽しみである。

この訳業を通じ、訳者自身たびたび新たな発見があり、とても啓発され、楽しい経験であった。それは、グラノヴェターの著作はいつも訳者を社会現象の理解における新しい地平へ誘ってくれるからである。

万全を期して努力したつもりであるが、思わぬ誤訳もあろうかと思う。読者諸氏のご叱正をお願いしたい。

ミネルヴァ書房代表取締役社長の杉田啓三氏の長年に亘るご厚情を大変有り難く思っている。また、この訳書出版のために大変お世話いただいたミネルヴァ書房の堀川健太郎氏に心より感謝する。

また、本書の参考文献リストをタイプし、それらの邦文訳を探し、加筆してくれた妻容子に感謝したい。

最後に、経済現象の正確な理解が不可欠である現代社会において、本書が多くの人に読まれ、活用されることを、訳者は、原著者とともに、心から願っている。

注

（1）一九八五年から二〇〇二年までの間の日本の労働市場におけるジョブ・マッチング過程の変化については拙著（渡辺、2014）を参照。

（2）新しい経済社会学についての和文の入門書は、拙著（渡辺、2002）を参照。

参考文献

ポランニー、カール著、玉野井芳郎・平野健一郎編訳「制度化された過程としての経済」『経済の文明史』日本経済新聞社、一九七五年。

渡辺深『経済社会学のすすめ』八千代出版、二〇〇二年。

渡辺深『転職の社会学』ミネルヴァ書房、二〇一四年。

Fernandez, Roberto M., Nancy Weinberg. 1997. "Sifting and Sorting." *American Sociological Review* 62 : 883-902.

Fernandez, Roberto M., Emilio J. Castila, and Paul Moore. 2000. "Social Capital at Work: Networks and Employment at a Phone Center." *American Journal of Sociology* 105 : 1288-1356.

Wrong, Dennis. 1961. "The Oversocialized Conception of Man in Modern Sociology." *American Sociological Review* 26 : 183-193.

《訳者紹介》

渡辺　深（わたなべ・しん）

1949年　東京生まれ。

1975年　上智大学文学部卒業。

1977年　コロンビア大学大学院社会学専攻修士課程修了。

1987年　カリフォルニア大学ロスアンジェルス校大学院社会学専攻博士課程修了，社会学博士。

現　在　上智大学総合人間科学部教授。

主　著　『転職の社会学』ミネルヴァ書房，2014年。

『組織社会学』ミネルヴァ書房，2007年。

『経済社会学のすすめ』八千代出版，2002年。

『「転職」のすすめ』講談社，1999年。

『科学論理の社会学』（ウォルター・ワラス著・訳著）ミネルヴァ書房，2018年。

『転職』（マーク・グラノヴェター著・訳著）ミネルヴァ書房，1998年。

社会と経済

――枠組みと原則――

2019年12月20日　初版第1刷発行　〈検印省略〉

定価はカバーに
表示しています

訳　者　渡　辺　　深

発行者　杉　田　啓　三

印刷者　江　戸　孝　典

発行所　株式会社　ミネルヴァ書房

607-8494　京都市山科区日ノ岡堤谷町1

電話代表（075）581-5191

振替口座　01020-0-8076

共同印刷工業・新生製本

ISBN978-4-623-08738-9

Printed in Japan

《著者紹介》

マーク・グラノヴェター（Mark Granovetter）

1943年　生まれ。
1965年　プリンストン大学で歴史学の学士号（B. A.）。
1970年　ハーバード大学で社会学博士（Ph. D.）。
　　　　その後，ジョンズ・ホプキンス大学，ハーバード大学で教鞭をとり，長らくニューヨーク州立大学ストーニー・ブルック校の社会学教授。そして，ノース・ウェスタン大学社会学部教授を歴任。
1985年　ASA（アメリカ社会学会）理論部会賞受賞。
1996年　ストックホルム大学名誉博士号授与。
現　在　スタンフォード大学社会学教授。
　　　　「新しい経済社会学」における指導的な社会学者。

人名索引

は　行

ま　行

や・ら・わ行

事項索引

さ　行

た　行

な・は行

ま　行

や　行

ら　行